Dietrich von der Oelsnitz
Martin Hahmann



# Wissensmanagement

## Strategie und Lernen in wissensbasierten Unternehmen

Verlag W. Kohlhammer

Umschlag: Gestaltungskonzept Peter Horlacher
Gesamtherstellung:
W. Kohlhammer Druckerei GmbH + Co. Stuttgart
Printed in Germany

ISBN 3-17-017239-5

# Geleitwort der Herausgeber

Diese neu vorliegende Management-Lehrbuchreihe befasst sich in ihren verschiedenen Einzelbänden mit ausgewählten Fragen der Organisation und Führung. Die Verbindung von wissenschaftlicher Problembehandlung und praktischer Anschaulichkeit soll ihre Ausführungen leiten. Darüber hinaus sind unterschiedliche Zugänge ausdrücklich erwünscht – hierdurch wird ein inhaltlich wie methodisch vielfältiges Spektrum für die Behandlung von Organisations- und Führungsfragen ermöglicht. Denn auch die Probleme, denen wir im Rahmen des Nachdenkens über und des Handelns in Organisationen begegnen, tragen keine disziplinären Etiketten.

Die jeweiligen Einzelbände wenden sich dabei zunächst an Dozenten und Studierende in der grundständigen wie weiterbildenden Lehre. Praktiker können von den anwendungsorientierten Ausführungen jedoch ebenfalls profitieren.

Thema dieses Werkes ist das Wissensmanagement. Damit greifen Dietrich von der Oelsnitz und Martin Hahmann einen Diskussionsstrang auf, der kaum wie ein zweiter die gesellschaftliche mit der organisationalen Ebene verzahnt. Hierdurch wird die Eingebundenheit von Organisationen in sich entwickelnde und damit sich verändernde Handlungszusammenhänge eindrucksvoll unterstrichen. Aus strategischer Perspektive wird danach gefragt, ob und wie sich durch kluges Handeln Wettbewerbsvorteile ergeben können. Hierzu werden die Prozesse des organisationalen Wissensmanagements beschrieben und analysiert sowie Gestaltungsvorschläge unterbreitet, die Menschen, Strukturen, Kulturen und Systeme berücksichtigen.

In ihrem anschaulich geschriebenen Lehrbuch nehmen Dietrich von der Oelsnitz und Martin Hahmann eine durch Erkenntnisse zum organisationalen Lernen inspirierte Position ein, auf die sie bei der Behandlung verschiedenster Fragen immer wieder zurückgreifen. Sehr konsequent vernetzen sie – unter Berücksichtigung aktuell-praktischer Bezüge – konzeptionelle Grundlagen des Wissensmanagements mit praktischen Umsetzungsproblemen und gehen so erkennbar über bislang vorliegende Begrenzungen einschlägiger Ausführungen hinaus.

Ich wünsche dem Werk eine positive Aufnahme und weite Verbreitung.

Hagen, im Dezember 2002

*Jürgen Weibler*
FernUniversität Hagen
Lehrstuhl für BWL, insb. Personalführung und Organisation

# Vorwort

Achtzig Prozent aller Wissenschaftler und Techniker, die je gelebt haben, leben heute. Nimmt es da wunder, dass sich nach Meinung des Trendforschers John Naisbitt das »Weltwissen« alle fünf Jahre verdoppelt? Offensichtlich haben sich die westlichen Industrienationen tatsächlich von Güter- zu Informations- und Wissenswirtschaften gewandelt.
Dabei fußte die Wertschöpfung von Organisationen und Nationen schon immer auf dem (möglichst exklusiven) Besitz von Wissen und dessen gekonnter Anwendung. Wie anders hätte Werner von Siemens 1866 den Dynamo erfinden und 1879 die erste funktionstüchtige elektrische Lokomotive bauen können, um auf dieser Basis ein bis heute führendes Unternehmen der Elektroindustrie zu gründen? Wie anders hätten die Einsichten Adam Smiths, die Erfindungen James Watts und die Leistungen des genialen Werkzeugkonstrukteurs Joseph Whitworth England im 18. und 19. Jahrhundert den Weg zur industriellen Weltmacht geebnet? Wie sonst hätten die Römer ihre zum Teil noch heute benutzten Fernstraßen und Aquädukte bauen, wie die Ägypter ihre bis in die Neuzeit hinein bestaunten Pyramiden errichten können? All diese Leistungen basieren letztlich auf dem koordinierten Können von Spezialisten und Experten.
Wenn die Beschäftigung mit dem »Produktionsfaktor Wissen« also uralt ist -woher stammt dann das immer weiter zunehmende Interesse an diesem Thema? Weshalb dann die allerorten verbreitete Kunde vom Ende des industriellen und vom Anbeginn des Informationszeitalters? Nun, zunächst ist jede Managementtätigkeit unlösbar mit der Generierung und Verarbeitung von Informationen verbunden: Manager sind informationsverarbeitende Entscheider. Wissensmanagement »gehört« folglich nicht nur Pädagogen, Internet-Ökonomen oder EDV-Experten, sondern ist ein Kerngebiet auch der Unternehmensführung.
Die Computerisierung unserer Gesellschaft hat den Stellenwert des »vierten Produktionsfaktors« radikal verändert. Waren Wissen und Bildung noch vor 200 Jahren eher ein Privileg der vermögenden Schicht, die es sich aufgrund »bodenständiger« Einkommensquellen leisten konnte, scheinbar zweckfrei intellektuellen Genüssen nachzustreben, so sind sie

heute zur Grundlage für einzel- wie gesamtwirtschaftliche Produktivität, Erfolg und Wohlstand geworden. Wissen – als zwar stets präsente, aber doch immer eher implizit mitgedachte Wertschöpfungskomponente – wird damit zu einem bewusst exponierten Faktor. Kurzum: Das Thema ist alt, der Fokus neu.

Die Verfasser möchten diesen Fokus eng ausrichten. Sie interessiert das organisationale Wissensmanagement vor allem in seiner *strategischen Dimension*, d. h. unter der Fragestellung, wie durch eine systematische Pflege der unternehmerischen Wissensbasis Wettbewerbsvorteile gegenüber der Konkurrenz aufgebaut werden können. Dabei ist ihnen der lediglich temporäre Charakter von Wettbewerbsvorsprüngen bewusst – deshalb steht in diesem Buch oft auch weniger das *wissende* als vielmehr das *lernende* Unternehmen im Mittelpunkt.

Die vorliegende Schrift basiert auf einer Vorlesung, die die Verfasser erstmals im Sommersemester 2002 an der Technischen Universität Ilmenau gehalten haben. Ihr Ziel ist es, Studierenden aller Fachrichtungen einen komprimierten und zugleich verständlichen Einstieg in diese faszinierende Thematik zu ermöglichen und damit zugleich einem immer drängenderen Ausbildungsbedarf zu entsprechen. Wir hoffen gleichzeitig, mit unserem Buch auch die Wissensbasis des praktisch interessierten Lesers bereichern zu können.

Wie alle guten Wissensprodukte sollte auch ein Lehrbuch nicht im sozialen Vakuum entstehen, sondern Ergebnis fruchtbarer Teamarbeit sein. Viele Personen haben uns in diesem Sinne angeregt und unterstützt. Unser Dank gilt allen Mitarbeiterinnen und Mitarbeitern des Fachgebiets Unternehmensführung, insbesondere Frau Dipl.-Wirtsch.-Ing. Constanze Knörck und Herrn Dipl.-Verw.Wiss. Michael Busch. Herzlich gedankt sei ferner Frau Nicole Fröhlich, die sich engagiert um die Abbildungen gekümmert hat, sowie Herrn Kollegen Prof. Dr. Dirk Stelzer, der uns vor allem bei den informationstechnologischen Passagen hilfreich zur Seite stand.

Ilmenau, im September 2002

*Dietrich von der Oelsnitz*
*Martin Hahmann*

# Inhaltsverzeichnis

Vorwort . . . . . . . . . . 7

Inhaltsverzeichnis . . . . . . . . . . 9

Abbildungsverzeichnis . . . . . . . . . . 13

**1 Wissensgesellschaft und Unternehmenswissen** . . . . . . . . . . 15

1.1 Von der Industrie- zur Wissensgesellschaft . . . . . . . . . . 15
1.2 Der ressourcenorientierte Ansatz als Ausgangspunkt . . . . . 20
1.3 Zur strategischen Bedeutung des Unternehmenswissens . . 30
1.4 Zusammenfassung . . . . . . . . . . 36

**2 Begriffliche und theoretische Grundlagen** . . . . . . . . . . 37

2.1 Zeichen, Daten, Informationen . . . . . . . . . . 37
2.2 Wissen und Wissensmanagement . . . . . . . . . . 39
2.3 Informations- und entscheidungstheoretische Grundlagen 47
2.4 Kommunikationstheoretische Grundlagen . . . . . . . . . . 53
2.5 Mentale Modelle als kognitive Grundlage . . . . . . . . . . 59
2.6 Zusammenfassung . . . . . . . . . . 61

**3 Organisationales Lernen als Ausgangspunkt des Wissensmanagements** . . . . . . . . . . 63

3.1 Begriff und Bedeutung des organisationalen Lernens . . . . . 63
3.2 Formen und Probleme des organisationalen Lernens . . . . . 71
3.2.1 Lernniveaus . . . . . . . . . . 72
3.2.2 Lernzeitpunkte . . . . . . . . . . 74
3.2.3 Typische Lernfehler . . . . . . . . . . 75
3.3 Ebenen des organisationalen Lernens . . . . . . . . . . 78
3.4 Kontextfaktoren des organisationalen Lernens . . . . . . . . . . 83
3.5 Prozess und Barrieren des organisationalen Lernens . . . . . 87
3.6 Zusammenfassung . . . . . . . . . . 94

**4 Teilprozesse (»Bausteine«) des organisationalen Wissensmanagements** . . . 97

4.1 Überblick . . . 97
4.2 Wissensevaluation und Wissensziele . . . 102
4.2.1 Identifikation der Wissensträger . . . 102
4.2.2 Die organisationale Wissensbasis . . . 106
4.2.3 Definition der Wissensziele . . . 109
4.3 Wissensgewinnung . . . 114
4.3.1 Wissensentwicklung (interne Wissensquellen) . . . 115
4.3.2 Wissensakquise (externe Wissensquellen) . . . 120
4.3.3 Interorganisationale Wissensgewinnung (Kooperation) . . . 127
4.4 Wissensübertragung . . . 133
4.4.1 Instrumentelle Optionen (»Wissens-Tools«) . . . 133
4.4.2 Informationspolitische Grundmodelle . . . 139
4.4.3 Informationspathologien . . . 143
4.4.4 Wissensübertragung und Mikropolitik . . . 146
4.5 Wissensnutzung . . . 148
4.6 Wissensbewahrung . . . 156
4.6.1 Bewahrung von relevantem Wissen . . . 157
4.6.2 Sicherung von Wissen gegenüber unerwünschter Nutzung 161
4.6.3 Aufgabe von Wissen . . . 163
4.7 Wissenscontrolling . . . 164
4.7.1 Generelle Problematik . . . 164
4.7.2 Deduktiv-summarische Ansätze . . . 169
4.7.3 Induktiv-analytische Ansätze . . . 171
4.7.4 Sonstige Ansätze und kritische Würdigung . . . 176
4.8 Zusammenfassung . . . 178

**5 Implementierung des organisationalen Wissensmanagements** . . . 181

5.1 Gestaltungsfelder und Gestaltungsgrenzen . . . 181
5.2 Wissensorientiertes Personalmanagement . . . 185
5.2.1 Wissensorientierte Personalauswahl . . . 186
5.2.2 Wissensorientierter Personaleinsatz . . . 188
5.2.3 Wissensorientierte Personalentwicklung . . . 191
5.2.4 Wissensorientierte Personalführung . . . 195
5.3 Wissensorientierte Unternehmensstruktur . . . 197

5.3.1 Der Arbeitsplatz . . . . . 197
5.3.2 Die Gruppe . . . . . 199
5.3.3 Die Aufbaukonfiguration . . . . . 202
5.4 Wissensorientierte Unternehmenskultur . . . . . 206
5.5 Wissensorientierte Führungssysteme . . . . . 210
5.5.1 Informationssystem . . . . . 210
5.5.2 Planungssystem . . . . . 211
5.5.3 Anreizsystem . . . . . 213
5.6 Zusammenfassung . . . . . 215

**6 Bedeutet »Wissen« das Ende von »Arbeit« und »Kapital«?** . . 217

Literaturverzeichnis . . . . . 225
Stichwortverzeichnis . . . . . 241

# Abbildungsverzeichnis


Abb. 1: Die Entwicklung zur Informationsgesellschaft . . . . . . . . . 18
Abb. 2: Gegenüberstellung von Markt- und Ressourcenansatz . . . 22
Abb. 3: Typen von Ressourcen . . . . . . . . . . . . . . . . . . . . . . . . . 23
Abb. 4: Beispiele für unternehmerische Kernkompetenzen . . . . . 26
Abb. 5: Von Zeichen zu Wissen . . . . . . . . . . . . . . . . . . . . . . . . 37
Abb. 6: Wissenskategorien . . . . . . . . . . . . . . . . . . . . . . . . . . . 43
Abb. 7: Die Wissenstreppe . . . . . . . . . . . . . . . . . . . . . . . . . . . 44
Abb. 8: Erstmaligkeit und Bestätigung einer Information . . . . . . . 48
Abb. 9: Kommunikation im technischen Modell . . . . . . . . . . . . . 54
Abb. 10: Zyklus des Wahlverhaltens (Lernens) . . . . . . . . . . . . . . 65
Abb. 11: Vergessenskurve nach Ebbinghaus . . . . . . . . . . . . . . . . 70
Abb. 12: Organisationale Lernbarrieren im Überblick . . . . . . . . . . 93
Abb. 13: Bausteine des Wissensmanagements . . . . . . . . . . . . . . . 99
Abb. 14: Lernen, Wissen, Wissensmanagement . . . . . . . . . . . . . . 101
Abb. 15: Wissensträger im Unternehmen . . . . . . . . . . . . . . . . . . 103
Abb. 16: Schichtenmodell der Wissensbasis . . . . . . . . . . . . . . . . 107
Abb. 17: Ebenen von Wissenszielen . . . . . . . . . . . . . . . . . . . . . 110
Abb. 18: Markt/Kompetenz-Matrix . . . . . . . . . . . . . . . . . . . . . . 111
Abb. 19: Optionen der betrieblichen Wissensgewinnung . . . . . . . . 114
Abb. 20: Die Wissensspirale . . . . . . . . . . . . . . . . . . . . . . . . . . 117
Abb. 21: Allianznetzwerke am Beispiel der Halbleiterindustrie . . . . 130
Abb. 22: Die vier Säulen der Wissensübertragung . . . . . . . . . . . . 134
Abb. 23: Grundmodelle betrieblicher Informationspolitik . . . . . . . 142
Abb. 24: Systemfalle einer elektronischen Wissensbasis . . . . . . . . . 149
Abb. 25: Beispiel einer Wissensbilanz . . . . . . . . . . . . . . . . . . . . 166
Abb. 26: Mehrdimensionale Indikatoren zur Wissensbewertung . . . 175
Abb. 27: Wirkungsschwerpunkte der Implementierungsvariablen . . 183
Abb. 28: Mitarbeiter-Matrix nach Stewart . . . . . . . . . . . . . . . . . 189
Abb. 29: Die Grundstruktur des MLP-Netzwerkes . . . . . . . . . . . . 204
Abb. 30: Die Hypertext-Organisation . . . . . . . . . . . . . . . . . . . . 205
Abb. 31: Zehn Gebote für ein (in)effizientes Wissensmanagement . 214

# 1 Wissensgesellschaft und Unternehmenswissen

## 1.1 Von der Industrie- zur Wissensgesellschaft

Bereits vor dreißig Jahren tauchte in der wissenschaftlichen wie öffentlichen Diskussion die These von der »nachindustriellen« bzw. **»postkapitalistischen Gesellschaft«** auf (vgl. Bell 1975 sowie neueren Datums Quinn 1992; Drucker 1993). Diese These stützt sich auf weit reichende Veränderungen in Wirtschaft und Gesellschaft, die heute in Zusammenhang mit den revolutionär verbesserten Möglichkeiten der Informations- und Kommunikationstechnologie gesehen werden und sich vor allem auf **drei Ebenen** abspielen (vgl. Willke 2001, S. 1 ff.; Soukop 2001, S. 37 ff.):

- der Wissensgesellschaft allgemein,
- der intelligenten Organisation und ihrer intelligenten Güter sowie
- der beruflichen Tätigkeit in dieser Gesellschaft (Wissensarbeit).

Die zweite Komponente konkretisiert sich u. a. in erhöhtem Einfluss, den informations- und **wissensbasierte Institutionen** (Schulen, Kanzleien, Beratungsunternehmen etc.) auf die einzelwirtschaftliche Wertschöpfung haben, sowie in der zunehmenden Zahl wissensbasierter Produkte bzw. Dienstleistungen. Letzteres wird u. a. belegt durch den Boom betriebswirtschaftlicher Beratungsleistungen oder die wachsende Nachfrage nach Aus- und Weiterbildungsangeboten aller Art. Deutlich wird: Informationen haben sich als eigenständig veräußerbares Wirtschaftsgut etabliert (vgl. ausführlicher Teece 1998).

Aber auch in alltäglichen Standardgütern steckt immer mehr Wissen: Fenstergläser (passen sich dem Sonnenlicht an und halten dadurch die Raumtemperatur konstant), Schiebedächer (regulieren z. B. bei AUDI je nach Sonnenstand die Klimaanlage) oder Autoreifen (wie von GOODYEAR, die mittels Computerchip sinkenden Reifendruck bemerken und den Fahrer warnen), sind eindrucksvolle Beispiele hierfür. Mit gleicher Berechtigung wären Computerspiele, Palmtops, elektronisch gesteuerte Haushaltsgeräte, EDV-Systeme oder biomedizinisch gewonnene Pharmazeutika zu nennen.

Last but not least sehe man sich die Ausstattung heutiger *PKW* an: Bestand ein Auto noch zu Zeiten des VW-Käfer vor allem aus einem technisch vergleichsweise simplen Motor und einem relativ spartanischen Innenraum, so strotzen die modernen PKW nur so vor Elektronik: Elektronische Stabilitäts-Programme, Anti-Blockiersysteme und Anti-Schlupfregelungen, satellitenbasierte Positionsbestimmungsanlagen, computergeregelte Kraftstoff-Einspritzungen und komplizierteste Telematiksysteme lassen vielen das Hauptverkehrsmittel von heute als ein High Tech-Produkt erster Güte erscheinen (vgl. o.V. 2001a, S. 26). Allein ein durchschnittlicher Mittelklasse-PKW mit Klimaanlage, Airbag und Bordcomputer beansprucht mittlerweile ca. 300.000 loc.; in den Autos von heute stecken letztlich mehr Computerchips als Zündkerzen.

Möglicherweise ist der Mikrochip überhaupt *das* Produkt des ausgehenden 20. Jahrhunderts – ein Erzeugnis, in dem sich das gesamte technologische und prozessuale Wissen einer Branche auf einem halben Quadratzentimeter konzentriert. Was den Mikrochip so immens wertvoll macht – man sieht es u. a. an den atemberaubenden Kosten für die Entwicklung einer neuen Chip-Generation, die von einem einzelnen Unternehmen oft gar nicht mehr zu tragen sind –, ist nicht das in ihm enthaltene Kupfer oder Silizium, sondern die Expertise, die in seinem Design sowie der wohl kompliziertesten Fertigungsapparatur steckt, die heutzutage auf der Welt zu finden ist.

Die These vom Heraufziehen der Wissensgesellschaft, die in ihrem Sog eine neue *Wissensökonomie* mit sich bringt, gründet sich ferner auf den unübersehbaren **Bedeutungsverlust** der historisch älteren Produktionsfaktoren **Boden**, **Arbeit** und **Kapital**. So kam dem Faktor Boden, der heute gemeinhin als Summe der natürlichen Ressourcen einer Volkswirtschaft verstanden wird, noch vor gut 100 Jahren eine entscheidende Rolle für den Wohlstand der Gesellschaft zu: Bis ins 19. Jahrhundert hinein waren über 50% der arbeitenden Bevölkerung in der Landwirtschaft beschäftigt. Heute arbeiten in diesem Sektor bestenfalls noch 3% der Beschäftigten (vgl. Stewart 1998, S. 26), und Agrarprodukte machen in den hoch entwickelten Ländern nur noch 1–2% des Bruttoinlandsprodukts aus.

In der folgenden Industrialisierung traten Arbeit und Kapital in den Vordergrund, welche ihrerseits gegenwärtig mehr und mehr vom Produktionsfaktor **Wissen** abgelöst werden. Entfielen Mitte des 20. Jahrhunderts noch rund 40% der Wertschöpfung auf die industrielle Produktion »harter« Güter, ist dieser Anteil heute auf ca. 20% gefallen. Mit anderen Worten: vier von fünf marktlich gehandelten Leistungen bestehen inzwischen aus Dienstleistungen oder befassen sich im weitesten Sinne mit Informationen (vgl. Willke 2001, S. 295 f.).

Die folgenden Schlaglichter mögen die grundlegende Veränderung westlicher Arbeits- und Wirtschaftsgesellschaften unterstreichen:

- 80% aller bisherigen wissenschaftlichen und technologischen *Erkenntnisse* und über 90% der gesamten wissenschaftlichen und technologischen *Informationen* dieser Welt wurden im 20. Jahrhundert produziert. Davon über zwei Drittel nach dem Zweiten Weltkrieg (vgl. Kreibich 1986, S. 26);

- in den ersten 500 Jahren nach Gutenberg – von 1450 bis 1950 – wurden weltweit ca. 30 Millionen *Bücher* veröffentlicht. In den 20 Jahren danach erschien die gleiche Anzahl (vgl. Drucker 1972, S. 246);

- die Zahl der *wissenschaftlichen Zeitschriften* hat sich – seitdem im Jahre 1665 die erste erschien – mit großer Exaktheit alle 50 Jahre verzehnfacht (vgl. Solla Price 1961, S. 96). Heute erscheinen weltweit mehr als 300.000 Zeitungen und Zeitschriften (vgl. Degler 1993, S. 150);

- rund 600.000 *Laborberichte*, *Doktorarbeiten* und *Fachartikel* müsste ein Chemiker mittlerweile pro Jahr lesen, um in seinem Fach auf dem neuesten Stand zu bleiben. Da dies nicht zu schaffen ist, wird auch der fleißigste Experte, gemessen am vorhandenen Wissen seines Faches, relativ immer »dümmer« (vgl. Degler 1993, S. 150);

- »Knowledge worker« repräsentieren nach Einschätzung von Peter Drucker (vgl. 1993, S. 99) mittlerweile mehr als ein Drittel der Erwerbspersonen. Allein der Anteil der F&E-Mitarbeiter an der Gesamtbelegschaft westlicher Industrieunternehmen hat sich in den letzten 30 Jahren verdoppelt (vgl. Probst/Raub/Romhardt 1999, S. 23).

Die **Wissensgesellschaft** scheint somit die **natürliche Weiterentwicklung der Informationsgesellschaft** zu sein. Mit diesem vor allem sozio-

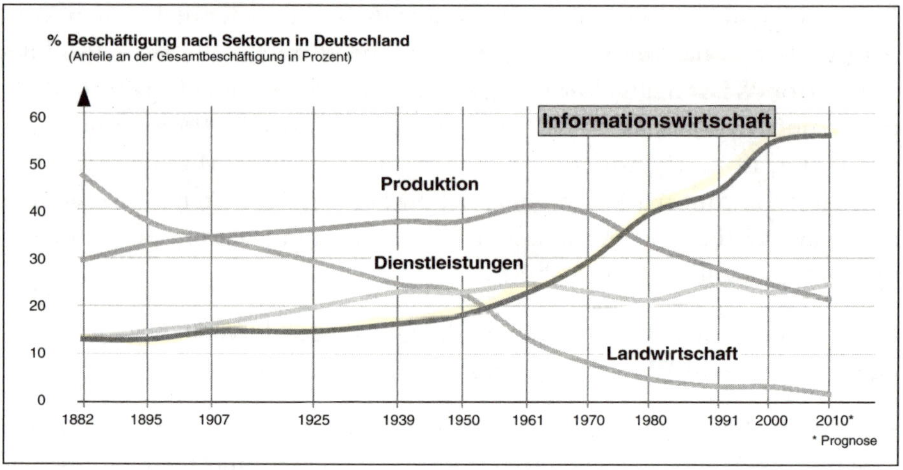


**Abb. 1:** Die Entwicklung zur Informationsgesellschaft (Quelle: Dostal 1999)

logisch geprägten Terminus wurde in den 1980er und 1990er Jahren die soeben skizzierte Verlagerung der menschlichen Arbeit auf den tertiären Dienstleistungssektor in einer insgesamt höher industrialisierten Wirtschaft bezeichnet (vgl. Abb. 1).

Die Frage, welche Tätigkeiten und Produkte dem Industrie-, welche dem Dienstleistungs- und welche dem Informationssektor zuzurechnen sind, ist allerdings häufig nicht eindeutig zu beantworten. Denn unter den Informationssektor werden z.T. auch Leistungen subsumiert, die ebenso gut auch als klassische Dienstleistungen aufzufassen wären (z.B. Medien, Ausbildung oder Telekommunikation). Darüber hinaus kann auch die Gewinnung und Verarbeitung von Informationen »industriell« erfolgen.

Der ehemalige Arbeitsminister der USA, Robert B. Reich, betont dennoch die wachsende Bedeutung sog. *Symbolic analysts* als eine neue Klasse von Arbeitnehmern, welche heute für den eigentlichen Mehrwert von Produkten und Dienstleistungen verantwortlich sind. In diesem Sinne unterscheidet er in seinem Buch »The Work of Nations« **drei Hauptberufsgruppen** (vgl. Reich 1993, S. 194 ff.):

1. Die *»routinemäßigen Produktionsdienste«* in der herkömmlichen Industrie (z.B. Metall- und Textilverarbeitung), welche im weitesten Sinne auf Fließbandarbeit basieren. Solche Dienste sind auch in der Informationswirtschaft zu finden, in der ebenso Rohmaterialien bearbeitet

werden, nämlich »Berge von Rohdaten« (z.B. Standardprozesse wie Routinecodierungen für Softwareprogramme). Diese Dienste machten in den 1990er Jahren etwa 25% der US-amerikanischen Arbeitsplätze aus, bei fallender Tendenz.

2. Die *»kundenbezogenen Dienste«*, die ebenfalls als einfache, sich wiederholende Tätigkeiten charakterisiert werden, jedoch mit einem Größerem Kundenkontakt verbunden sind (z.B. Pflegedienste, Taxifahrer, Hotelangestellte). In dieser Gruppe arbeiteten in den USA der 1990er Jahre 30% der Erwerbstätigen, mit steigender Tendenz.

3. Die *»symbolanalytischen Dienste«* stellen nicht-standardisierte Produkte her, die auf Symbolen wie Daten, Wörtern oder akustischen Darstellungen basieren. Zu diesem Segment sind z.B. Ingenieure, Wissenschaftler, Anwälte, PR-Manager, Personalvermittler, Tonmeister, Redakteure oder Investment-Banker zu rechnen. Insgesamt handelt es sich hier um Problemlösungs- oder Vermittlungstätigkeiten, die mit Hilfe vorwiegend analytischer oder rhetorischer »Werkzeuge« ausgeübt werden. Dieses Segment machte in den 1990er Jahren etwa 20% der US-amerikanischen Arbeitsplätze aus und wird in Zukunft enorm wachsen (vgl. auch Abschnitt 6). In vielen Branchen stellt die Zahl dieser Arbeitskräfte bereits heute einen wachstumsbegrenzenden Faktor dar.

Ungeachtet der unverkennbaren methodischen Probleme der hier referierten Studien – Reich verzichtet bei seiner Analyse z.B. auf Beschäftigte im öffentlichen Dienst sowie im primären Sektor – bekräftigen sie doch den Eindruck, dass die Art der wirtschaftlichen Leistungserzeugung insgesamt einer tiefgreifenden Transformation unterliegt. In der Wissensökonomie verändern sich somit auch Berufsbilder, d.h. sowohl die Form als auch die Grundlagen der menschlichen Arbeit.

Vor einem guten Jahrhundert konnte der »Gebildete« nur in einem eng gezogenen Kreis von Berufen leben – er betätigte sich als Jurist, Arzt oder Lehrer. Im Mittelalter waren insbesondere Theologen »Wissensträger«. All diese Berufsgruppen haben lange nur einen verschwindend geringen Teil der Gesellschaft ausgemacht. Heute hingegen ist der Wissensarbeiter fast die Norm; in jedem Fall ist er zahlenmäßig weitaus stärker vertreten als der ungelernte oder angelernte Industriearbeiter. Die **Handarbeit** wird folglich **mehr und mehr von der Kopfarbeit abgelöst**. Für die »Kopfarbeiter« sind Informationen Rohstoff, Werkzeug und Ergebnis zugleich. Als »Knowledge worker« ist es ihre Aufgabe, Daten und Informationen zu wertschöpfendem Wissen zu veredeln (vgl. Soukop 2001, S. 48).

Ob wir damit allerdings tatsächlich schon in der »nachindustriellen Gesellschaft« angekommen sind, und ob die Faktoren Arbeit und Kapital weiter einen ähnlichen Niedergang erleben werden wie vor ihnen der Produktionsfaktor Boden, soll erst am Ende dieses Buches ausführlicher diskutiert werden (vgl. Kapitel 6). In jedem Fall aber ist Wissen zum »vierten Produktionsfaktor« (Stewart 1998) aufgestiegen.

## 1.2 Der ressourcenorientierte Ansatz als Ausgangspunkt

Die Managementtheorie hat sich schon immer für die Ursachen des betrieblichen Erfolges interessiert. Dabei existieren zwei Standpunkte als Idealpositionen: Zum einen die **Industrieökonomik**, die vor allem die Branche bzw. den Markt in den Vordergrund rückt, in dem ein Unternehmen tätig ist (vgl. von der Oelsnitz 2000b). Diese sog. *Outside-in-Perspektive* vertritt den Standpunkt, ein erfolgreiches Unternehmen müsse vor allem vom Markt her agieren, d. h. es müsse die Bedürfnisse seiner Kunden besser kennen und befriedigen als die Wettbewerber. Dementsprechend stellen sich dem Management zwei Hauptaufgaben: es muss profitable Branchen oder Segmente finden und das Unternehmen in eben diesen aussichtsreich positionieren (vgl. Porter 1995, S. 25 ff.). Der Schwerpunkt liegt folglich auf dem unternehmensexternen Bereich sowie auf dem Produktmarkt.

Dem steht seit mehreren Jahren der **ressourcenorientierte Ansatz** (»Resource-Based View«) gegenüber, welcher den Hauptakzent auf die dem Unternehmen eigenen Ressourcen und Fähigkeiten setzt. Gemäß dieser *Inside-out-Perspektive* ist dasjenige Unternehmen erfolgreich, das rechtzeitig für den Aufbau wichtiger Fähigkeiten gesorgt hat bzw. über eine den Wettbewerbern insgesamt überlegene Ressourcenausstattung verfügt (vgl. hierzu u. a. Penrose 1959; Wernerfelt 1984; Barney 1991; Rasche/Wolfrum 1994; Rühli 1995; Bamberger/Wrona 1996; Collis/Montgomery 1998).

Gleich dem Absatzmarkt sei demnach auch der Faktormarkt unvollkommen, d.h. bestimmte Ressourcen sind nicht frei handelbar und müssen daher von den Unternehmen in internen Innovations- und Lernprozessen selbst entwickelt werden (vgl. Dierickx/Cool 1989, S. 1505; Osterloh/Frost 2000, S. 171). Überhaupt können auf Dauer nur nicht-handelbare Ressourcen die Grundlage von Wettbewerbsvorteilen sein: »If the asset or its services are traded or tradable in a market (...), the assets in question can be accessed by all; so the domains in which competitive advantage can be built narrows as markets expand« (Teece 1998, S. 62). Abweichend von der Industrieökonomik liegt der Schwerpunkt folglich auf dem unternehmens*internen* Bereich.

Die Vertreter des Resource-Based View **kritisieren** die Einseitigkeit der marktbezogenen Begründung von Wettbewerbsvorteilen, da diese an Endprodukten ansetze, deren Lebenszyklus erfahrungsgemäß wesentlich kürzer ist als der von hintergründigen Fähigkeiten. Darüber hinaus besäßen die Kompetenzen eines Unternehmens als eigentliche Wurzeln der wettbewerblichen Überlegenheit einen wesentlich nachhaltigeren Einfluss auf den Unternehmenserfolg; und dies auch, weil sie – im Gegensatz zu einzelnen Produkten – oft geschäftsfeldübergreifend wirken (vgl. Prahalad/Hamel 1990; Hamel/Prahalad 1997, S. 305 f.). Beispielsweise hat sich die Firma HONDA Kernfähigkeiten bei Motoren und Antriebssystemen aufgebaut und kann damit in so unterschiedlichen Produktmärkten wie denen für Motorräder, Automobile, Rasenmäher, Generatoren oder Bootsmotoren reüssieren.

Im Gegensatz zum Resource-Based View liefert die Industrieökonomik kaum Hinweise dafür, welche Voraussetzungen *innerhalb* des Unternehmens gegeben sein müssen, damit marktlich verwertbare Wettbewerbsvorteile überhaupt erst entstehen können. Andererseits vermag der ressourcenorientierte Ansatz die **Structure-Conduct-Performance-Hypothese** der Industrieökonomik, welche primär der Branchenstruktur Renditeverantwortung zuschreibt, nicht völlig durch seine alternative **Resource-Conduct-Performance-Annahme** zu ersetzen. Denn auch der Resource-Based View – und mit ihm der Kernkompetenz-Gedanke – hat seine Defizite und Schwächen (vgl. dazu Porter 1991, S. 108 f.; Leonard-Barton 1992; Rasche/Wolfrum 1994, S. 510 ff.; Raub 1998; Freiling 2000, S. 33 ff.).

Letzten Endes ergänzen sich beide Perspektiven und sind insofern weniger als heuristische Konkurrenten denn als zwei Seiten ein und derselben Medaille zu sehen (vgl. zu Knyphausen-Aufseß 1993, S. 783f.; Jenner 1999, S. 1496ff.; Krüger/Homp 1997, S. 64f.; Ossadnik 2000). Denn »natürlich kann eine ressourcenorientierte Strategie ebenso wenig auf eine eingehende Marktbeurteilung verzichten wie eine marktorientierte Strategie auf fundierte Ressourcenüberlegungen« (Zahn/Foschiani/Tilebein 2000, S. 253). Eine planvoll vorgehende Ressourcenstrategie muss schließlich wissen, welche Fähigkeiten zukünftig wettbewerbsrelevant sein werden und folglich langfristig aufzubauen sind; und eine profilorientierte Marktstrategie ist nur dann umsetzbar, wenn die aktuellen Kundenwünsche vom Unternehmens-Know-how her auch erfüllt werden können. Abb. 2 stellt die beiden Ansätze noch einmal gegenüber.

| | **Marktorientierter Ansatz** | **Ressourcenorientierter Ansatz** |
|---|---|---|
| Haupterfolgsfaktor | Branche bzw. Markt (»Structure-Conduct-Performance«) | interne Ressourcen und Fähigkeiten (»Ressource-Conduct-Performance«) |
| Hauptaugenmerk | Produktmarkt | Faktormarkt |
| Wettbewerbsvorteil | Produktbezogene Kosten oder Qualitätsvorteile | Kompetenzbasierte Schlüsselfähigkeiten |
| Träger des Wettbewerbs | Strategische Geschäftseinheiten (SGE) | Gesamtunternehmen |
| Perspektive | mittelfristig | betont langfristig |
| Hauptaufgaben des Top-Managements | Branchenauswahl und Angebotspositionierung<br>Budgetierung und Kontrolle der SGE | Identifikation und Transfer von Kernkompetenzen<br>Koordination der Kompetenz aufbauenden Geschäftsfeld-Aktivitäten |
| Konzeptioneller »Blind Spot« | Wie können die Kosten- oder Qualitätsvorteile geschaffen werden? | Sind die Kompetenzen dauerhaft und/oder in jedem Umfeld gleich profitabel? |

**Abb. 2:** Gegenüberstellung von Markt- und Ressourcenansatz

Wenn der ressourcenorientierte Ansatz den Wettbewerbserfolg eines Unternehmens auf seine Ressourcen zurückführt und glaubt, dass ein ureigenes Bündel von Fähigkeiten ihm letztlich eine gewisse Unverwechselbarkeit verleiht, dann berührt dieser Ansatz direkt das organisationale Wissensmanagement. Denn neben den physischen Ressourcen, wie z.B. den betrieblichen Maschinen oder der vorhandenen Finanzkraft, hebt er insbesondere die **immateriellen**, nicht sofort sicht- und greifbaren **Vermögenswerte** eines Unternehmens hervor.

Diese sog. **Intangible Assets** (vgl. Itami 1987) sind von ganz besonderer Bedeutung, denn sie sind auf den Beschaffungsmärkten letztlich nicht zu kaufen, sondern müssen vom Unternehmen durch zeitaufwändige Bemühungen selbst entwickelt werden. Beispiel ist neben der Firmenreputation, starken Produktmarken oder der Unternehmenskultur eben auch das intellektuelle Kapital des Unternehmens, also das in den Köpfen der Mitarbeiter oder in besonderen organisatorischen Prozessen befindliche Wissen (vgl. Abb. 3).

Auf dieser Basis bietet der Resource-Based View eine theoretisch stichhaltige Erklärung für den Zusammenhang zwischen Ressourcen, Kompetenzen und Wettbewerbsvorteilen eines Unternehmens (vgl. u.a. Peteraf 1993, S. 188f.; Collis/Montgomery 1998, S. 88). Er wird daher zum konzeptionellen Ausgangspunkt der folgenden Ausführungen erwählt. Wenngleich die Ausarbeitung des ressourcenorientierten Ansatzes konzeptionell

| **Eigenschaften von Ressourcen** | | |
|---|---|---|
| | *Physisch greifbare Ressourcen* | *Physisch nicht-greifbare Ressourcen* |
| *handelbare Ressourcen* | • maschinelle Ausstattung<br>• Personalausstattung<br>• Standardsoftware | • Lizenzen<br>• individuelles Expertenwissen |
| *nicht-handelbare Ressourcen* | • selbsterstellte Anlagen<br>• selbstprogrammierte Software | • Unternehmenskultur<br>• einzigartige Stakeholderbeziehungen<br>• unternehmensspezifische Ausbildung<br>• implizites Wissen |

**Abb. 3:** Typen von Ressourcen (Quelle: Osterloh/Frost 2000, S. 174)

wie terminologisch noch lange nicht abgeschlossen ist, herrscht doch bereits Übereinstimmung darüber, dass seine Begrifflichkeiten besonders sorgsam beachtet und bestimmte Termini nicht wahllos durcheinander geworfen werden sollten.

Ankerpunkt ist der Begriff des strategischen Vermögens bzw. des **strategischen Aktivpostens** (»Asset«). Unter diesen Oberbegriff fallen alle produktiven Kräfte greifbarer (»tangibler«) oder nicht-greifbarer (»intangibler«) Art, die den Unternehmen in unterschiedlicher Menge und Güte zur Verfügung stehen und von ihnen zur Wertschöpfung genutzt werden können. Zu denken wäre hier u.a. an Maschinen, Finanzmittel, loyale Kunden oder eine effizientere Serviceorganisation. All diese Faktoren können in einem engen Sinne ebenfalls als »Ressourcen« bezeichnet werden.

Um eine marktfähige Leistung erzeugen, d.h. die vorhandenen Ressourcen zweckmäßig einsetzen zu können, bedarf es bestimmter **Fähigkeiten (»Capabilities«)**. *Individuelle* Fähigkeiten (»Skills«) sind auf der Mitarbeiterebene angesiedelt und verkörpern sich u.a. in dem durch Ausbildung oder Erfahrung erworbenen Können oder auch in handwerklichen Fertigkeiten. In jedem Unternehmen existieren ferner *kollektive* Fähigkeiten, z.B. die Kreativität spezieller Abteilungen oder die technologische Expertise bestimmter Fertigungsgruppen (»Routinen«). Als im Humankapital gründende, informationsbasierte Konstrukte sind Fähigkeiten typische intangible Assets, die als Managementkönnen jedoch auf einer höheren Ebene operieren.

Von Bedeutung im Wettbewerb sind eigentlich nur **besondere Fähigkeiten (»Capabilities« i.e.S.)**. Diese werden von den eigenen Ressourcen gespeist und sind Quelle der marktlichen Profilierung: »While resources are the source of a firm's capabilities, capabilities are the main source of its competitive advantage« (Grant 1991, S. 119). Nur *besondere* Fähigkeiten unterscheiden die Unternehmen letztlich voneinander. Und erst das Vermögen, besondere Ressourcen aufzubauen, synergetisch zu bündeln und gezielt im Wertschöpfungsprozess einzusetzen, verschafft einen Vorsprung gegenüber der Konkurrenz (vgl. Amit/Schoemaker 1993, S. 35).

Bewähren sich betriebliche Fähigkeiten im arbeitsbezogenen Einsatz, wird von einer **Kompetenz** gesprochen (vgl. Krüger/Bach 1997, S.25; von Krogh/Roos 1996, S. 425). Kompetenzen können somit als Übereinstimmung zwischen Fähigkeit und Anforderung verstanden werden (»where skill meets the task«). Wie die Capabilities basieren auch Kompetenzen zumeist auf Wissen: »Competence evolves through an interplay between task execution and knowledge acquisition« (von Krogh/Roos 1995, S. 67). Im Gegensatz zum organisatorischen Kompetenzbegriff sind also nicht offizielle Handlungsrechte eines Stelleninhabers gemeint, sondern die nachgewiesene Fähigkeit einer Person, einer Abteilung oder des gesamten Unternehmens, eine bestimmte Aufgabe zuverlässig zu erfüllen.

Werden Ressourcen und Fähigkeiten genutzt, um ein besonderes Können aufzubauen, dann besitzt das Unternehmen eine **Kernkompetenz**. Eine Kernkompetenz ist ein komplexes Set interdependenter Einzelleistungen, d.h. eine Kernkompetenz umfasst mehr als eine singuläre Fähigkeit oder eine bestimmte Technologie. Sie stellt vielmehr »die Summe des über einzelne Fähigkeitsbereiche und einzelne Organisationseinheiten hinweg Erlernten dar« (Hamel/Prahalad 1997, S. 307). Erst das Gesamtpaket begründet also eine Kernkompetenz.
Die **Beispiele** im nachfolgenden Kasten (Abb.4) mögen dies illustrieren.

Die Frage, wie viele Kernkompetenzen ein Unternehmen durchschnittlich besitzt und in welchen Bereichen diese angesiedelt sein sollten, ist nur branchenbezogen zu beantworten. Die meisten Unternehmen verfügen wohl über fünf bis maximal zehn Kernkompetenzen. (Abweichend davon meinen Krüger und Homp, 1997, S. 26, dass nur wenige Unternehmen überhaupt Kernkompetenzen besitzen.)
In der Literatur wird zumeist gefordert, dass Kernkompetenzen **bestimmte Merkmale** aufweisen (vgl. Barney 1991, S. 105 ff.; Rasche/Wolfrum 1994, S. 503 ff.; Hamel/Prahalad 1997, S. 308 ff.; Krüger/Homp 1997, S. 28 f.; Kammel 2000a, S. 165 ff.). Diese sind:

### 1. Nutzenstiftung am Markt

Kernkompetenzen erlauben es, dem Kunden einen überlegenen Produktnutzen zu bieten. Dazu müssen die vorhandenen Schlüsselfähigkeiten in Produktmerkmale umgesetzt werden, die sich zugleich auf die für den Kunden maßgeblichen Leistungseigenschaften richten, wie z.B. der Motorlauf beim PKW oder die Taktfrequenz beim Mikrochip. Das letzte Beispiel zeigt, dass der Kunde die hinter einer Produkteigenschaft stehende

- Die Kernkompetenz von FEDERAL EXPRESS in der Paketzustellung beruht auf einem ausgefeilten Netzwerk-Management, drahtloser Kommunikation, der konsequenten Integration der Scanner-Technologie, auf Kenntnissen der linearen Programmierung sowie einem Stamm kundenorientierter Fahrer.
- EASTMAN KODAK besitzt Wissen und Können in den Bereichen Farbe, Tinten, Färbemittel, Beschichtung und Papierbearbeitung – allesamt synergetisch gebündelte Schlüsselfähigkeiten. Diese werden ferner mit einer besonderen Sensibilität für latente Marktbedürfnisse verbunden (vgl. Hamel/Prahalad 1997, S. 339).
- Bei CANON fußt die führende Stellung bei Filmkameras, Kopierern, Druckern, Scannern und Faxgeräten auf der kombinierten Beherrschung diverser Verfahren der Präzisionsmechanik, Feinoptik, Mikroelektronik und elektronischen Bildverarbeitung – allesamt umsetzbar in einer Reihe unterschiedlicher Endprodukte (ebenda, S. 343).
- Die ungewöhnliche Innovationskraft von 3M ist nicht nur auf die Beherrschung der Bereiche Klebstoffe, Substrate und Oberflächenbeschichtungen zurückzuführen, sondern in mindestens ebenso großem Maße auf die einmalige Unternehmenskultur sowie den betont kreativitätsfördernden Führungsstil. Daneben bestehen besondere Fähigkeiten hinsichtlich der Organisation von Innovationsprozessen (vgl. Nonaka/Takeuchi 1997, S. 153 ff.).
- WAL MART verfügt über ein einmaliges Logistiksystem (»cross-docking«), das ihm, flankiert von einem funktionstüchtigen Transportsystem sowie einer eigenen satellitengestützten Kommunikationsanlage, ein überlegen effizientes Warenmanagement verschafft (vgl. Stalk/Evans/Shulman 1992, S. 58 f.). Dies erbringt eine 3%ige Kostenersparnis gegenüber dem Branchendurchschnitt und ermöglicht die imposante Niedrigpreis-Strategie, die mittlerweile zum Markenzeichen von WAL MART geworden ist.
- MERCK führt seine Position als weltweit zweitgrößter Pharmaziehersteller auf sein außergewöhnliches Prozess-Know-how in der Forschung und Produktion zurück. Überdies bestehen enge Kontakte zu medizinischen Instituten und zu Experten auf dem Gebiet der Grundlagenforschung sowie vertrauensvolle Beziehungen zu den staatlichen Aufsichtsbehörden – all dies wichtiges »Beziehungskapital«.
- Der mehrfache Formel-1-Weltmeister FERRARI schließlich hat sich im Laufe der Jahrzehnte nicht nur Fähigkeiten im Motorenbau sowie beim aerodynamischen Design erworben, sondern verfügt zugleich über ein nahezu einzigartiges Informationssystem. Über Satellit werden rund um die Uhr Daten über die wichtigsten Test- und Rennfahrzeuge direkt in die Firmenzentrale nach Maranello gefunkt. Dies geschieht selbst während eines Rennens. Allein an einem Rennwochenende werden so über 15 Gigabyte Daten (das entspricht ca. einer Million beschriebener DIN A4-Seiten) übermittelt und umgehend für Verbesserungen genutzt.

**Abb. 4:** Beispiele für unternehmerische Kernkompetenzen

Kompetenz nicht unbedingt erkennen oder verstehen können muss; entscheidend ist, dass durch die Anwendung einer bestimmten Fähigkeit die Marktleistung durch ein wesentliches Merkmal »kaufenswert« wird.

Dieser Umstand hat in der Vergangenheit vor allem fernöstliche Anbieter in die Lage versetzt, sich voll auf die Entwicklung entscheidender Produktbestandteile zu konzentrieren und eher als Zulieferer von Kernkomponenten aufzutreten, sich in diesem Bereich aber für die Hersteller der Endprodukte (sog. Original Equipment Manufacturer) unentbehrlich zu machen. So produzierte z.B. CANON in den 1990er Jahren über 80% aller Laserdrucker-Aggregate, ohne letztlich auf dem Endproduktmarkt für den Kunden sichtbar zu werden. Entschließt sich der Komponentenzulieferer irgendwann, ebenfalls mit einer eigenen Marke und einem eigenen Vertrieb zu agieren, dann besteht für die OEMs oft nur noch die Wahl zwischen Tolerierung oder Niedergang. Viele US-Unternehmen haben in den 1980er Jahren auf diese Weise ihre Vormachtstellung eingebüßt (vgl. Hamel/Doz/Prahalad 1989, S. 90).

### 2. Differenzierungsfähigkeit

In einer Branche, in der alle Wettbewerber über dieselben Ressourcen und Schlüsselfähigkeiten verfügen, ist eine Profilierung gegenüber der Konkurrenz nur schwer denkbar (es sei denn, das Kompetenzniveau eines Unternehmens überragt das aller anderen deutlich). Allgemeine und breit gestreute Standardfähigkeiten begründen keinen Wettbewerbsvorteil. Eine spezielle Fähigkeit sollte also zu einer möglichst einmaligen Leistung führen – einer, die es gestattet, sich von den Angeboten der Wettbewerber abzuheben. COCA-COLA besitzt mit seiner bis heute geheimen Rezeptur eine solche Kompetenz.

### 3. Nicht-Imitierbarkeit

Kernkompetenzen eignen sich nur dann zur Differenzierung, wenn sie knapp sind. Dies ist vor allem dann der Fall, wenn die Konkurrenz sie nur schwer nachahmen kann. Die Ursachen für die Nicht-Imitierbarkeit von Kompetenzen liegen in den Dimensionen *Zeit*, *Kosten*, *Persönlichkeit* und *Komplexität* begründet.

Insbesondere funktionsübergreifende Fähigkeiten werden erst durch zeitraubende, kumulative Lernprozesse erworben (vgl. Dierickx/Cool 1989, S. 1506f.). So weisen die Kenntnisse, die der schwäbische Uhrenhersteller JUNGHANS in der Funkuhr-Technik besitzt, eine ausgesprochene Pfadabhängigkeit auf, d.h. ein entsprechendes Know-how bildete sich nicht sprunghaft, sondern musste über Jahre entwickelt werden. Dasselbe gilt für Kostenwirkungen, die auf den Voraussetzungen der sog. Erfahrungskurve beruhen (vgl. dazu u.a. Hungenberg 2001, S. 164ff.; Welge/Al-Laham 1999, S. 157ff.): Nachzügler im Markt müssten zur Erlangung einer identischen Kostenposition dieselben Fertigungsmengen bzw. dieselben Erfahrungen wie ihre Vorbilder sammeln – nur in viel kürzerer Zeit. Im Ergebnis zeigt sich, dass Rückstände kaum durch hektische »Crash-Programme« aufzuholen sind: Ineffizienzen der Ressourcenakkumulation begünstigen eher kontinuierliche Bemühungen über einen längeren Zeitraum.

Genauso schwierig zu imitieren sind Fähigkeiten, die auf menschlicher Expertise aufbauen – Erfahrungslernen ist persönlichkeitsgebunden (vgl. hierzu auch Abschnitt 3.2). Überdies ist Wissen oft implizit und somit nur schwer zu verbalisieren. Um an ein derartiges »Tacit Knowledge« (vgl. Abschnitt 2.2) zu gelangen, sind daher besondere Anstrengungen erforderlich, z.B. müssen entsprechende Wissensträger über längere Zeiträume hinweg intensiv beobachtet oder mit aufwändigen Mitteln zur Explizierung und ihrer Erfahrungen animiert werden.

Und schließlich basieren Kernkompetenzen ex definitione auf einem komplexen Bündel von Einzelfähigkeiten. Dies bedeutet in der Praxis Vernetzungen und Mehrdeutigkeiten. Erstere basieren auf den unweigerlichen Interdepenzen zwischen einzelnen Ressourcen (»interconnectedness«; vgl. Barney 1991, S. 110f.). Je mehr Ressourcen zur Entfaltung ihrer Wirkung aufeinander angewiesen und je enger diese miteinander verwoben sind, umso schwieriger ist die daraus resultierende Kompetenz letztendlich zu imitieren. Als Folge dieser Vernetzungen entstehen instrumentelle Mehrdeutigkeiten, die in ihrer Kausalität selbst von den Eingeweihten oft nicht exakt verstanden werden (»causal ambiguity«; vgl. Dierickx/Cool 1989, S. 1508f.). Warum ein bestimmtes Innovationsteam z.B. permanent profitablere Produktideen erzeugt als ein anderes, oder eine Fabrik weniger Ausschuss produziert als eine andere, weshalb sich Vertrauen zwischen einigen Kollegen herausbildet und zwischen anderen nicht oder auf welche Weise »Fingerspitzengefühl« bei einem Vorgesetzten entsteht und bei einem anderen nicht, hängt von derartig vielen Faktoren ab, dass dieses in seiner sozialen und prozessualen Komplexität letztlich kaum zur Gänze entschlüsselbar ist. Vermutlich ist das für das einzelne Unternehmen jedoch nicht einmal von Nachteil: Wäre sein Wissen um die Effekte einzelner Maßnahmen nämlich nicht so diffus, dann wäre es leichter imitierbar. Seine Überlegenheit könnte durch Konkurrenzbeobachtung oder die Abwerbung kompetenter Wissensträger dann sehr schnell erodieren.

### 4. Nicht-Substituierbarkeit

Kernkompetenzen unterliegen zwar nicht so kurzen Lebenszyklen wie die mit ihnen erzeugten Produkte, aber dennoch können auch sie veralten. Dies geschieht entweder durch technischen Fortschritt oder dadurch, dass es Wettbewerbern gelingt, die Stärken eines Konkurrenten durch einen neuen Produktzuschnitt oder veränderte Kundenerwartungen zu entwerten. Eigentlich ist so gut wie jede kompetenzbegründende Fähigkeit mit der Zeit durch kreative Konkurrenten substituierbar. Hieraus resultieren vor allem zwei Managementaufgaben: zum einen die aufmerksame Beobachtung von Entwicklungen und Trends, die sich in den verschiedenen Branchen oder gesellschaftlichen Bereichen abzeichnen, und zum anderen der Erhalt bzw. die systematische Weiterentwicklung der eigenen Kompetenzen. Um eine vorzeitige »Asset Erosion« zu verhindern, bedarf es folglich eines ausgereiften Marktsensoriums, eines leistungsfähigen Technologiemanagements sowie eines ständigen Mittelrückflusses in die bestehenden Kompetenzbereiche, um hierdurch die unternehmensspezifischen Fähigkeiten zu erhalten.

### 5. Transferierbarkeit

Kompetenzen werden schließlich dann zu Schlüsselfähigkeiten, wenn sie nicht auf bestimmte Märkte beschränkt sind, sondern sich auf andere Produkt/Markt-Kombinationen übertragen lassen. Idealerweise werden auf diese Weise neue Abnehmergruppen erschlossen. So hat die Hotelkette MARRIOTT ihr Prozesswissen auf das Angebot von Catering- und Event Management-Leistungen übertragen, und die Fluglinie AMERICAN AIRLINES wendet ihr Wissen bei Reservierungssystemen mittlerweile im Hotelgewerbe, bei Autovermietungen und in der Unterhaltungsbranche

(Kino, Theater, Sportveranstaltungen etc.) an. Fallweise werden mit diesen Peripherieaktivitäten sogar größere Umsätze erzielt als im ursprünglichen Kerngeschäft. Manches Anwendungsgebiet einer Schlüsselfähigkeit mag zum gegenwärtigen Zeitpunkt noch nicht absehbar sein – dennoch besteht bei einem geschickten Management zumindest die *Möglichkeit* ihrer späteren Verwertbarkeit.

Anhand dieser Charakterisierung wird deutlich, welch elementare Stellung das intellektuelle Kapital eines Unternehmen im Konzert der betrieblichen Vermögenswerte einnimmt. Denn als Intangible Asset verkörpert Wissen eine Ressource, die wie kaum eine andere sowohl **schwer imitierbar** als auch **kaum substituierbar** ist. Darüber hinaus erweist sich der **Transfer** des hieraus erwachsenden Könnens auf andere Geschäftsfelder als generisches Potenzial. Die Fähigkeit, in organisationalen Lernprozessen kommerziell verwertbares Wissen zu erzeugen, wird damit zu einem strategischen Wettbewerbsvorteil.

## 1.3 Zur strategischen Bedeutung des Unternehmenswissens

In der Ökonomie wirken heute drei wichtige Tendenzen:

1. Es wächst nicht nur die Menge, sondern auch die **Widersprüchlichkeit** und **Verfallsanfälligkeit** der vom einzelnen Unternehmen zu bewältigenden **Informationen**. Immer mehr Ambiguität will verarbeitet sein, und die Kenntnis von heute ist der Irrtum von morgen.

2. Der Anteil rein physischer Produkte nimmt in den entwickelten Volkswirtschaften seit Jahrzehnten ab; mehr und mehr werden materielle Güter durch **immaterielle (oft digitale) Güter** verdrängt. Heute zeigt sich, dass die modernen Ökonomien nicht zu einer tertiären Servicegesellschaft tendieren, sondern die Fortschritte der Informationstechnologie eher zu einer Aufhebung der Grenze zwischen materiellen und immateriellen Gütern führen (vgl. Webber 1993, S. 26). Anders gesagt: »Das Produkt der Zukunft hat einen Intelligenz-Kern und eine Service-Hülle« (Deckstein/Felixberger 2000, S. 43).

3. Das intellektuelle Kapital der Unternehmen erstreckt sich nicht mehr nur auf das Ende der betrieblichen Wertschöpfungskette, sondern zunehmend auch auf die innerbetriebliche Sphäre. Ungeachtet des bearbeiteten Endproduktmarktes fließt immer mehr technisches und organisatorisches Know-how in die **unternehmerischen Prozesse** ein, d. h. nicht nur die Produkte, auch die Verfahren zu ihrer Erzeugung werden intelligenter. Prozessverbesserungen stellen in einer aktuellen Studie das von den befragten Unternehmen am häufigsten genannte Ziel ihrer Wissensmanagement-Aktivitäten dar (vgl. Heisig/Vorbeck 2001, S. 116).

Diese Entwicklung hat streng genommen bereits mit *Frederick Taylor* (1917) und der von ihm propagierten Anwendung »wissenschaftlicher« Methoden auf die manuelle Güterproduktion begonnen. Vor Taylor bestand die einzige Möglichkeit der Produktionssteigerung darin, länger und härter zu arbeiten. Wie Peter Drucker meint, hielt Taylor »zum ersten Mal in der Geschichte die Arbeit für würdig der Aufmerksamkeit eines gebildeten Menschen« (Drucker 1972, S. 253).

Die systematische Rationalisierung der menschlichen Arbeit hat nicht nur die Produktivität der gesamten Volkswirtschaft ungeheuer gesteigert, sondern nebenbei auch noch ein soziales Problem gelöst: das Einkommen des ungelernten Arbeiters konnte auf ein auskömmliches Maß erhöht und gleichzeitig dessen Arbeitszeit und körperliche Anstrengung reduziert werden. Die konsequente Anwendung von Taylors analytischem Wissen machte für die Industrie selbst die Tagelöhner attraktiv – Drucker zufolge stieg deren Produktivität etwa um das Hundertfache (ebenda, S. 254).

Taylor bezog sein Wissen allerdings allein aus quantifizierbaren Daten und wandte seine Prinzipien vorwiegend auf körperliche (Schwerst-)Arbeit an. Heute wird diese Tätigkeit weitgehend von Maschinen getan. Doch auch hier wirkt sich Wissen äußerst effizienzsteigernd aus. Stewart illustriert dies am **Beispiel der Stahlproduktion**. Der zentrale Stellenwert, der diesem Produktionszweig zu Beginn des Industriezeitalters zukam, beruhte ganz wesentlich auf den gewaltigen Anstrengungen, die zur Erzgewinnung sowie für den Transport und die anschließende Weiterverarbeitung erforderlich waren. Die Arbeitsbedingungen in den stahlkochenden Hochöfen waren zu Beginn des 20. Jahrhunderts im wahrsten Sinne des Wortes höllisch.

Heute ist der physische Aufwand der Stahlerzeugung deutlich gesunken. Bethlehem Steel, einer der größten Stahlproduzenten der Welt, benötigte vor zehn Jahren drei bis vier Mannstunden zur Herstellung von einer Tonne Stahl. Intensive Forschungsanstrengungen und Investitionen in die computergestützte Verfahrenstechnik haben den Konkurrenten Nucor Steel inzwischen in die Lage versetzt, dieselbe Menge Stahl in nur noch 45 Minuten zu erzeugen (vgl. Stewart 1998, S. 30f.). Damit konnte die amerikanische Stahlindustrie z.T. wieder mit der japanischen gleichziehen. Denn obwohl Japan weder Erz noch Kohle besitzt, war es in den 1980er Jahren zum wichtigsten Stahlproduzenten der Welt aufgestiegen. Lässt sich ein besseres Beispiel für die rohstoffsubstituierende Wirkung des Produktionsfaktors Wissen denken?

Einen ähnlichen Vorsprung hatten sich die Japaner in der Automobilbranche erarbeitet: Aufgrund ihrer kriegsbedingten Kapital- und Raumknappheit wandten sich Nippons Autohersteller zunehmend von der kapitalintensiven Produktion angloamerikanischen Stils ab und setzten stattdessen auf informationsorientierte Fertigungsstrategien. Anstatt das benötigte Material stets mit großen Pufferbeständen vorrätig zu halten, ließen sie es sich von vertraglich, räumlich und organisatorisch eng integrierten Wertschöpfungspartnern »just-in-time« zuliefern. Auch in diesem System, das in seiner Gesamtheit als Lean Management bekannt geworden ist, ersetzt der exakte Fluss von Informationen das materielle Inventar und führt letztendlich zu einer ganz neuen Form des Arbeitens.

Wissensmanagement – verstanden als systematische Bewirtschaftung von Kopfarbeit – berührt folglich nicht mehr nur einige ausgewählte Personen, Wertschöpfungsstufen oder Branchen, sondern die **wirtschaftliche Leistungserzeugung schlechthin**. Es schafft nicht nur effektivere Produkte, sondern auch effizientere Prozesse und wird somit zur Grundlage von Kosten-, Zeit- und Qualitätsvorsprüngen (vgl. Porter/Millar 1985; Gerpott 1994; Grant 1996; Teece 1996; Whitehill 1997). Ein Hotel, das die Wünsche seiner Stammkunden besser kennt und durch geeignetes Personal effektiver berücksichtigt als die Konkurrenz, wird ebenso Vorteile haben wie ein materielles Produkt, das sich durch eingebaute Intelligenz flexibel den wechselnden Bedürfnissen seiner Verwender anzupassen vermag. Und eine kapital- und arbeitsschonende Ablauforganisation entfaltet Rationalisierungswirkungen, die ganz unmittelbar Preisspielräume eröffnen.

Insgesamt können **wissensbasierte Wettbewerbsvorteile** auf dreierlei Weise entstehen. Ein Unternehmen kann:

- mehr oder wertvolleres Wissen besitzen,
- sein Wissen effizienter (d.h. schneller oder billiger) mehren oder
- sein Wissen effektiver nutzen.

Ein Blick in die Unternehmensbilanzen bestätigt, dass Wissensvorteile unmittelbar zu Wettbewerbsvorteilen werden können und sich das physische Vermögen der Unternehmen demzufolge immer häufiger in ein intellektuelles Vermögen wandelt. Diesbezügliche Analysen zeigen bei einigen (insbesondere jungen) Unternehmen einen auffallend geringen Anteil des Sachvermögens am aktuellen Börsenwert (= Anzahl der Aktien multipliziert mit dem aktuellen Börsenkurs). Mit anderen Worten: es ist eine deutliche **Diskrepanz zwischen hohen Marktwerten und eher geringen Buchwerten** zu verzeichnen. So belief sich der Anteil des Buchwertes bei Microsoft beispielsweise für längere Zeit auf gerade 10% am unternehmerischen Gesamtvermögen (vgl. Sveiby 1997, S.7; interessant auch die Auflistung bei Hamel/Prahalad 1997, S. 349). Und im zwischenbetrieblichen Vergleich übertrifft der Software-Anbieter SAP mit seinem Marktwert den traditionellen Autobauer VW mittlerweile ebenso deutlich, wie in den USA der Internet-Spezialist NETSCAPE die Hardware-Firma APPLE. Die Lücke zwischen Markt- und Buchwerten ist letztlich nur durch die Existenz immaterieller Vermögenswerte zu erklären (vgl. Sveiby 1998; Edvinsson/Brüning 2000).

Ungeachtet seiner überragenden Bedeutung hat die Unternehmenstheorie den Faktor Wissen bislang eher stiefmütterlich behandelt. Bezeichnenderweise wird z.B. im Erfahrungskurvenkonzept die Bedeutung des Wissens für die Schaffung von Wettbewerbsvorteilen nur höchst indirekt modelliert. Darüber hinaus wird in der Theorie oft allein auf quantifizierbares und damit leicht austauschbares Wissen abgestellt (z.B. in der PIMS-Studie!). Wissen ist zudem primär vom Top-Management in Gestalt von Führungsinformationen bereitzustellen. Somit ist das **Wissensverständnis der traditionellen Strategietheorie** als **deutlich eingeschränkt** zu bezeichnen.

Bei Erich Gutenberg wurden die elementaren Produktionsfaktoren durch den sog. dispositiven Faktor sinnvoll zueinander in Beziehung gesetzt. Dieser Kombinationsprozess, zu dem man auch die Teilprozesse des Wissensmanagements rechnen kann (vgl. Kapitel 4), erfordert immer den Einsatz von Wissen auf einer höheren Ebene; d.h. die beim Top-Management zusammenlaufenden Informationen über das gesamte betriebliche Geschehen müssen zweckbezogen miteinander vernetzt werden. Dem organisationalen Wissensmanagement kommt vor diesem Hintergrund eine **übergeordnete Querschnittsaufgabe** zu. Diese Aufgabe richtet sich nicht nur auf die Gewinnung und Verteilung eines neuartigen Produktionsfaktors (der als »Information« das Gutenberg'sche Faktorsystem längst hätte ergänzen müssen), sondern sie steuert auf einer höheren Ebene die betriebliche Faktorenkombination insgesamt. Die wissensbezogenen Fähigkeiten der Unternehmensführung verkörpern insofern eine Art **Meta-Kompetenz**.

In beiden Fällen – Wissen als Elementar- und Wissen als dispositiver Faktor – lässt sich eine Analogie zu den materiellen Produktionsfaktoren herstellen: hier wie dort handelt es sich um knappe Ressourcen. Aufgrund seiner Immaterialität und seiner Bindung an einen persönlichen Kontext erweist sich aber insbesondere beim Wissen die Bewirtschaftung als schwierig. Wie bei allen intangiblen Ressourcen ist beispielsweise die quantitative Bewertung der vorhandenen Bestände nur ansatzweise möglich; und auch die pekuniären Effekte von Wissensvorsprüngen sind aus logischen Gründen kaum zu ermitteln. Wie Abschnitt 4.7 zeigen wird, stecken die gegenwärtigen Instrumente des Wissenscontrollings folglich immer noch in den Kinderschuhen.

Zuvor werden in **Kapitel 2** die begrifflichen und theoretischen Grundlagen gelegt. Dabei sind vor allem die Aufgaben des organisationalen Wissensmanagements sowie die Unterschiede verschiedener Wissensformen herauszuarbeiten. Einer weiteren Erörterung bedürfen die informations- und kommunikationstheoretischen Grundlagen der Wissensbewirtschaftung: Mathematisch-nachrichtentechnische stehen hier neben verhaltenswissenschaftlichen Ansätzen. Eine besondere Beachtung erfahren überdies psychologische Erklärungsmuster in Form sog. mentaler Modelle, mit deren Hilfe das menschliche Denken, Wahrnehmen und Entscheiden im Alltag vorstrukturiert wird.

Wegen der zentralen Bedeutung, die individuelle wie organisationale Lernprozesse für das Wissensmanagement besitzen, wird hierfür ein eigener Abschnitt vorgesehen: **Kapitel 3** klärt Formen, Ebenen und Kontext des Lernens in Organisationen. Da Lernen die wesentliche Voraussetzung für die Entstehung neuen Wissens ist, müssen Lernprobleme im Unternehmen erkannt sowie in ihrer Ursache verstanden und gelöst werden. Damit hängt die Frage zusammen, welche Barrieren das Lernen in der Praxis typischerweise behindern.

**Kapitel 4** wendet sich im Rahmen einer primär tätigkeitsorientierten Sichtweise den einzelnen »Bausteinen« des Wissensmanagements zu, die als miteinander verknüpfte und gleichermaßen aufeinander angewiesene Teilprozesse begriffen werden können. In diesem Sinne geht es sowohl um den Erwerb als auch um die Bewahrung, Verteilung, Nutzung und Bewertung neuer Informationen. Diese Prozesse werden in der Realität nicht nur formal-sachlich, sondern auch machtpolitisch beeinflusst.

**Kapitel 5** trägt dem Umstand Rechnung, dass theoretisch Bekanntes nicht unbedingt auch praktisch Umgesetztes ist. Somit geht es um die Frage der praktischen Realisierung der im vierten Kapitel beschriebenen Prozess-Schritte. Dabei spielen vor allem der strukturelle Aufbau, aber auch das Personalmanagement sowie die Führungssysteme und die Kultur des Unternehmens eine wichtige Rolle. Diese Faktoren müssen die wissensbezogenen Aktivitäten des Unternehmens fördern und ein Managementkonzept schaffen, in welchem sich die einzelnen Maßnahmen gegenseitig unterstützen.

Das abschließende **Kapitel 6** greift den eingangs erörterten Trend zur Wissensgesellschaft wieder auf und diskutiert die Konsequenzen dieses Phänomens für die Welt der Arbeit und den zukünftigen Wettbewerb. Unter welchen Umständen werden die hochentwickelten Länder ihren Wissensvorsprung verteidigen können? Wie sieht der »typische« Arbeitsplatz des 21. Jahrhunderts aus? Für wen bringt die sich formierende Wissensökonomie neue Chancen? Und bedeutet das »wissende« Unternehmen tatsächlich das Ende des »arbeitenden« Unternehmens?

# 1.4 Zusammenfassung

- In Unternehmen hat man schon immer Wissen gesucht und auf der Basis von Wissen gehandelt. Angesichts einer wachsenden Informationsflut erfährt Wissen als »weicher Faktor« der Unternehmensführung jedoch eine zunehmende Aufmerksamkeit. Die zurückgehende Zahl der Industrie-Arbeitsplätze und die steigenden Ausgaben für wissensbasierte Güter zeigen an, dass sich Unternehmen aller Branchen verstärkt um die systematische Bewirtschaftung dieses Produktionsfaktors kümmern müssen.

- Wissenvorsprünge werden dann zu nachhaltigen Wettbewerbsvorteilen, wenn sie in originäre Kernkompetenzen überführt werden können und auf diese Weise zur Grundlage intelligenter Produkte und/oder intelligenter Verfahren avancieren. Ein Wettbewerbsvorteil entsteht, wenn ein Unternehmen mehr weiß als seine Konkurrenten oder dieses Wissen schneller/billiger aufbaut bzw. effektiver nutzt.

- Die Nachhaltigkeit von Wettbewerbsvorsprüngen hängt vor allem von deren Nicht-Imitierbarkeit und Nicht-Substituierbarkeit ab. Wissen ist in höchstem Maße personengebunden und in seinem Zustandekommen mehrdeutig – damit ist es für die Konkurrenten schwierig zu imitieren. Da in Produkten oder Prozessen eingebundenes Wissen überdies kaum zu substituieren ist, ist es als Basis für die wettbewerbliche Profilierung bestens geeignet.

- Wissen kann als intangible Ressource auf dem Faktormarkt nicht ohne weiteres gekauft werden; es muss daher in den meisten Fällen in langwierigen Lernprozessen selbst entwickelt werden. Die Diskrepanz zwischen Markt- und Buchwert bei börsennotierten Gesellschaften unterstreicht, in welchem Maße der Markt das intellektuelle Kapital wissensbasierter Unternehmen schätzt.

## Vertiefungsliteratur zu Kapitel 1

*Drucker, P.* (1993): Die postkapitalistische Gesellschaft, Düsseldorf.

*Hamel, G./Prahalad, C.K.* (1997): Wettlauf um die Zukunft, 2. Aufl., Wien, insbesondere Kap. 9 und 10.

*Krogh, G. von/Venzin, M.* (1995): Anhaltende Wettbewerbsvorteile durch Wissensmanagement, in: Die Unternehmung, 49. Jg. (1995) 6, S. 417–436.

*Stewart, T.* (1998): Der vierte Produktionsfaktor, München, insbesondere Teil I.

# 2 Begriffliche und theoretische Grundlagen

## 2.1 Zeichen, Daten, Informationen

In Zusammenhang mit Wissen werden im alltäglichen Sprachgebrauch häufig Schlagwörter wie »Datenautobahn«, »Information Highway« oder »Wissensbibliothek« benutzt. Damit wird suggeriert, dass die Verfügbarkeit großer Datenbestände für ihre Anwender auch ein hohes Maß an Wissen bedeutet. Dies trifft aus verschiedenen Gründen nicht zu. Es ist daher notwendig, die wichtigsten Begriffe aus dem Bereich des Informations- und Wissensmanagements zu systematisieren und voneinander abzugrenzen. Hierfür bietet die in Abb. 5 dargestellte Begriffshierarchie einen sinnvollen Einstieg.

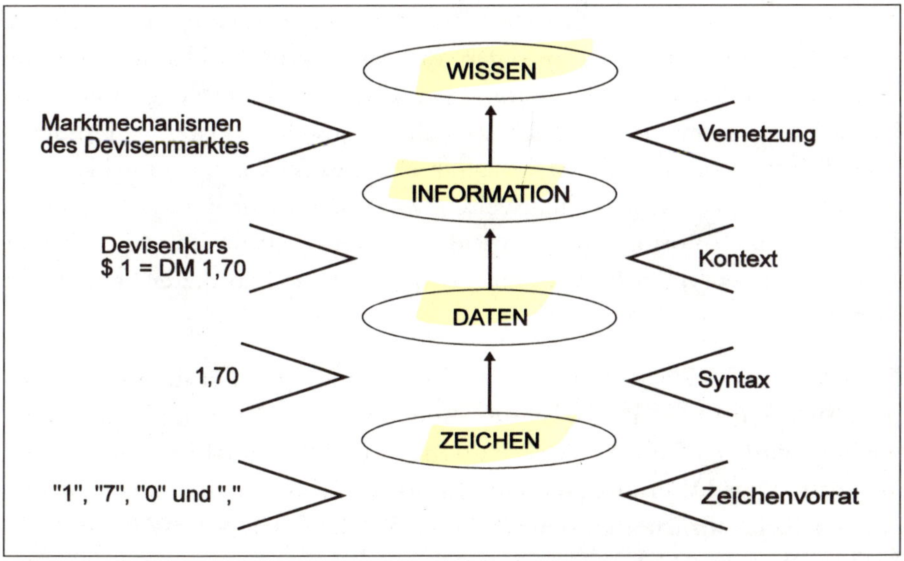


**Abb. 5:** Von Zeichen zu Wissen (Quelle: Rehäuser/Krcmar 1996, S. 6)

Auf der untersten Ebene steht das **Zeichen**, welches als »das kleinste bei einer Programmführung zugreifbare Datenelement« definiert werden kann (Rehäuser/Krcmar 1996, S. 3). Bei Zeichen handelt sich mithin um einen Vorrat bzw. eine endliche Menge an Buchstaben, Ziffern oder Sonderzeichen, die beispielsweise durch Schriftzeichen oder Impulsfolgen wiedergegeben werden können. Zeichen als solche besitzen keinen Eigenwert; erst durch Einordnung werden sie sinnvoll. Nimmt man z.B. die Zeichen »**1**«, »**7**« und »**0**« aus dem Zeichenvorrat der Zahlen und das Zeichen »**,**« aus dem Vorrat der Sonderzeichen heraus, so stehen diese Zeichen zunächst ohne Zusammenhang nebeneinander.

Werden diese Zeichen in eine Ordnung gebracht und kodiert – in dem Fall zu einem Preis – so entsteht ein **Datum**. Durch Regeln oder syntaktische Vorschriften werden Zeichen zu **Daten**. Ohne Kodierung und Syntax bleiben sie Zeichen und können als solche keine Realität gewinnen. Daten enthalten keine Wertung und sind als Handlungsbasis nicht tragfähig (vgl. Davenport/Prusak 1999, S. 28).

Eine engere Auffassung findet sich in der älteren maschinellen Informationsverarbeitung. Nach deren Verständnis wären Daten »Informationen, deren sprachliche Repräsentationsform und materielle Träger auf eine maschinelle Verarbeitung gerichtet sind« (Bode 1997, S. 460). Hierzu zählten dann beispielsweise CDs, Speicherchips oder Magnetplatten. Eine ähnlich enge Auslegung vertreten diejenigen, die den Begriff des Datums auf seine ursprüngliche lateinische Bedeutung (»das Gegebene«) beziehen und insofern auf das Merkmal der Unabänderlichkeit abstellen. Daten wären demnach Information, auf die nachträglich kein Einfluss mehr ausgeübt werden kann. Diesen engen Sichtweisen wird hier nicht gefolgt. Auch die Frage, ob eine Information zwingend eine Neuigkeit für ihren Empfänger darstellen muss (vgl. z.B. Wahren 2000, S. 280), soll an dieser Stelle nicht weiter erörtert werden.

Ein Preis von »1,70« gewinnt erst an Bedeutung, wenn er in einen *Bedeutungskontext* gesetzt, also z.B. mit einer anderen Währungseinheit verglichen wird. Auf diese Weise entsteht eine **Information**; ein Mensch konstruiert aus Daten dadurch eine Information, dass er sie anhand ausgewählter Relevanzkriterien bewertet (vgl. Willke 2001, S. 8; Wahren 2000, S. 280). Während Daten heute in nahezu beliebiger Menge zur Verfügung stehen – das Problem ist eher eine Überflutung und damit ihre zweckmäßige Auswahl –, sind Informationen knapper, weil sie verarbeitungsaufwändiger sind. Weil letztere die Basis sowohl der einzel- wie der gesamtwirtschaftlichen Entscheidungen bilden, bezeichnen Picot/Franck (1988, S. 544) Information auch »als die unternehmerische Ressource schlechthin«. Und Bill Gates meint schlicht: »Der Informationsfluss ist das Lebenselixier eines Unternehmens« (Gates 1999, S. 24).

Trotz seiner großen Bedeutung für die Praxis wird auch der Informationsbegriff nicht einheitlich verwandt. Die DIN 44300 begreift Information als »Kenntnisse über Sachverhalte und Vorgänge«; und die Betriebswirtschaftslehre folgte bislang gern der klassischen Definition von Wittmann (1959, S. 14): Information sei »zweckorientiertes Wissen« (zur Kritik an dieser Definition vgl. Bode 1997, S. 454 ff.).

Bode selbst sieht Information als Teilmenge von Wissen, nämlich lediglich als den Teil, der in verbaler oder non-verbaler Form *vermittelbar* ist. Das Gegenstück zur Information wäre demnach Wissen, das nicht in transsubjektiver Form übermittelt werden kann. Hierzu zählt z. B. das bereits erwähnte implizite Wissen. Auch wir begreifen Information als Teilmenge und zugleich *Vorstufe* von Wissen.

## 2.2 Wissen und Wissensmanagement

Wissen ist die anspruchsvollste Form kognitiver Inhalte. Es entsteht dann, wenn Informationen auf der Basis eines bestimmten geistigen Hintergrundes miteinander vernetzt und sinnstiftend interpretiert werden. Hierzu bedarf es ihrer Einbindung in eine subjektive Denk- und Lebenswelt. Informationen werden auf diese Weise in einen **personenbezogenen Verwendungszusammenhang** (subjektive Pragmatik, nicht: objektive Semantik) gestellt, wie z. B. das Wissen über die geschichtliche Bedeutung eines Preises in Höhe von 1,70.

Wissen enthält überdies nicht nur Informationen, sondern ist weit komplexer: es umfasst auch Erfahrungen, (Vor-)Urteile, Faustregeln oder Weltbilder. Diese Elemente bilden letztlich den nicht mehr im Detail aufzulösenden Nährboden, auf dem Daten zu Informationen und Informationen zu Wissen werden. Wissen ist folglich immer ein Konglomerat aus Innerem und Äußerem (vgl. auch Wolff 2000, S. 254; Davenport/Prusak 1999,

S. 35 ff.). Im Gegensatz zu Information verlangt Wissen überdies nach **Speicherung** – was nicht »behalten« wird, kann kein Wissen werden. Dennoch ist nicht alles, was der Mensch in seinem kognitiven Speicher hat, Wissen. (Man denke z. B. an bei bestimmten Reizen wiederkehrende Assoziationen.)

In Verbindung mit der notwendigen Anwendungsfähigkeit von **Wissen** kann selbiges wie folgt definiert werden: »Wissen bezeichnet die Gesamtheit der Kenntnisse und Fähigkeiten, die Individuen zur Lösung von Problemen einsetzen. Dies umfasst sowohl theoretische Erkenntnisse als auch praktische Alltagsregeln und Handlungsanweisungen. Wissen stützt sich auf Daten und Informationen, ist im Gegensatz zu diesen jedoch immer an Personen gebunden« (Probst/Raub/Romhardt 1999, S. 46).

Dieser letzte Zusatz erscheint uns besonders wichtig, denn seine Missachtung führt zu einer gefährlichen (aber gleichwohl nicht immer ganz zu vermeidenden) Verwechslung von Information und Wissen, z. B. wenn leichtfertig von »Wissensaustausch« oder »computergestützter Wissensvermittlung« gesprochen wird. Wie erwähnt unterscheidet sich bereits Information von »toten« Daten durch ihre individuelle Interpretationsbedürftigkeit. Um wie viel schwieriger ist dann erst, Wissen auszutauschen?

In der jüngeren, eher wissenschaftstheoretisch gefärbten Literatur wird denn auch wiederholt der höchst subjektive, **»konstruktive« Charakter der Wissensschöpfung** hervorgehoben (vgl. z. B. Aulinger/Pfriem/Fischer 2001). Es wird zu Recht darauf hingewiesen, dass man den Faktor Wissen – in Analogie zu den anderen Produktionsfaktoren und in unbedachter Fortführung der ökonomischen Bewirtschaftungslogik – gern als etwas Objektives begreift. »Wissen« wird zwar auf der einen Seite durch seine Bindung an einen persönlichen Hintergrund als etwas in höchstem Maße Subjektives erkannt, gleichzeitig wird im Rahmen des angestrebten Wissenstransfers jedoch eine homogene (»richtige«) Bedeutungszuweisung unterstellt. Auf diese Weise springt man willkürlich zwischen zwei grundsätzlich unterschiedlichen Logiken hin und her (vgl. Soukop 2001, S. 168 f.; einen guten Überblick über die gängigen Grundauffassungen geben Walger/Schencking 2001).

Willke geht sogar noch einen Schritt weiter: für ihn ist bereits der überindividuelle Austausch von *Informationen* unmöglich, ja eine »Selbsttäuschung«. Ein Informationsaustausch setze schließlich voraus, dass die beteiligten Systeme absolut identische Relevanzkriterien besitzen, was letztlich »nicht einmal bei eineiigen Zwillingen der Fall« sei (Willke 2001, S. 9).

Wir wollen hier nicht ganz so streng sein. Der Umstand, dass der zur Interpretation von Daten notwendige Kontextbezug ja seinerseits wieder eine spezielle Form von Wissen darstellt, zeigt bereits die Fragwürdigkeit einer strikten Unterscheidung. Wenn Probst/Raub/Romhardt (1999, S. 39) also eher von einem gleitenden Übergang, d.h. einem **Kontinuum zwischen Information und Wissen** ausgehen, dann ist diese Sichtweise sicherlich nicht von der Hand zu weisen. Überdies soll die Annahme objektiven Wissens (oder zumindest objektiver Wissens*bestandteile*) nicht gänzlich aufgegeben werden. Information ist somit ebenso eine Voraussetzung für Wissen, wie Wissen eine Voraussetzung für Information ist.

Diese Zirkelbeziehung wird noch deutlicher, wenn man eine inzwischen geradezu klassische Unterscheidung heranzieht: nämlich die von deklarativem und prozeduralem Wissen (vgl. Baumgartner 1993, S. 71). **Prozedurales Wissen** (»Knowing how«) bezieht sich auf wenig greif- und nur schwer verbalisierbare Kenntnisse über prozessuale Abläufe. Man könnte alternativ von praktischem Wissen oder Rezeptwissen sprechen (vgl. Sackmann 1992, S. 142). »Objektive« Fakten oder Informationen spielen als Vorbedingung hier nur eine untergeordnete Rolle. Das Wissen eines Experten der Software-Entwicklung ist ein Beispiel dafür, die in den 1980er Jahren überlegene Kenntnis der Japaner hinsichtlich der Gestaltung effizienter Fertigungsprozesse ein anderes.

**Deklaratives Wissen** (»Knowing that«) ist hingegen ein vergleichsweise statisches, leicht speicher- und operationalisierbares, »intellektuelles« Wissen, das u.a. aus Dokumenten, Büchern oder in Vorlesungen gewonnen werden kann. Dieses Wissen bedarf der expliziten Informationsaufnahme und setzt im obigen Sinne ein besonderes Vorwissen voraus. Deklaratives Wissen wird auch als Faktenwissen bezeichnet. Dies wäre aber nach obiger Begriffsklärung falsch. Denn dann hätten der Brockhaus, die Encyclopaedia Britannica oder das Lexikon einer populären RTL-Quizshow (»wissen.de«) mehr Wissen als noch der intelligenteste Mensch auf Erden. Willke zufolge aber besteht deklaratives Wissen nur aus Daten: »Sie haben mit Wissen als in Erfahrung eingebettete Informationen nichts zu tun« (Willke 2001, S. 12). Der Brockhaus ist also eigentlich dumm: er enthält eine riesige Datensammlung – aber kein Wissen.

Eine ähnliche Systematik differenziert zwischen **implizitem** und **explizitem Wissen**. Diese Trennung geht auf den Biologen Michael Polanyi und seinen Ausspruch »we can know more than we can tell« (1985, S. 14) zurück. Mit diesem mittlerweile berühmten Satz wird der Blick auf eine Wissensform gelenkt, die bis dahin völlig vernachlässigt wurde: das nicht in Worten fassbare **Tacit Knowledge**. Polanyi nutzt zur Veranschaulichung dieser Wissensform das Beispiel eines Menschen, dem es möglich ist, ein Gesicht »unter Tausenden, ja unter einer Million« Gesichtern wiederzuerkennen, ohne beschreiben zu können, worauf genau sich diese Fähigkeit gründet.

Eine solche Form von Wissen hat eine ausgesprochen subjektive Qualität und ist, auch weil es seinem Träger selbst oft nicht bewusst ist, ausgesprochen schwer zu kommunizieren. Es vermittelt sich anderen meist nur durch persönliche Kontakte und wird außerdem informell verinnerlicht (vgl. Schanz 2001, S. 107; Nonaka/Takeuchi 1997, S. 19). Damit ist es besonders schwer zu formalisieren, zu übertragen und zu speichern. Tacit Knowledge kann letztlich als *Bestandteil des impliziten Wissens* angesehen werden (vgl. Rüdiger/Vanini 1998, S. 472). Dieser Bestandteil ist u. a. deshalb bedeutsam, weil er eine zentrale Rolle bei der organisationalen Wissenserzeugung spielt (vgl. Abschnitt 4.3).

Eine **dritte Systematik** hat Machlup (1962, S. 21 f.) vorgelegt. Sie ist deshalb interessant, weil sie Wissen vom funktionalen Verwendungszusammenhang löst und auch unnützes oder religiöses »Wissen« einbezieht. Demnach lassen sich unterscheiden:

- *Practical knowledge*, das wichtig ist für den Arbeitsvollzug und unternehmerische Entscheidungen;
- *Intellectual knowledge*, das als Resultat einer humanistischen Erziehung vor allem eine intellektuelle Neugier befriedigt und mit Blick auf ungelöste Probleme oder bestehende Kulturnormen erworben wird;
- *Small talk und Pasttime knowledge*, das einer nicht-intellektuellen Neugier bzw. dem Wunsch nach Zerstreuung entspringt, in »passive relaxation« erworben wird und sich auf Gerüchte, Anekdoten und Klatsch bezieht;
- *Spiritual knowledge*, das das Wissen über Gott, postmortale Erlösung oder die Möglichkeiten eines metaphysischen Weiterlebens betrifft;

- *Unwanted knowledge*, das eher zufällig erworben wird und sich eigentlich außerhalb der eigenen Interessen befindet.

Neben den beschriebenen ist eine Fülle weiterer Wissensbegriffe und -konzepte herausgearbeitet worden, auf die hier jedoch nicht weiter eingegangen werden kann (eine Übersicht findet sich bei Güldenberg 2001, S. 180 ff.). Abb. 6 bietet einen Ausschnitt.

Der ressourcenorientierte Ansatz fordert, individuelles wie kollektives Wissen gezielt in (Kern-)Kompetenzen zu transformieren und diese wiederum in Form von Routinen und Strategien zur Steigerung der unter-

| | |
|---|---|
| **tacit** | *Verborgenes Wissen:* Der Mensch weiß mehr als er in Worte ausdrücken kann (Polanyi). Beispielsweise kann ein Maler nicht genau erklären, wie er bei der Gestaltung eines Bildes vorgeht. Die Wissensentwicklung sowie Wissenstransfer in Zusammenspiel mit artikuliertem und verborgenem Wissen wird untersucht. |
| **embodied** | *Verinnerlichtes Wissen:* Diese Kategorie wird durch Erfahrung mit körperlicher Präsenz erzeugt (z.B. durch Projektarbeit). Der Prozess der Wissensgenerierung wird betont. Prahalad und Bettis (1986) beschreiben dies mit »unique combinations of business experience«. |
| **encoded** | *Kodiertes Wissen:* Wissen, das noch vorhanden ist, wenn die Mitarbeiter das Unternehmen verlassen haben; Handbücher, Datenbanken über Kunden und Mitarbeiter, Produktkataloge, Verfahrensregeln, Reiseberichte, Schulungsunterlagen, etc. |
| **embrained** | *Konzeptionelles Wissen:* Diese Wissenskategorie ist von den kognitiven Fähigkeiten abhängig, die dazu befähigen, übergeordnete Muster zu erkennen (beispielsweise in einer neuen Industrie), Basisannahmen zu überdenken (vgl. »dominant logic« von Prahalad/Bettis 1986, und »double loop learning« von Argyris/Schön, 1978) oder zu abstrahieren/synthetisieren. |
| **embedded** | *Sozial konstruiertes Wissen:* Der Prozess der Konstruktion von Wissen wird betont. Wissen ist in verschiedene Kontextfaktoren eingebettet und nicht objektiv vorgegeben. Geteiltes Wissen wird aus verschiedenen Sprachsystemen, (Organisations-)Kulturen, (Arbeits-)Gruppen, etc. entwickelt. |
| **event** | *Ereigniswissen:* Diese Kategorie beschreibt Wissen über Ereignisse aber auch Trends innerhalb oder außerhalb der Organisation (z.B. Wettbewerber A kauft Zulieferer B oder die Zahl der Autounfälle ist um 20% zurückgegangen). |
| **procedural** | *Prozesswissen:* Im Gegensatz zu Ereigniswissen enthält diese Kategorie Wissen über Abläufe und Zusammenhänge. Beispiele dafür sind if ... then Beziehungen, Wissen über Produktionsprozess oder den Ablauf einer Vertragsverhandlung. |

**Abb. 6:** Wissenskategorien (nach von Krogh/Venzin 1995, S. 421)

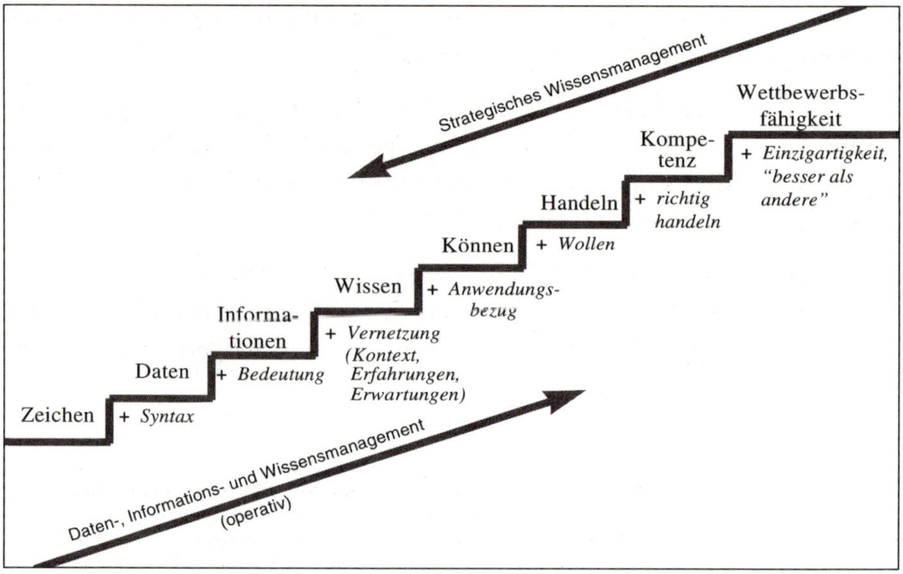


**Abb. 7:** Die Wissenstreppe (Quelle: North 1999, S. 41)

nehmerischen Wettbewerbsfähigkeit einzusetzen (vgl. Abschnitt 1.2). Dieser Auftrag wird von der **sog. Wissenstreppe** veranschaulicht, die Abb. 7 zeigt.

Wie erwähnt sind Zeichen und Daten der »Rohstoff« für Information; Information ist wiederum *eine* wesentliche Grundlage von Wissen. Für einen erfolgreichen Wissensaufbau reicht die bloße Verfügbarkeit von Daten und Informationen aber nicht aus; erst deren persönliche Integration und Verankerung ist ausschlaggebend. Informations- und Wissensmanagement sind also nicht dasselbe und deshalb voneinander abzugrenzen.

Das **Informationsmanagement** hat die Aufgabe, »den im Hinblick auf das Unternehmensziel bestmöglichen Einsatz der Ressource Information zu gewährleisten« (vgl. Krcmar 2000, S. VII; Gabriel/Beier 2003). In Analogie zur Definition im materiellen Beschaffungsbereich ist demnach dafür Sorge zu tragen, dass Informationen in richtiger Menge und Qualität, zur richtigen Zeit am richtigen Ort präsent sind. Im *technischen Bereich* stehen hierzu vor allem schriftliche Dokumente/Archive sowie die vielbesprochenen Informations- und Kommunikationstechnologien – z. B. das Internet oder Data Warehouses – zur Verfügung. Im *organisatorischen Bereich* werden neben den herkömmlichen funktionalen, divisionalen und matrixförmigen Gliederungsformen, die u.a. zur Kanalisation betrieblicher Informationen geschaffen wurden (vgl. von der Oelsnitz 2000a, S. 57 ff.), spezialisierte Informationssysteme zur Unternehmensführung genutzt (vgl. exemplarisch Hichert/Moritz 1995). Das unternehmerische Controlling kann als ein solches Informationssystem begriffen werden.

Das **Wissensmanagement** hingegen bezweckt die »zielorientierte Nutzung und Entwicklung von Wissen und Fähigkeiten, welche für den Organisationszweck als notwendig angesehen werden.« Es verkörpert somit »ein integriertes Interventionskonzept, das sich mit den Möglichkeiten zur Gestaltung der organisationalen Wissensbasis befasst« (Probst/Raub/Romhardt 1999, S. 47). Im Gegensatz zu dem im nächsten Kapitel behandelten Lernphänomen stellt »Wissensmanagement« also wesentlich stärker auf die praktische Einwirkung ab.

Während die Instrumente zur Steuerung der klassischen Produktionsfaktoren im Laufe der Zeit kontinuierlich verbessert wurden, standen die Instrumente zum Management von Wissen **lange im Hintergrund**. Dies hat nicht allein mit der sich nur langsam durchsetzenden Einsicht in den Bedeutungsschub der Ressource Wissen zu tun. Man hütete sich außerdem vor einer allzu voluntaristischen Einstellung: Die organisationale Wissensbasis ist schließlich zu großen Teilen emergent, d.h. sie entwickelt sich auf eine nur bedingt kontrollierbare Weise weiter (vgl. Steinmann/Schreyögg 2000, S. 474), sodass uneingeschränkte Machbarkeitsvorstellungen Illusion bleiben müssen.

Der vielleicht wichtigste Grund für die lange Vernachlässigung des Wissensphänomens ist aber wohl dessen vordergründig wenig spektakuläre Charakteristik: »Die transozeanischen Glasfaserkabel, die heute alle Kontinente verbinden und die unvorstellbare Bandbreiten zur Verfügung stellen, kann man nicht mit Händen greifen. Die global verteilten Datenbanken des Internets sind nicht mehr lokalisierbar, die Kommunikationsströme der unzähligen proprietären Netze mit globaler Reichweite sind geräusch- und geruchlos, sie bestehen nur noch aus unsichtbaren elektronischen Bits. Die ›embedded intelligence‹ unzähliger Produkte und Dienstleistungen versteckt sich hinter einer harmlosen Oberfläche und einer CD-ROM ist nicht anzusehen, ob es sich um digitalen Ramsch handelt oder um hochkarätige digitalisierte Expertise« (Willke 2001, S. 293).

Neben dieser »Unsichtbarkeit« besitzt Wissen weitere **Eigenschaften**, die es von den herkömmlichen Produktionsfaktoren signifikant unterscheiden und damit zu einer **einzigartigen Ressource** werden lassen (vgl. auch Hopfenbeck/Müller/Peisl 2001, S. 209; Willke 2001, S. 63 f.; Quinn 1992):

- Wissen ist der einzige Produktionsfaktor, der sich durch Teilung nicht verringert, sondern eher vermehrt. Tauschen zwei Personen fair Informationen aus, dann entsteht eine typische »win-win-Situation« – sie verfügen nicht über die Hälfte, sondern im Ideal über die doppelte Menge an Information.
- Wissen stellt eine Ressource dar, die von Natur aus unbestimmt ist. Da sie oft bereits durch bloßen Zeitablauf erodiert, bedarf es einer steten Aktualisierung, um ihren Wert zu erhalten.
- Anders als bei den Faktoren Boden und Kapital kann die Herausgabe von Wissen nicht erzwungen werden. Die Beteiligten müssen insbesondere implizite Wissensbestandteile freiwillig (mit)teilen, was eine gewisse intrinsische Motivation voraussetzt.
- Wissen ist ein unendlicher Rohstoff (auch wenn Curt Goetz einmal behauptet hat: »Die einzige Ressource, die auf dieser Welt in unbegrenzter Menge zur Verfügung steht, ist die menschliche Dummheit«).
- Wissen ermöglicht steigende Skalenerträge (»Increasing return«). Ist es einmal erarbeitet, kann es ohne Einbuße auf große Volumina angewandt werden. Ob man zehn oder 1.000 Studenten unterrichtet, ist aus diesem Blickwinkel egal.
- Wissen besitzt einen zunehmenden Grenznutzen: als Potenzialfaktor wird es zur Grundlage weiterer intellektueller Zuwächse. Je mehr man weiß, umso effektiver kann man weiteres Wissen nutzen bzw. aufbauen.

Es wird deutlich, dass Wissen im Gegensatz zu Daten und Informationen einen *inhärenten Handlungsbezug* hat; als »Können« verwirklicht es sich in persönlichen und kollektiven Aktionen. Wissen dient damit nicht zuletzt der effektiven Entscheidungsfindung.

## 2.3 Informations- und entscheidungstheoretische Grundlagen

Untersuchungen zeigen, dass die strategisch relevanten Informationsbestände eines Unternehmens hauptsächlich in den Köpfen der personellen Wissensträger und weniger in formalen Informationssystemen zu finden sind. So basiert die Gewinnung, Verarbeitung und Verteilung von Information zu zwei Dritteln auf der direkten Kommunikation zwischen den Organisationsmitgliedern, und nur ein Drittel des Informationsbedarfes wird über Dokumente oder sonstige statische Medien befriedigt (vgl. Davenport/Prusak 1999, S. 44).

Damit ist der Manager im doppelten Sinne zum »**Information worker**« geworden: er ist nicht nur mit der Aufnahme, Analyse und Transformation von Informationen betraut, sondern auch mit deren Verwaltung und Speicherung. Darüber hinaus trägt der Top-Manager die Hauptlast einer existenziell wichtigen Unternehmensfunktion: er ist derjenige, der Informationen in langfristig bindende Entscheidungen transformiert. In diesem Abschnitt sollen daher ausgewählte Modelle des menschlichen Informations- und Entscheidungsverhaltens beleuchtet werden.

Der späten Beachtung des vierten Produktionsfaktors entsprechend setzte die Beschäftigung mit dem betrieblichen Informationsverhalten erst deutlich nach der Thematisierung anderer ökonomischer Phänomene ein. Die historisch älteste Form dieser Aktivität dürfte die *mathematisch-technische Informationstheorie* sein, die um vergleichsweise eindeutig beschreib- und erfassbare Begriffe wie Sender, Signal, Empfänger und Kanal kreist. Selbst diese Ursprungsform der Informationstheorie weist bereits enge Bezüge zur Kommunikationsforschung auf, weshalb wir sie erst im nächsten Abschnitt behandeln möchten. Die nachfolgend skizzierten Denkmodelle sollen vor allem zeigen, dass Informationen inhaltlich innerhalb gewisser »Bandbreiten« liegen müssen, um zwischen Personen sinnvoll austauschbar bzw. überhaupt intellektuell aufnehmbar zu sein.

In diesem Sinne stipuliert das **Erstmaligkeits-Bestätigungs-Modell** (vgl. v. Weizsäcker 1972), dass die »Voraussetzung für eine handlungsstiftende Wirkung einer Information ist, dass sie weder zuviel an Erstmaligkeit von Erfahrungstatbeständen noch ein zu hohes Maß an Bestätigung bereits gemachter Erfahrungen vermittelt« (Picot/Reichwald/Wigand

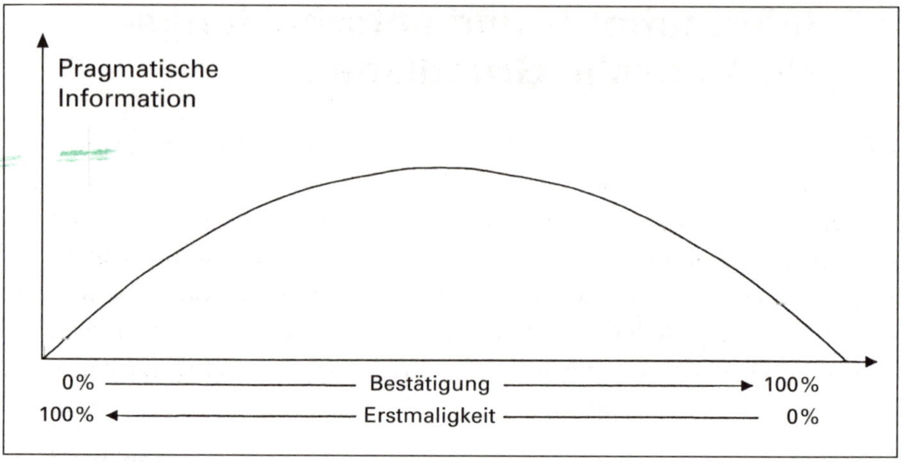


**Abb. 8:** Erstmaligkeit und Bestätigung einer Information (nach Schneider 1988, S. 220)

2001, S. 82). Damit verkörpern reine Erstmaligkeit und reine Bestätigung die Endpunkte eines fließenden Kontinuums (vgl. Abb. 8).

Eine erstmals übermittelte Botschaft hat deshalb wenig Informationswert, weil sie der Empfänger in der Regel nicht in seinen persönlichen Kontext einfügen kann (vgl. Abschnitt 2.1). Dass Borussia Mönchengladbach in den 1970er Jahren fünfmal Deutscher Meister war, dürfte für eine an Sport wenig interessierte Achtzehnjährige kaum von Interesse sein. Eine Nachricht muss an vorhandenes Wissen und gemachte Erfahrungen anknüpfbare Elemente enthalten – sie muss im Habermas'schen Sinne anschlussfähig sein. Eine zu große Erstmaligkeit erschwert zudem die Abschätzung der subjektiven Nutzbarkeit einer Information: Hochinnovative Forschungsergebnisse haben es in den Vorstandsetagen oft genauso schwer, Gehör zu finden, wie revolutionär neue Produkte beim Kunden.

Ebenfalls nur geringen Informationswert hat eine Nachricht, die für ihren Empfänger kaum Neues enthält; mithin bereits Bekanntes nur bestätigt. Damit liegt ein **Dilemma** vor: Eine Nachricht muss vertraute Elemente besitzen, aber nicht zuviel davon, denn umso weniger Neues kann sie logischerweise enthalten. In diesem Sinne stehen Anknüpfbarkeit und Attraktivität einer Information in einem gewissen Gegensatz zueinander.

Während das Erstmaligkeits-Bestätigungs-Modell primär auf den subjektiven Wert einer Information (und damit letztlich die Attraktivität des Informationsaustausches) abstellt, trifft die Assimilations-Kontrast-Theorie eine Aussage darüber, wie eine Information geartet sein muss, um überhaupt aufnehmbar zu sein.

Die **Assimilations-Kontrast-Theorie** (vgl. Sherif/Hovland 1961) teilt den menschlichen Wahrnehmungsbereich in drei Zonen ein: die Akzeptanz-, die Ablehnungs- und – dazwischen liegend – die Indifferenzzone. Fällt eine Botschaft in die Akzeptanzzone, dann wird sie verstanden und in das kognitive System aufgenommen (»assimiliert«); trifft sie den Ablehnungsbereich, dann wird die betreffende Person sie als unverständlich oder unwahrscheinlich zurückweisen. Dies kann im Marketing z.B. zur Gestaltung von Werbebotschaften genutzt werden. Die Eignung einer Werbebotschaft zur Einstellungsänderung beim Konsumenten hängt demnach davon ab, ob sie den Akzeptanzbereich trifft, d.h. den bisherigen Meinungen und Vorstellungen des Konsumenten in etwa entspricht.

Der Theorie nach tendieren die meisten Menschen dazu, bestehende Abstände zwischen Vorverständnis und neuer Information im Ablehnungsfall subjektiv zu vergrößern. Sind alte und neue Informationen hingegen kompatibel, dann werden bestehende Unterschiede eher nivelliert. Unterläuft einem beliebten Politiker z.B. ein Missgriff, dann sind seine Anhänger eher bereit, dies als bedeutungslosen Ausrutscher zu werten, welcher die generelle Eignung des Politikers aber nicht grundsätzlich in Frage stellt.

Auf den Informationsaustausch allgemein übertragen, vermag die Assimilations-Kontrast-Theorie u.a. zu erklären, weshalb bestimmte Informationen – z.B. Gerüchte über Innovationen von Konkurrenten – nicht weiter hinterfragt oder in ihren Konsequenzen sogar panikartig überbewertet werden bzw. wiederum andere Informationen nicht glaubhaft erscheinen. Auf diese Weise gehen dem Unternehmen möglicherweise Informationen, die außerhalb der bisherigen Erfahrungen und der subjektiven Denkwelt angesiedelt sind, verloren. Die US-amerikanische Autoindustrie, die in den 1950er Jahren den Weltmarkt mit bis zu 75% Marktanteil dominiert hat, konnte sich bis in die 1980er Jahre hinein nicht vorstellen, dass sie einmal einen signifikanten Qualitätsrückstand gegenüber den Japanern besitzen und selbst auf ihrem Heimatmarkt in vielen Segmenten ins Hintertreffen geraten würde. Die Konsequenz aus diesem Phänomen muss es sein, den Assimilationsbereich für erfolgskritische Signale und möglichst auch die Zone der Ablehnung für irrelevante Informationen zu vergrößern.

Einen etwas anderen Zugang zur Erklärung des menschlichen Informationsverhaltens wählt O'Reilly (1983), indem er die **institutionellen Bedingungen** für Ausmaß und Qualität der Informationsnutzung verantwortlich macht. Besonders wichtige Kontextfaktoren sind demnach die Organisationsstruktur, die Arbeitsaufgabe, die Unternehmenskultur sowie die bestehenden Anreizsysteme (vgl. auch Picot/Reichwald/Wigand 2001, S. 84).

Danach werden **Informationen umso eher berücksichtigt**...

- je wichtiger sie für die reale Aufgabe des Entscheidungsträgers sind (aus seiner Sicht);
- je größer ihr Beitrag zu Handlungen ist, die durch das bestehende Anreizsystem belohnt werden;
- je stärker sie mit den persönlichen Zielen des Handelnden übereinstimmen;
- je leichter sie organisatorisch, zeitlich und intellektuell zugänglich sind;
- je größer die hierarchische Distanz zwischen Informant und Empfänger ist und
- je größer das Vertrauen in die jeweilige Informationsquelle ist. Vertrauen wird damit als kooperationserleichterndes und unsicherheitsreduzierendes Medium bestätigt (vgl. ausführlicher Picot/Reichwald/Wigand 2001, S. 123 ff.; Davenport/Prusak 1999, S. 83 ff.; Rippberger 1998; Krystek 1997; Luhmann 1989; Weibler 1997).

Wissen dient letzten Endes dazu, Informationen unter Anwendung von menschlicher Intelligenz und Erfahrung in sachgerechte **Entscheidungen** umzusetzen. Insofern ist auch die betriebswirtschaftliche Entscheidungsforschung für das Wissensmanagement fruchtbar. Der Brückenschlag zwischen Information und Entscheidung ist zudem schon deshalb nahe liegend, weil ein großer Teil der in der Praxis anzutreffenden *Informationspathologien* (vgl. Abschnitt 4.4.3) mit dem wohl wichtigsten Ansatz der modernen Entscheidungsforschung korrespondiert: dem **Modell der beschränkten Rationalität** von Herbert Simon.

Simon, der für seine Studien über das menschliche Problemlösungs- und Entscheidungsverhalten in Verwaltungsbetrieben 1978 den Nobelpreis erhielt, kontrastiert sein Modell der nur beschränkt-rationalen Entscheidungsfindung (*Bounded Rationality*; vgl. Simon 1981, 1991) mit den damals gängigen Vorstellungen z.B. der neoklassischen Annahmen in der mikroökonomischen Theorie. Diese unterstellen einen Akteur, der bei der Lösung eines intellektuellen Problems vollständig rational vorgeht, d.h. er definiert zunächst klar das Problem, erarbeitet bzw. kennt sämtliche Entscheidungsalternativen (inklusive all ihrer Konsequenzen) und wählt schließlich ohne sachfremde Beeinträchtigungen die optimale Option aus. Heute hat sich zumindest die verhaltenswissenschaftlich orientierte Entscheidungsforschung einmütig von diesen Annahmen verabschiedet. Stattdessen rücken nunmehr die Abweichungen vom Ideal in den Vordergrund (vgl. hierzu detaillierter March 1990; Barnes 1984; Simon 1981, S. 116ff.; Schwenk 1984; Taylor 1975; Tversky/Kahneman 1974).

Die **wichtigsten Ursachen** unvollständiger Rationalitätsanwendung sind demnach (vgl. von der Oelsnitz 1999b, S. 162f.):

*Intellektuelle und praktische Beschränkungen: Allocation of Attention*

Die vom Rationalmodell geforderte Vollständigkeit und Widerspruchsfreiheit in der Beurteilung von Zielen, Alternativen und Konsequenzen ist bereits aufgrund biologischer Beschränkungen der menschlichen Informationsverarbeitungskapazität unrealistisch. Eine in diesem Sinne als rational ausgezeichnete Entscheidungsfindung wäre zudem unangemessen zeit- und kostenintensiv. Die Entscheider begnügen sich daher mit bescheideneren Lösungen: sie differenzieren ihre Aufmerksamkeit und streben lediglich eine »befriedigende« Zielerreichung an (*Satisficing* statt *Maximicing*).

*Psychologische Beschränkungen: Routine und ex-post-Rationalisierung*

Auch die Liste der psychologischen Vereinfachungen ist lang: So ergeben sich eindrucksvoll nachgewiesene Beschränkungen idealer Rationalitätsanwendung u.a. aus der Bevorzugung bekannter Lösungswege. Demnach werden nicht alle Entscheidungsalternativen immer wieder von neuem sondiert, sondern gewohnheitsmäßig (»habitualisiert«) entschieden – was bislang funktioniert hat, wird auch jetzt funktionieren. Weitere Defizite sind die Zurückweisung emotional abgelehnter Optionen sowie eine starke Aktionsorientierung, der im Sinne einer ex-post-Rationalisierung später eine »vernünftige« Zielformulierung nachgeschoben wird. Unverkennbar ist auch die offensichtlich schier übermächtige Überzeugungskraft vermeintlich objektiver »Hard facts«.

*Sachliche Beschränkungen: Ambiguitätsprobleme*

Im Widerspruch zur mathematischen Entscheidungstheorie sieht sich die Praxis mit den Symptomen einer übergroßen Entscheidungskomplexität konfrontiert: vielfältige Vernetzungen, unklare Prämissen, Interpretationsspielräume sowie unterschiedliche Risikoneigungen erschweren ein einheitlich-rationales Vorgehen. Zukunftsbezogenes Wissen ist überdies aus logischen Gründen niemals sicher (vgl. Popper 1994, S. 82 f.). Oder wie Friedrich Dürrenmatt einmal feststellte: »Je planmäßiger die Menschen vorgehen, desto wirksamer vermag der Zufall sie zu treffen«.

*Kontextuale Beschränkungen: Akzeptanzprobleme*

Die sachlich perfekte Lösung eines komplexen Entscheidungsproblems hat in den Augen vieler Manager nur nachgeordnete Bedeutung gegenüber einem eher verständigungsorientierten Handeln auf sozialer Ebene. Viele der unter Rationalitätsanspruch gefundenen Lösungen erscheinen in der Praxis nur schwer durchsetzbar; Aktionsrationalität dominiert oft Entscheidungsrationalität (vgl. Brunsson 1982; Dean/Sharfman 1993, S. 587 f.).

*Politische Beschränkungen: Interessenkonflikte*

Die vom Rationalmodell unterstellte Einmütigkeit der betrieblichen Zielformulierung ist unrealistisch: Vielmehr ist nicht nur von unterschiedlichen Zielpräferenzen der Beteiligten, sondern auch von einem (zumindest partiellen) Auseinanderfallen von Individual- und Organisationszielen auszugehen. Es ist der klassische Fehlschluss des technokratischen Organisationsverständnisses, dass Individualziele stets in Einklang mit den offiziellen Unternehmenszielen gesehen werden. Empirisch relevanter ist die

Annahme machtgeleiteter Konflikte und mikropolitischer Aktivitäten, in deren Folge es nicht selten zur Beschreitung suboptimaler Lösungswege kommt. Diese Befunde helfen zu erklären, warum prinzipiell verfügbare Informationen nicht immer »1:1« in Wissen umgesetzt werden bzw. weshalb identische Informationen mitunter zu unterschiedlichen Ergebnissen führen.

## 2.4 Kommunikationstheoretische Grundlagen

Empirische Untersuchungen in den USA zeigen, dass das Managerhandeln zuvorderst aus Kommunikation besteht (vgl. Mintzberg 1990a; Kurke/Aldrich 1983, S. 978 f.). Dabei beruhen bis zu 80% der Arbeitszeit auf direkter, mündlicher Kommunikation, d. h. auf Telefonaten, geplanten und ungeplanten Besprechungen, Kundenkontakte etc. Dieser Befund wurde in späteren Studien immer wieder bestätigt und trifft in ähnlicher Form auch auf den deutschen Mittelstand zu. Auch hier verbringen Führungskräfte den größten Teil ihrer Zeit mit mündlicher Kommunikation (vgl. Schreyögg/Hübl 1992, S. 86 f.).

Das für das Alltagshandeln von Managern also offensichtlich zentrale Phänomen »Kommunikation« wird in **zwei Hauptströmungen** erforscht: von der mathematisch-technischen Informationstheorie, die in erster Linie einen nachrichtentechnischen Kommunikationsbegriff hat, und von der verhaltenswissenschaftlichen Kommunikationstheorie, die vor allem die soziale Kommunikation thematisiert (vgl. Staehle 1999, S. 300).

Die **mathematisch-technische Informationstheorie** befasst sich mit der Nachrichtenübertragung innerhalb technischer Systeme, wie beispielsweise der Kybernetik oder der Mess- und Regeltechnik (vgl. Shannon/Weaver 1998). Gegenstand dieser Richtung sind vor allem verschiedene *Sender-Empfänger-Modelle*, wie sie auch in fast allen Bereichen der Massenkommunikation anzutreffen sind (Radio, Fernsehen, Printmedien etc.; vgl. Völz 1991, S. 14). Die Kommunikation verläuft in diesen Modellen quasi als Monolog des Senders auf den Empfänger (vgl. Abb. 9). Betrachtet wird die dabei übermittelte Information primär unter einem abstrakten Aspekt: Im Vordergrund stehen statistisch leicht erfassbare

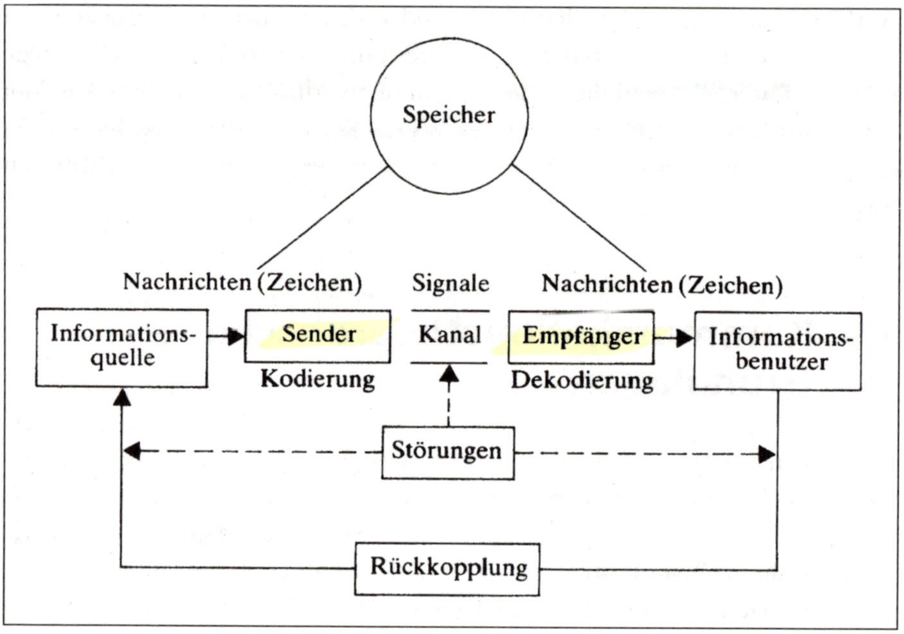


**Abb. 9:** Kommunikation im technischen Modell (Quelle: Staehle 1999, S. 300)

Größen, wie z. B. die Menge und Redundanz von Sendersignalen oder die Kapazität von Übertragungskanälen.

1961 führte Shannon ein zweiwegiges Modell für miteinander sprechende Menschen ein – den **Dialog**. Zwischen der monologischen und der dialogischen Kommunikationsstruktur wurden folgende Unterschiede ausgemacht (vgl. auch Johannesson 1991, S. 14):

- Bei der Ein-Weg-Kommunikation werden die Mitteilungen einseitig verbreitet; die Rollen von Sender und Empfänger sind nicht austauschbar. Aufgrund der asymmetrischen Struktur ist die Möglichkeit einer Antwort von vornherein ausgeschlossen.
- Im Rahmen der Zwei-Weg-Kommunikation erfolgt ein wechselseitiger Austausch von Mitteilungen. Die Rollen von Sender und Empfänger sind austauschbar, was ein gewisses Feedback erlaubt (vgl. Oenicke

1996, S. 61). Ein solch dialogisches Modell lässt sich spätestens seit der Erfindung des Telegrafen realisieren. Heute existieren natürlich radikal verbesserte Möglichkeiten des technischen Dialogs (z. B. in Form der Online-Kommunikation oder des E-Learning).

Die Bedeutung des Dialoges für das Alltagshandeln von Managern und Mitarbeitern ist immens. So findet z. B. auch das Lernen am Arbeitsplatz zu 70% »face to face« statt, nämlich durch Mentoring-Programme, Schulungen, Training on the job oder ähnliche persönliche Vermittlungsformen (vgl. Horibe 1999, S. 125 sowie Abschnitte 5.3.1 und 5.3.2).

Durch die Erweiterung auf bidirektionale Kommunikationsformen erhielt die technische Informationstheorie Anknüpfungspunkte zur **verhaltenswissenschaftlichen Kommunikationstheorie**. Diese bezweckt vor allem die Erforschung des zwischenmenschlich-sozialen Austausches und betrachtet daher nicht nur Daten und Informationen, sondern auch statistisch weniger leicht fassbare Größen wie Gefühle, Stimmungen, Werte, Einstellungen, Führungsstile oder Sozialkompetenzen. Kommuniziert wird folglich nicht nur zu Zwecken der Informationsübertragung. Der Blick ist umfassender: »Soziale Systeme entstehen durch Kommunikation und werden durch Kommunikation zusammengehalten. Der kommunikative Prozess bestimmt die Eingliederung des Individuums in die soziale Subsystemebene« (Pawlowsky 1992, S. 221; ähnlich Daft/Huber 1987). Kommunikation ist demnach Voraussetzung für die Existenz und Stabilität eines sozialen Systems. Gelegentlich werden Organisation und Kommunikation daher sogar gleichgesetzt: »Communication is organizing. Organizing *is* the organization!« (Johnson 1977, S. 2 f.).

Die verhaltenswissenschaftliche Kommunikationstheorie ist für die Managementlehre offensichtlich bedeutsamer. Und dies auch, weil sie eher als das mathematische Modell in der Lage ist, die für den betrieblichen Alltag relevanteren *personeninduzierten* Kommunikationsprobleme zu analysieren. Im Rahmen dieses Lehrbuches konzentrieren wir uns auf **zwei ausgewählte Ansätze**.

Der erste Ansatz richtet sich direkt auf **Störungen** der Kommunikation. Hierzu wird ein sozialpsychologischer Zugang gewählt, der auf einer bereits erwähnten Einsicht beruht: Eine Nachricht dient im sozialen Kontext nicht nur der reinen Mitteilung von Fakten; vielmehr tritt neben die

**Inhaltsebene** von Kommunikation immer auch eine **Beziehungsebene** (vgl. Watzlawick/Beavin/Jackson 1990). Die Beziehungsebene betrifft das Verhältnis der Interaktionspartner zueinander und stellt somit eine soziale Relation als Vorbedingung und Rahmen der Kommunikation her. Hierbei gilt: »Je unproblematischer die sozialen Beziehungen sind, desto leichter können Sachinformationen ausgetauscht werden« (Picot/Reichwald/Wigand 2001, S. 94).

Schulz von Thun (1993) entwickelt diese Idee weiter und kommt daraufhin zur Unterscheidung von **vier verschiedenen Kommunikationsebenen**. Eine Nachricht enthält demnach folgende »Einzelbotschaften«:

- einen *Sachinhalt* (»Was ist…«);
- eine *Beziehungsaussage* (»Wir sind…«);
- einen *Appell* (»Du sollst…«);
- eine *Selbstoffenbarung* (»Ich bin…«).

Diese Differenzierung lässt kommunikative Verständigungsschwierigkeiten in einem neuen Licht erscheinen, denn es ist nun nicht mehr allein die sachliche Ebene einer Nachricht, die zu Problemen führt. Wenn ein Mann auf dem Beifahrersitz neben seiner fahrenden Ehefrau sitzt und ihr in unfreundlichem Ton »die Ampel ist grün« zuraunt, dann ist das folglich nicht allein als Sachinformation zu deuten. Seine Feststellung sagt zusätzlich etwas über die Stellung der beiden zueinander aus (jedenfalls beim Autofahren) und auch etwas über den Ehemann selbst (er hat es eilig!). Schließlich wohnt seiner vermeintlich rein sachlichen Feststellung ein unüberhörbarer Appell inne: »Fahr doch los!«.

Kommunikationsstörungen sind vor diesem Hintergrund dann zu erwarten, wenn Sender und Empfänger unterschiedliche Teile einer Nachricht als die »eigentliche« Botschaft heraushören oder bestimmte Komponenten der Nachricht – die »Zwischentöne« – nicht wahrnehmen. Folglich ist es wichtig, dass Sender und Empfänger (also z. B. der Vorgesetzte und sein Mitarbeiter) den selben Deutungsschlüssel verwenden.

Aus diesen Überlegungen könnte man den Schluss ziehen, alle Menschen würden letztlich in ihrer eigenen Welt leben. Und in der Tat vertritt ein erkenntnisphilosophisches Extremmodell – der **sog. Radikale Konstruktivismus** – genau diesen Standpunkt (einen lesenswerten Einstieg in diese Denkrichtung bietet Watzlawick 1995. Eine Anwendung auf die Wissensthematik leistet Eberl 2001). Die Realität eines Menschen ist danach kein getreues Abbild der »Wirklichkeit«, sondern eher eine subjektive Vorstellung davon, eine Konstruktion. Plakativ gesagt: Wahrheit wird nicht *ge*funden, sondern *er*funden.

Im Gefolge dieses zweiten Ansatzes argumentiert, in abgeschwächter Form, auch die **interpretative Managementforschung** (vgl. ausführlicher Osterloh 1993; Putnam 1983; von der Oelsnitz 1999a, S. 27 ff.). Ihre auf Unternehmen übertragene Kernthese: Jenseits der subjektiven Interpretationen der Organisationsmitglieder gibt es keine Wirklichkeit; vielmehr wird der kontextuelle Rahmen, in dem der Unternehmensangehörige handelt, individuell interpretiert. Auch Organisationen sind demnach Konstruktionen. Oder mit den Worten Karl Weicks (1998, S. 15): »Organisationen sind trotz ihrer scheinbaren Inanspruchnahme durch Fakten, Zahlen, Objektivität, Konkretheit und Verantwortlichkeit in Wahrheit voll Subjektivität, Abstraktion, Rätseln, Schau, Erfindung und Willkür ... ganz wie wir alle.« Interpretative und radikal konstruktivistische Ideen stehen so in bewusstem Widerspruch zum positivistischen Leitbild der traditionellen Wissenschaftspraxis.

Nach unserer Abgrenzung zwischen Information und Wissen (vgl. Abschnitt 2.2) sollte die Verbindung zu Wissensmanagement klar sein: Informationen sprechen in dieser Logik nicht mehr für sich, sondern müssen geordnet und mit Sinn ausgestattet werden (vgl. auch Wahren 1996, S. 120). Wirklichkeit und Sinn – und damit auch Wissen – vermitteln sich aber nur auf dem Wege der direkten oder indirekten Kommunikation. Schließt man sich dieser Perspektive an, dann ist das, was naiv **»Wirklichkeit«** genannt wird, allein das **Ergebnis zwischenmenschlicher Kommunikation**.

Watzlawick (1997, S. 21 ff.) illustriert dies am Beispiel eines Dolmetschers, der auf der Schlusssitzung einer internationalen Konferenz über den Koreakrieg (1954) unabsichtlich einen Übersetzungsfehler begeht und damit eine ursprünglich versöhnliche Stimmung schlagartig in eine hoch aggressive Auseinandersetzung zwischen den beiden Hauptkontrahenten Tschou En-lai (China) und Paul Spaak (Vereinte Nationen) verwandelt. Durch eine unglückliche Doppeldeutigkeit der Übersetzung werden beide Politiker zwar nicht vom Übersetzer, wohl aber von ihrem Gegenüber fehlinterpretiert. Da beide Politiker weder vom Fauxpas des Dolmetschers noch vom gegenseitigen Missverstehen etwas ahnen, entsteht für alle drei Beteiligten letztlich eine höchst eigene Wirklichkeit. Diese lässt die »normale« Reaktion des einen dem anderen als Affront erscheinen, auf den dieser seinerseits »angemessen« reagiert. So entfernen sich die Wirklichkeiten der Beteiligten immer weiter voneinander und schaffen am Ende womöglich wieder eine einheitliche, jedoch grundsätzlich veränderte Realität. Es bedarf also keineswegs der fundierten Kenntnis des großen Ludwig Wittgenstein, um zu erkennen, dass Sprache nicht nur bewusstseins-, sondern letztlich auch realitätsbildend wirkt (vgl. dazu auch Wahren 1996, S. 209ff.; Daft/Huber 1987; Hahmann 2000, S. 64).

Für den Prozess der subjektiven Wirklichkeitskonstruktion sind überdies **Symbole** unverzichtbar: Symbole verkürzen, vereinfachen und vereinheitlichen die organisationale Kommunikation (Unternehmenskultur!). Die Organisationsmitglieder richten ihr Handeln folglich auch auf der Grundlage *symbolisch* vermittelter Interpretationen ein (sog. *symbolischer Interaktionismus;* vgl. Peters 1978; Neuberger 1994, S. 55f.; Czarniawska-Joerges 1997). Die Kommunikation zwischen den Unternehmensmitgliedern ist aber nicht nur der »Leim«, der soziale Systeme zusammenhält; Kommunikation bildet auch die Grundlage für den gemeinsamen Wissensaufbau, stellt also das entscheidende Bindeglied zwischen individuellem und kollektivem Organisationslernen dar. Ohne Kommunikation kann Wissen nicht – oder nur sehr umständlich – erworben, geteilt und genutzt werden. **Kommunikation**, **Sprache** und **Symbole** werden auf diese Weise zu **Ankerpunkten des organisationales Lernens** (vgl. auch Eck 1997, S. 163).

So abstrakt diese Ansichten manchem Leser auch vorkommen mögen – sie stellen eine sinnvolle Ergänzung zu den üblicherweise technisch abgebildeten Informationsvorgängen im Unternehmen dar. Im Gegensatz zur herkömmlichen Informationstheorie gehen interpretative bzw. konstruktivistische Ansätze nicht davon aus, dass gesendete und empfangene Informationen zwingend identisch sind. Sie zeigen ferner, dass Kommunikation ein unverzichtbares Element bei der Bildung organisierter Systeme darstellt. Dabei sind die Träger dieser Kommunikation – die Menschen – in sich abgeschlossene Einheiten, die sich vorwiegend auf sich selbst beziehen (vgl. Luhmann 1994). Die Informationen, die sie verarbeiten, erzeugen sie durch Kommunikation letztlich selbst. Insofern greifen die kommunikativen Prozesse in Unternehmen weit über die rein praktisch-informierende Ebene hinaus.

## 2.5 Mentale Modelle als kognitive Grundlage

Auch in der Perspektive der kognitiven Managementtheorie sind Führungskräfte in erster Linie Information worker, d.h. Personen, deren Arbeit engstens mit der Aufnahme, Analyse, Weitergabe und Speicherung von Informationen verbunden ist. Aus diesem Blickwinkel bilden sich mit der Zeit bei den Beteiligten sog. **mentale Modelle** heraus (vgl. Weick/Bougon 1986; Johnson-Laird 1983; Lehner 1996; Senge 1999, S. 213ff.; Neumann 2000, S.183ff.). In diesen legen die Akteure persönliche Erfahrungen über zentrale Ursache-Wirkungs-Zusammenhänge des Unternehmensalltags ab. Mentale Modelle sind damit Teil der impliziten Wissensbasis (vgl. Nonaka/Takeuchi 1997, S.72); genauer: sie »komprimieren implizites Wissen und sind ihrerseits implizit in dem Sinne, dass sie nur selten expliziert und an die Oberfläche gebracht werden« (Willke 2001, S.48).

Für dieses Phänomen finden sich in der Literatur teils verwandte, teils synonyme Begriffe – *Causal schemes, Cognitive maps, Frameworks, Perceptual filters, dominante Logik, Weltbilder* oder *kognitive Landkarten* sind nur einige davon (vgl. von der Oelsnitz 1999a, S.114; Wahren 1996, S.133ff.). Sie alle verweisen auf die wesentliche Aufgabe dieser Modelle: mit ihrer Hilfe soll die Realität geordnet und generell Wichtiges von Unwichtigem getrennt werden. Zu diesem Zweck heben die mentalen Modelle des Menschen bestimmte Ausschnitte der Wirklichkeit hervor und unterschlagen andere, weniger wichtig erscheinende Aspekte; kurz: sie setzen Aufmerksamkeitsschwerpunkte. Ähnlich wie geographische oder topographische Karten stellen kognitive Landkarten also Vereinfachungen dar, die je nach Auskunftszweck mal besser und mal schlechter zur Wirklichkeitsbewältigung geeignet sind. Damit fungieren sie letztlich als Filter (vgl. Prahalad/Bettis 1986, S.489) bzw. als »interpretive lenses which help decision-makers select certain aspects of an issue as important for diagnosis« (Schwenk 1988, S. 45).

Abstraktionen dieser Art sind für das effiziente menschliche Handeln letztlich unerlässlich. Sie verleihen einem oft chaotischen Strom von Ereignissen und Möglichkeiten Ordnung. Darüber hinaus sorgen sie – ähnlich wie Symbole im symbolischen Interaktionismus (vgl. Abschnitt 2.4) – für eine einheitliche Wirklichkeitsinterpretation und bilden damit die **Basis mentaler Verständigungsfähigkeit**. Mentale Modelle bestimmen somit auch darüber, was als gültiges und brauchbares Wissen im Unternehmen anerkannt wird, welche Annahmen hinsichtlich der Wissensproduktion bestehen und wie effizient zu guter Letzt mit Wissen umgegangen wird – man kann schließlich nur dann Wissen teilen, wenn man dieselbe »Sprache« spricht und in etwa gleichgerichtet denkt.

Mentale Modelle sind eine besondere Form von Wissensspeicher. Wie erwähnt gehen sie in der Regel auf praktische Erfahrungen zurück, die sich mit der Zeit zu festen Grundannahmen verdichten. Zum Beispiel können bestimmte Maßnahmen der Wettbewerber »automatisch« als Angriff auf die eigene Marktposition begriffen oder die fehlerhafte Zuarbeit benachbarter Ressorts grundsätzlich als Subordination empfunden werden.

Dieser Ansatz ist auf vielfältige Fragestellungen anzuwenden. Zum einen liefern die unterschiedlichen Orientierungen der verschiedenen Personen und Abteilungen im Unternehmen eine mögliche Erklärung für die **Konflikte und Verständigungsschwierigkeiten** zwischen verschiedenen Funktionseinheiten. Deren Konflikte basieren demnach auf konkurrierenden Wirklichkeitsinterpretationen, die die entsprechenden Personen jeweils unterschiedlichen Präferenzen nachhängen lassen (vgl. von der Oelsnitz 2002, S. 55).

Zum anderen kann das Wissen um mentale Modelle auf Aspekte der **Strategieentwicklung** bezogen werden und hier erklären helfen, mit welcher Realitätsnähe sich die Strategieverantwortlichen informieren, wie sich unterschiedliche kognitive Orientierungen in unterschiedlichen Strategiestilen niederschlagen, welche und wie viele Handlungsalternativen ventiliert werden, und – last but not least – warum notwendige Strategierevisionen oft unterbleiben (vgl. Lehner 1996, S. 115 ff.; Mintzberg 1990b, S. 142 f.; Jenner 2001, S. 696). Die Effekte mentaler Modelle sind – das macht besonders dieser letzte Punkt deutlich – keineswegs immer positiv, denn »while these knowledge structures may transform complex information environments into tractable ones, they may also blind strategy makers ... to important changes in their business environment« (Walsh 1995, S. 281).

Mentale Modelle fungieren also nicht nur als Sinn- und Ordnungsstifter, sondern bilden als sich immer wieder selbstbestätigende Phänomene der Alltagsbewältigung (vgl. Kiesler/Sproull 1982, S. 557) zugleich eine gefährliche **Veränderungsbarriere**. Vieles erscheint nur deshalb als nicht machbar, weil es vom herkömmlichen Prozedere abweicht und mit den bestehenden Regelungen unvereinbar erscheint (vgl. Narayanan/Fahey 1990). Die mentalen Modelle eines Menschen oder eines Kollektivs können insofern auch eine »geistige Zwangsjacke« sein.

Damit wird klar, welche Bedeutung mentale Modelle für das **organisationale Lernen** haben – sie sind schließlich Ergebnis vergangener und Grundlage zukünftiger Lernprozesse. Das bedeutet auch: Je ausgeprägter die den betrieblichen Entscheidungsträgern eigenen Modelle sind und je besser sie sich in der Vergangenheit bewährt haben, umso schwieriger gestaltet sich deren Veränderung. Der Erfolg der Vergangenheit reduziert die Selbstreflexion und den Willen zur Selbsterneuerung. Damit behindern bewährte Modelle u. U. das individuelle wie kollektive Lernen (vgl. Abschnitte 3.2 und 3.5). Es trifft also zu, wenn im Vorgriff auf das nächste Kapitel gesagt wird: »Lernen bedeutet, kognitive Landschaften und die dazugehörigen Landkarten zu verändern« (Willke 2001, S. 58). Lernen erscheint aus diesem Blickwinkel vor allem als Annäherung persönlicher Problemperspektiven (vgl. Levitt/March 1988; Shrivastava 1983, S. 11 ff.).

## 2.6 Zusammenfassung

- Zeichen und Daten gewinnen erst an Bedeutung, wenn sie in einen persönlichen Bedeutungskontext gesetzt werden; erst aus ihrer subjektiven Interpretation entsteht eine Information. Während Daten heute im Überfluss zur Verfügung stehen, ist Information ein knappes Gut. So wie eine Ansammlung von Tönen aber noch keine Musik ist, ist eine Ansammlung von Informationen noch kein Wissen. Informationen bilden aber den »Rohstoff« für Wissen, das in der Abgrenzung zu den vorgenannten Begriffen einen inhärenten Handlungsbezug besitzt.

- Die besonderen Eigenschaften von Wissen (Immaterialität, Komplexität, Spezifität) begründen ein Dilemma: Sie erschweren auf der einen Seite die Bewirtschaftung als Produktionsfaktor, begründen auf der anderen Seite jedoch die Eignung von Wissen als kompetenzbasiertem Wettbewerbsvorteil. Das Management von Wissen wird vor diesem Hintergrund zu einer besonderen Herausforderung.

- Management bedeutet Informationsgewinnung und -verarbeitung. Mit der Erstmaligkeits-Bestätigungs-Theorie und der Assimilations-Kontrast-Theorie können die Bedingungen und Voraussetzungen bestimmt werden, unter denen Informationen überhaupt sinnvoll austauschbar sind. Informationen dienen zugleich der Problemlösung. Einsichten der verhaltenswissenschaftlichen Entscheidungsforschung belegen die zahlreichen Defizite beim rationalen Umgang mit Informationen in der Praxis.

- Die kognitionspsychologische Forschung beschreibt sog. mentale Modelle als geistige Grundlage menschlichen Denkens und Empfindens. Mentale Modelle sind Bestandteil der impliziten Wissensbasis und ihren Besitzern oft nicht bewusst. Ihre Wirkung ist dennoch groß und ambivalent: Je einheitlicher sie bei den Unternehmensangehörigen ausgeprägt sind, umso unkomplizierter ist der Informationsaustausch zwischen ihnen. Auf der anderen Seite erschweren allzu uniforme Modelle die Selbstkritik und Neuerungsfähigkeit einer Organisation.

## Vertiefungsliteratur zu Kapitel 2

*Picot, A./Reichwald, R./Wigand, R.* (2001): Die grenzenlose Unternehmung, 4. Aufl., Wiesbaden; insbesondere Kap. 3.

*Probst, G./Raub, S./Romhardt, K.* (1999): Wissen managen, 3. Auflage, Wiesbaden; insbesondere Kap. 2.

*Rehäuser, J./Krcmar, H.* (1996): Wissensmanagement im Unternehmen, in: Schreyögg, G./Conrad, P. (Hrsg.): Managementforschung 6, Wiesbaden, S. 1–40.

*Watzlawick, P./Beavin, J./Jackson, D.* (1990): Menschliche Kommunikation: Formen, Störungen, Paradoxien, 8. Aufl., Bern.

*Willke, H.* (2001): Systemisches Wissensmanagement, 2. Aufl., Stuttgart; insbesondere Kap. 1–3.

# 3 Organisationales Lernen als Ausgangspunkt des Wissensmanagements

## 3.1 Begriff und Bedeutung des organisationalen Lernens

Obwohl das Lernen in Organisationen die Voraussetzung für den organisationalen Wissenserwerb ist, hat die Praxis die wissenschaftliche Arbeit in diesem Bereich – ganz im Gegensatz zur teilweise übertrieben euphorischen Aufnahme des Wissensthemas – nur sehr zurückhaltend aufgegriffen. Vermutlich schien vielen Führungskräften die Diskussion um »veränderte kognitive Landkarten« und unterschiedliche »Lernniveaus« allzu abstrakt und anwendungsfern. Den Wissenschaftler muss diese Haltung verwundern, sind Lernen und Wissen doch letztlich untrennbar miteinander verknüpft. Denn Lernen ist der zentrale Einstiegsprozess in das Wissensmanagement: wird nicht gelernt, dann gibt es nichts, was bewahrt, verteilt und genutzt werden könnte.

Lernen hat in seiner Grundlogik mit **Veränderung** zu tun. Neurobiologisch gesehen lernen Menschen wie Tiere durch ein biochemisches Belohnungssystem, das über den Neurotransmitter Dopamin funktioniert. Das wird im Gehirn immer dann ausgeschüttet, wenn ein Problem gelöst oder ein Hindernis überwunden wird; ein gewisses Zufriedenheitsgefühl ist die Folge. Grundlage der Problemlösung ist eine vorausgehende Informationssammlung; hierfür sind Prozesse der bioelektrischen Reizübertragung erforderlich.

In der biologischen Verhaltensforschung wird Lernen primär als Reiz-Reaktions-Kette verstanden (sog. S-R-Paradigma), in welcher das beobachtete Objekt auf einen identischen Stimulus »irgendwann« abweichend antwortet. Lernen ist demnach nichts anderes als eine Änderung von Response-Wahrscheinlichkeiten. Das klassische Experiment hierzu stammt von Skinner (1938). Dieser setzte Ratten einer schlichten Apparatur aus: betätigten sie mit den Füßen eine bestimmte Vorrichtung, dann öffnete sich eine Klappe und ein Futterstück fiel in ihren Käfig. Die Tiere unterliegen auf diese Weise einer »operanten Konditionierung«, d.h. sie bemerken nach einer gewissen Zeit den beschriebenen Zusammenhang und sind fortan in der Lage, durch eigenes Tun gezielt für Futter zu sorgen.

Ein noch simpleres Lernkonzept verkörpert die »klassische Konditionierung«, die durch den berühmten Pawlow'schen Hund symbolisiert wird. Bei diesem stellt Lernen eher eine Art Reflex dar: Auf einen bestimmten Glockenton, zu dem der Hund früher gefüttert wurde, reagiert dieser mit Speichelfluss – und dies schließlich auch dann, wenn der Glockenklang nicht mehr zeitlich mit einer Fütterung zusammenfällt. Erst mit der Zeit findet eine sog. Extinktion statt – der Reiz-Reaktions-Zusammenhang schwächt sich ab und löst die Konditionierung (übrigens ein Aspekt, der für Pawlows Arbeit wesentlich wichtiger war, mit dem er aber heute kaum verbunden wird).

Beide Versuchsanordnungen sind typisch für die **behavioristische Lerntheorie**, die von einem relativ fixen Ablaufschema zwischen Reiz und Reaktion ausgeht, sich aber nicht für den Lernvorgang als solchen interessiert (vgl. Zimbardo/Gerrig 1999, S. 207f.). Das Lernen selbst bleibt als »Black Box« unbeobachtbar und unerklärbar; nur Auslöser und Ergebnis des Lernens werden sichtbar.

Naturgemäß ist eine solche Modellvorstellung für das Lernen in sozialen Humansystemen wenig zweckmäßig. Schließlich ist der Mensch vernunftbegabt und kann daher auf eine höhere Art und Weise lernen – z.B. durch Denkakte oder durch Beobachtung eines Modellvorbildes (»Imitationslernen«). In der Folgezeit ist das Lernkonzept daher vor allem von der Psychologie zu einer breiten Teildisziplin ausgebaut worden (vgl. Shrivastava 1983, S. 8; Grün 1993, Sp. 2595). Die behavioristische Lerntheorie wurde dabei durch **persönlichkeitsbezogene**, **soziale** und **kognitive** Theorien ergänzt (vgl. hierzu ausführlicher Pautzke 1989, S. 89ff.; Schüppel 1996, S. 13ff.; Wahren 1996, S. 15ff.; Güldenberg 2001, S. 81ff.).

Lernmodelle beschäftigen sich mit einem zentralen Thema betriebswirtschaftlichen Denkens: der Effizienz menschlichen Handelns. Somit besitzen die bestehenden Theorien eine unmittelbare Bedeutung für die Managementforschung. Eine Vorreiterrolle bei der Übertragung des Lernphänomens auf den betriebswirtschaftlichen Bereich spielten in den 1960er Jahren Richard Cyert, James March und Johan Olsen. Für sie ist

Lernen vor allem erfahrungsbasiert: Die Organisationsmitglieder treffen arbeitsbezogene Entscheidungen und ziehen dann Schlüsse aus den einsetzenden Reaktionen der Umwelt. Mit Hilfe dieser Schlüsse wird versucht, zukünftig noch zweckmäßigere Handlungen zu entwickeln (vgl. Cyert/March 1963, S. 99; March/Olsen 1979, S. 67; dies. 1990; Hedberg 1981, S. 3; Lee/Courtney/O'Keefe 1992, S. 23).

Die Abb. 10 illustriert diesen Lernzirkel, der als Zyklus eines **adaptiv-rationalen Wahlverhaltens** begriffen werden kann (vgl. March/Olsen 1990, S. 377). Der Zirkel beschreibt, wie die Reaktionen der Unternehmensumwelt auf die betrieblichen Entscheidungen die mentalen Modelle der Unternehmensmitglieder verändern, was wiederum Einfluss auf deren zukünftige Entscheidungen hat. Läuft dieser Zyklus nicht vollständig ab, dann kann dieses Modell auch zur Erklärung von *Problemen des erfahrungsgestützten Lernens* dienen (z. B. von rollenbeschränktem oder abergläubischem Erfahrungslernen; vgl. ebenda, S. 386 ff.). Im Vordergrund dieses

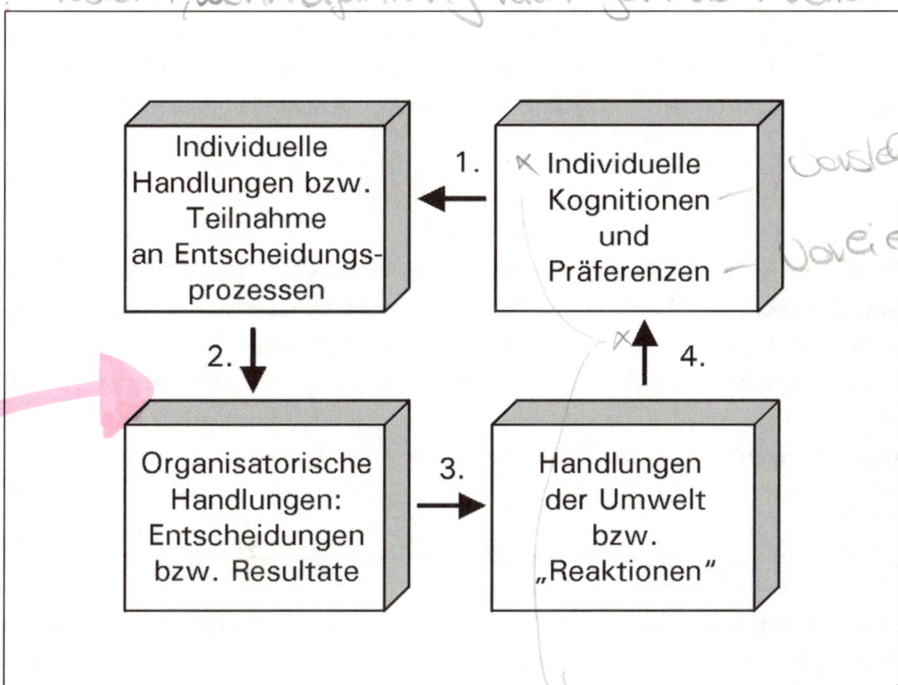


**Abb. 10:** Zyklus des Wahlverhaltens (Lernens)

Ansatzes steht folglich weniger die schöpferische Neuerung als vielmehr die Anpassung an sich verändernde Umfeldbedingungen.

So viele Theorien und Konzepte zur Ergründung von Lernvorgängen mittlerweile erarbeitet wurden, so viele Definitionen für Lernen existieren inzwischen auch (einen Überblick geben Pawlowsky 1992, S. 204 f.; Kammel 2000b, S. 325 ff. oder Wiegand 1996, S. 178, der auch die für die Betriebswirtschaftslehre wichtigsten Lernkonzepte aufführt). Da unsere Schrift einem kognitiven Duktus folgt und Organisationen als Wissenssysteme begreift, wird nachfolgend mit Blick auf das Wissenskonstrukt definiert. Unter **Lernen** verstehen wir dementsprechend *jede zufällige oder gezielt herbeigeführte Veränderung der organisationalen Wissensbasis.*

Hierunter fallen sowohl der Erwerb neuer Kenntnisse als auch körperlich-motorische Verbesserungen, wie sie z.B. in Übungseffekten des Fertigungspersonals oder in der unbewussten Geschicklichkeitszunahme eines Drahtseilartisten zum Ausdruck kommen. Lernen muss darüber hinaus nicht zwingend in eine *Erweiterung* der organisationalen Wissensbasis münden; gelernt wird auch, wenn bestehende Annahmen oder Einsichten *bestärkt*, *modifiziert* oder als unzutreffend *aufgegeben* werden (vgl. Sanchez/Heene 1997, S. 6). Die organisationale Wissensbasis wird durch Lernen also nicht nur aufgebaut, sondern auch qualitativ weiterentwickelt.

Voraussetzung derartiger Veränderungen ist eine reflexive Auseinandersetzung mit den Resultaten des eigenen Handelns. Im organisationalen Kontext manifestiert sich diese Auseinandersetzung in veränderten Regeln, Strategien und Problemdefinitionen (vgl. Schreyögg/Eberl 1998, S. 519). Dabei verkörpert Lernen einen Prozess und Wissen sein Ergebnis. Zugleich bildet das bestehende Wissen aber auch den Rahmen für neue Lernprozesse: »What an individual learns in an organization is very much dependent on what is already known to (or believed by) other members of the organization« (Simon 1991, S. 125).

In der Forschung besteht Übereinstimmung darüber, dass Lernen ein gewisses Maß an **Redundanz** voraussetzt (vgl. u.a. Nonaka/Takeuchi 1997, S. 95 f.). Betriebliche Redundanzen können auch als **Überschussressourcen** (**»Slack«**) interpretiert werden. Der Begriff des Organizational Slack stammt von Cyert und March (1963, S. 6 ff.); er bezeichnet eine positive Differenz zwischen erforderlichen und vorhandenen Organisationsressourcen. Ein Unternehmen arbeitet demgemäß nicht »am An-

schlag«, sondern besitzt mehr Ressourcen als zur unmittelbaren Aufgabenerfüllung notwendig wären. Dieser Slack kann ein Überbestand an Arbeitskräften sein, aber auch in Form von Mehrfachqualifikationen, Informationsdoppelungen, Liquiditätsreserven, Lagerhaltung oder Pufferzeiten auftreten (vgl. Staehle 1991; von der Oelsnitz 1994b).
Während diese überschüssigen Potenziale lange Zeit als Verschwendung angesehen wurden, erkennt man heute zunehmend den Wert dieser Überschüsse, auch und gerade für die Entwicklungsfähigkeit eines Unternehmens. Dementsprechend sind zur Erreichung einer höheren Leistungsstufe eben auch Lernressourcen freizuhalten (vgl. Klimecki/Probst/Eberl 1991, S. 118f.; Probst/Büchel 1998, S. 50f.; Neumann 2000, S. 353f.). So müssen z.B. funktionale Mehrfachkompetenzen oder ganz simpel Zeit zum Experimentieren mit neuen Lösungen vorhanden sein.

Strittig ist, inwieweit Lernen **mit einer direkten Verhaltensänderung** einhergeht. Diese Frage ist u.a. für die Stimulierung eines stärker kundenorientierten Mitarbeiterverhaltens wichtig. Dennoch ist es unzweckmäßig, eine sofortige Nutzung der neuen Kenntnisse als Merkmal des Lernens zu fordern. Lernen muss lediglich die Handlungsmöglichkeiten des Einzelnen erweitern, d.h. sein prinzipielles Verhaltensspektrum aufstocken (vgl. auch Huber 1991, S. 89). Insofern kann man organisationales Lernen als »the development of new knowledge or insights that have the *potential* to influence behavior« (Slater/Narver 1995, S. 63; Herv. d. Verf.) beschreiben.

Lernen vermag das organisationale Verhalten letztlich auf dreierlei Weise zu beeinflussen (vgl. Menon/Varadarajan 1992, S. 55ff.):

- In der **Handlungsperspektive** (»action-oriented use«) dient das durch Lernen erworbene Wissen einer konkreten Problemlösung. Beispiel: Ein Steuerberater schlägt einen bestimmten Paragraphen des Einkommensteuer-Gesetzes nach, um seinen Klienten bei einem kniffligen Problem zu beraten;

- in der **allgemeinen Wissensperspektive** (»knowledge-enhancing use«) verändert Lernen das Verhalten nicht sofort, führt aber zu einer Erweiterung der für eine spätere Problemlösung herangezogenen Sichtweisen. Beispiel: Ein Personalberater lernt ein neues Verfahren der Personalbeurteilung kennen, das er mit den bisher eingesetzten Verfahren vergleicht;

- in der **Gefühlsperspektive** (»affected use«) liefert Lernen neue Einblicke, die die Zufriedenheit mit bereits vollzogenen Handlungen erhöhen bzw. bestehende Zweifel verringern. Beispiel: Ein ehemaliger Alkoholiker liest Jahre nach seiner Entziehungskur einen Artikel über die bisher unbekannten Spätfolgen übermäßigen Alkoholkonsums.

Die Ignorierung der Lernforschung durch die Managementpraxis hat sich – ausgelöst durch den Weltbestseller von Peter Senge (1994) – erfreulicherweise inzwischen gelegt: seit den 1990er Jahren erfreut sich das Thema einer ungeahnten Renaissance. Dies ist zweifellos auf die wachsende Veränderungsdynamik der Unternehmensumwelt zurückzuführen, die viele Betriebe aus ihren eingefahrenen Bahnen stößt. Die immer raschere Abfolge neue Produkte, neuer Technologien und neuer Kundenbedürfnisse zwingt die meisten Unternehmen dazu, ihre Änderungsgeschwindigkeit zu erhöhen, umso mit der Änderungsrate der Umwelt wenigstens gleichzuziehen.

Hierzu müssen zusätzlich Anpassungs- und Erneuerungsqualitäten entwickelt werden, die nicht so sehr auf einen konkreten Einzelfall bezogen, sondern vielmehr auf die Entwicklung einer **generellen Veränderungskompetenz** gerichtet sind (vgl. von der Oelsnitz 1994a, S. 213 f.). Das ist schon deshalb erforderlich, weil radikal neuartige Umweltzustände zwar lerngestützte Anpassungen erforderlich machen, ein Lernen aus Erfahrung aber zugleich weitgehend ausschließen. Anders gesagt: »Wenn ... wir uns ständig an neue Umstände anpassen müssen, dann kann Optimierung nur noch auf der Metaebene einen Sinn haben; wir dürfen dann nicht einen speziellen Anpassungs*zustand* optimieren, sondern wir müssen dann, wenn überhaupt, etwas ganz anderes, nämlich die Anpassungs*fähigkeit* optimieren« (Malik 1989, S. 63).

Vor diesem Hintergrund wird situative Lernfähigkeit zur generellen **Wandlungsfähigkeit**. Und eine solche ist existenziell für das Überleben der Organisation in einer weiter an Dynamik gewinnenden Umwelt: Nur mit Hilfe einer universellen Veränderungskompetenz ist zu gewährleisten, dass ein Unternehmen nicht mehr reaktiv einer (fremd)bestimmten Entwicklung hinterherhinkt, sondern diese entweder mitbeeinflusst oder zumindest vorausschauend für sich zu nutzen versteht.

In dieser Hinsicht wird insbesondere bürokratischen Organisationen oft pauschal Lernunfähigkeit vorgeworfen. Als Grund wird angeführt, dass die formalen Regeln, die in ihrer Gesamtheit das angehäufte organisatorische Wissen bzw. die gesammelten betrieblichen Erfahrungen enthalten (vgl. Abschnitt 4.3), sich tendenziell nicht nur zu immer umfangreicheren, sondern überdies auch zu immer resistenteren Regelnetzen verdichten. Dies konnte in einer aktuellen Fallstudie bestätigt werden: In dem untersuchten Konzern ist ein Drittel der über 200 konzernweit gültigen Richtlinien älter als zwanzig Jahre und *über 60% sind älter als zehn Jahre* (vgl. Kieser/Koch/Woywode 1999, S. 129)!

Der Organisationsvorteil verkehrt sich in diesem Fall in sein Gegenteil. Da es gerade das Ziel struktureller Festlegungen ist, Routineeffekte zu nutzen, also die ständige Suche nach neuen Lösungen zu vermeiden, besteht eigentlich in jeder Organisation wenigstens partiell das Bestreben, die geltenden Regeln gegen Veränderung – und damit auch gegen Lernfortschritte – abzuschirmen (vgl. von der Oelsnitz 2000a, S. 220). Dies zeigt, dass es letzten Endes nicht darum geht, möglichst viel zu wissen, sondern dass auch ein **Ver-** oder **Entlernen** überholter Inhalte notwendig ist (vgl. Simon 1989, S. 25; Hedberg 1981, S. 18 f.; Nystrom/Starbuck 1984; Oberschulte 1996, S. 46 ff.). Dies gilt sowohl für die Organisation als auch für die in ihnen tätigen Individuen.

Verlernen ist – im Unterschied zum *Vergessen* – durchaus ein bewusster und absichtlich herbeigeführter Akt, der eigentlich bereits dann auftritt, wenn neues Wissen altes verdrängt bzw. überlagert (vgl. Güldenberg 2001, S. 91). Im Gegensatz hierzu geschieht Vergessen unbewusst, was aber auch seine Vorteile haben kann, wird der Mensch doch auf diese Weise vor Überlastung und Stress geschützt (so würde traumatisierten Personen z. B. ein Verblassen der quälenden Erinnerungen Linderung verschaffen. Zu den unterschiedlichen Formen des menschlichen Vergessens vgl. Vester 1993, S. 67 f.).

Abb. 11 zeigt eine **individualtypische Vergessenskurve**. Sie ist das Ergebnis von Untersuchungen, die bereits 1885 vom deutschen Psychologen Hermann Ebbinghaus durchgeführt wurden. (Ebbinghaus gilt als der Erfinder der »sinnlosen Silbe«: Er ließ seine Probanden aus drei Buchstaben bestehende, bedeutungslose Silben wie »LAJ«, »CUF« oder »BIV« auswendig lernen. Anschließend maß er die Menge der gelernten Silben, an die sich die Probanden nach bestimmten Zeitabständen erinnern konnten.) Ersichtlich ist, dass die Vergessenskurve zunächst stark progressiv, dann

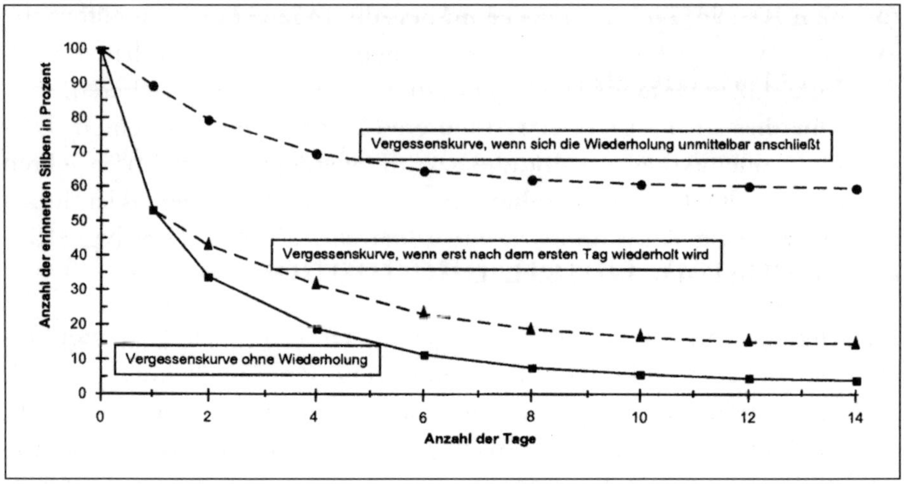


**Abb. 11:** Vergessenskurve nach Ebbinghaus (Quelle: Güldenberg 2001, S. 93)

aber bald degressiv verläuft, d.h. am meisten *unmittelbar nach dem Lernakt* vergessen wird. Zugleich wird die Wichtigkeit einer sofort durchgeführten Wiederholung des Lernprozesses offenbar, da sich die Erinnerungsquote hierdurch deutlich steigern lässt.

Wie das Beispiel des von überkommenen Regelungen beherrschten Unternehmens illustriert, kann Entlernen auch im organisationalen Zusammenhang von Nutzen sein; z.B. führt überholtes Wissen dadurch nicht zu Fehlentscheidungen oder wird die Aufmerksamkeit des Top-Managements nicht durch unzeitgemäße Vorgaben abgelenkt. Die Nichtberücksichtigung einstmals erworbenen Wissens fällt indes erfahrungsgemäß umso schwerer, je erfolgreicher man mit den bisherigen Regeln und Prozeduren bislang gewesen ist; Erfolg begünstigt eben veränderungsfeindliche Handlungsmuster – mit entsprechend negativen Folgen für die unternehmerische Flexibilität und Innovationskraft (vgl. die Abschnitte 2.5 und 3.5). Zu den Aufgaben des Wissensmanagements gehört folglich auch die Identifikation nicht mehr benötigten Wissens und dessen systematische Löschung (vgl. Abschnitt 4.6.3).

Schnelles und effizientes Lernen dient jedoch nicht nur der organisationalen Bestandssicherung; vielmehr gilt es heute als entscheidender Hebel zur wettbewerblichen Profilierung. Dies gilt vor allem dann, wenn unternehmerisches Lernen zu einer größeren Kundennähe führt (vgl. Day 1994a, 1994b; Slater/Narver 1995). Darüber hinaus gewährt ein lernfähiges Unternehmen seinen Mitgliedern einen größeren Spielraum und stimuliert deren kreatives und eigenverantwortliches Handeln. Hierdurch verbessert sich in der Regel nicht nur das Arbeitsklima, sondern ganz unmittelbar auch die Güte der vom Unternehmen erstellten Leistungen.

Als **wichtigste Lernziele** eines Unternehmens können somit genannt werden:

- Größere Kundennähe;
- höhere Innovationskraft;
- effizientere Prozesse und Verfahren;
- erleichterte Führung und Selbstmotivation der Mitarbeiter sowie eine
- grundsätzlich höhere organisationale Wandlungsfähigkeit.

Auf lange Sicht wird sich dasjenige Unternehmen im Wettbewerb durchsetzen, das den Lernprozess am besten beherrscht, d.h. das schneller auf gewandelte Kundenwünsche, neue Konkurrenzprodukte oder veränderte Rahmenbedingungen reagiert und dem es insgesamt am besten gelingt, die Wünsche seiner Kunden in attraktive Produkte umzusetzen. Organisationales Lernvermögen ist aus dieser Perspektive tatsächlich der einzige dauerhafte Wettbewerbsvorteil (vgl. de Geus 1988, S. 71; Stata 1989, S. 64).

## 3.2 Formen und Probleme des organisationalen Lernens

In einer Zeit ständiger Veränderungen verliert die Erfahrung zugunsten von Anpassung und Neu-Lernen an Gewicht, ja werden Erfahrungen oft zur Belastung. Dies gilt zumindest dann, wenn keine entsprechend entwickelte Lernkompetenz die Entwertung bisheriger Einsichten zu kompensieren vermag. Die Konsequenzen unzureichenden Lernens variieren mit dem Charakter der zugrunde liegenden Veränderungen im unternehmerischen Leistungsumfeld. Eine große Zahl vor allem absatzmarktlicher

Umfeldentwicklungen hat evolutionären Charakter und stellt die bislang gültigen Spielregeln des Wettbewerbs nicht in Frage. Dies ist beispielsweise dann der Fall, wenn bestimmte Kundenbedürfnisse ihre Relevanz im Zeitablauf behalten, sich die Erwartungshaltung im Hinblick auf die Qualität der zu erbringenden Leistung jedoch verändert. So können z.B. Bahnreisende erhöhte Ansprüche an die Pünktlichkeit der Züge stellen oder in bestimmten Zugtypen jetzt eine höhere Bequemlichkeit erwarten.

### 3.2.1 Lernniveaus

Zur Bewältigung evolutionärer Veränderungen bedarf es eines **adaptiven Lernens**, welches sich innerhalb der Grenzen etablierter Denkmuster vollzieht und primär auf die Verbesserung bestehender Leistungen bzw. Prozesse zielt. Argyris und Schön, die auf der Grundlage der Arbeit von Bateson (1972) die wohl bekannteste Systematik von Lernformen vorgelegt haben, nennen diese Art des Lernens **Single-loop-learning** (vgl. Argyris/Schön 1978, S. 18; Fiol/Lyles 1985, S. 807 sprechen von Lower-level-learning).

Der Name rekurriert auf das aus der Kybernetik bekannte (jetzt allerdings kognitiv verstandene) Regelkreismodell, in dem ein systemischer Sollzustand definiert und bei Beobachtung offensichtlicher Abweichungen korrigierend eingegriffen wird. Das Single-loop-Lernen stellt den bestehenden Handlungsrahmen, die Ziele und Prämissen des Handelns nicht in Frage; es wird im Prinzip immer dieselbe Lernschleife durchlaufen. Die Organisationsmitglieder stellen routinemäßig Fehler ihres Alltagshandelns ab; adaptives Lernen ist somit vor allem zur Steigerung der betrieblichen Effizienz geeignet. Der alternative Begriff Erfahrungs- bzw. Verbesserungslernen trifft diesen Sachverhalt recht gut (vgl. Scheurer/Zahn 1998, S. 175).

Ein Großteil adaptiver Lernprozesse lässt sich als *Feedback-Lernen* charakterisieren. In der Praxis ist diese Lernform die wohl verbreitetste (vgl. Hanft 1996, S. 137). Der Hauptgrund dafür besteht in dem vergleichsweise geringen kognitiven Aufwand, den Erfahrungslernen verursacht. Beispielsweise wird im Rahmen von Werbeerfolgskontrollen von vielen Unternehmen sowohl im Vorfeld einer Werbeschaltung (pre-test) als auch danach (post-test) eine detaillierte Wirkungsanalyse vorgenommen. Bei auffälligen Defiziten werden diverse Parameter des Werbeauftrittes verändert (Werbebotschaft, -träger, -medien etc.). Finden derartige Lernprozesse nicht statt, arbeitet das Unternehmen ineffizient, d.h. mit einem ungünstigen Verhältnis von Aufwand und Ertrag. Dessen ungeachtet bleibt Erfahrungslernen auf die bereits ergriffenen Aktivitäten beschränkt.

Veränderungen mit revolutionärem Charakter, die die bislang gültigen Wirkungszusammenhänge radikal in Frage stellen, erfordern dagegen eine höhere Form des Lernens, welches die eingefahrenen Wege verlässt und zu einem grundlegenden Umdenken führt. Dies leistet das **generative Lernen** oder **Double-loop-learning** (vgl. Argyris/Schön 1978, S. 18). Generatives Lernen ist Erneuerungslernen, denn es führt zur Gewinnung grundsätzlich neuer Einsichten und bewirkt letztlich eine fundamentale Veränderung des organisationalen Handlungsrahmens (Fiol/Lyles sprechen von Higher-level-learning, S. 808; Bateson vom Lernen 1. Ordnung). Erneuerungslernen ist vor allem auf die Effektivität, d.h. die Zielerreichung des unternehmerischen Handelns gerichtet.

Im Gegensatz zum adaptiven Lernen fällt vielen Unternehmen das generative Lernen wesentlich schwerer. Ein Grund ist die notwendigerweise verlangte Kreativität dieses Lerntyps. Ein weiteres Problem ist die erforderliche Unvoreingenommenheit gegenüber neuen Situationen und Lösungen. Die mentalen Modelle, aber auch die im Zuge des Unternehmenswirkens erworbenen persönlichen Besitzstände verhindern diese Unvoreingenommenheit nicht selten (vgl. Abschnitt 3.4).

Mitverantwortlich für das **»Kleben« an lieb gewonnenen Verhaltensweisen und/oder Produkten** sind aber auch viele der Instrumente, die in der Strategieliteratur üblicherweise zur Sicherung der betrieblichen Wettbewerbsfähigkeit empfohlen werden, hierfür aber oft wenig geeignet sind. So sind Konzepte, wie das *Benchmarking* oder die *Analyse der Wertkette* der Konkurrenz primär an den etablierten Verfahren des Wettbewerbs orientiert (vgl. Hamel/Prahalad 1989, S. 73). Auch *Kundenbefragungen* bieten häufig nur ein begrenztes generatives Potenzial, da sich Kunden bevorzugt an Bestehendem orientieren und Innovationen in aller Regel zunächst kritisch beurteilen (vgl. Christensen/Bower 1996, S. 198; Leonard/Rayport 1997, S. 104 f. sowie Abschnitt 4.3).

Eine noch elaboriertere Form des organisationalen Lernens stellt das **Deutero-learning** dar (vgl. Argyris/Schön 1978, S. 4). Dabei wird das Lernen selbst gelernt, also genau die grundsätzliche Veränderungskompetenz erworben, von der oben bereits die Rede war. Möglich wird dies dadurch, dass die Organisation Wissen über bisherige Lernprozesse als eigene Erfahrungen sammelt und gezielt abspeichert; Lernerfolge und -misserfolge werden so erklärlich. Der Name Deutero (griech. »der Zweite«) leitet sich aus der Tatsache ab, dass diese Lernform von Bateson als Lernen 2. Ordnung bezeichnet wurde.

Deutero-learning führt in letzter Konsequenz dazu, dass organisationales Lernen nicht nur als »Abfolge einzelner Episoden ohne Zusammenhang« begriffen wird (Schreyögg 1999, S. 540), sondern die Organisation kontinuierlich offen und lernbereit bleibt. Diese Lernform steht von daher bevorzugt im Dienste von Flexibilität, Innovation und Wandel. (Für die besonders Interessierten sei angefügt, dass Bateson noch zwei weitere – also insgesamt fünf – Lernniveaus beschreibt, so z.B. das Lernen III, welches nicht nur zu einer Veränderung der Handlungsprämissen, sondern zu einer Transformation des Charakters des Lernenden führt. Bateson nennt als mögliche Auslöser hierfür die psychotherapeutische Behandlung oder ein religiöses Erweckungserlebnis.)

### 3.2.2 Lernzeitpunkte

Bezieht sich die Kategorie »adaptives« bzw. »generatives Lernen« vor allem auf das Niveau des Wissenserwerbs im Unternehmen (= Intensität des Lernintervalls), so beschreibt eine zweite Kategorie mit den Begriffen »reaktives« und »proaktives Lernen« den Zeitpunkt, zu dem Unternehmen im Vergleich zu seinen Wettbewerbern lernt (= Lage des Lernintervalls). Neben die Frage, *was* gelernt wird, tritt dann die Frage, *wann* gelernt wird.

Wartet ein Unternehmen z.B. mit der Einführung eines neuen Produkttyps ab, bis ein Konkurrent einen vergleichbaren Typ neu am Markt einführt, um von dessen Fehlern zu lernen, dann liegt ein **reaktives Verhalten** vor, das aus Sicherheitsgründen auf gewisse Wissenszuwächse zunächst freiwillig verzichtet (vgl. von der Oelsnitz 2000d, S. 142f.). Würde dasselbe Unternehmen dagegen als Marktpionier auftreten – wie z.B. einst SONY mit dem Walkman oder TOSHIBA mit seinen Laptops –, dann lernt es aufgrund seiner Markterfahrungen **proaktiv**. Ein ähnliches Beispiel liefert die Handelskette TENGELMANN, die Vorreiter bei ökologischen Einzelhandelsprodukten war und im konsumnahen Einzelhandel gänzlich neue Sortimentskriterien anlegte, ohne hierzu durch gesetzliche Auflagen oder analoge Wettbewerbermaßnahmen gezwungen worden zu sein.

Die Frage, ob ein Unternehmen reaktiv oder proaktiv lernt, korrespondiert mit der Tatsache, dass sich Unternehmen nicht nur passiv an ihre Umwelt anpassen müssen, sondern in der Regel auch über Handlungsspielräume zur **aktiven Umweltbeeinflussung** verfügen. Insofern können mit Hilfe proaktiver Aktionen auch gezielt Veränderungen der unternehmerischen Rahmenbedingungen angestoßen werden. Eine derartige Lernstrategie zielt vor allem auf eine Modifikation der Wettbewerbsspielregeln und stellt insbesondere für Unternehmen mit einer schwachen Marktposition eine wichtige strategische Option dar.

### 3.2.3 Typische Lernfehler

Da die gegenwärtigen Spielregeln die Stärken der dominierenden Anbieter reflektieren, bietet eine Orientierung an diesen Regeln für die anderen Marktteilnehmer meist schlechte Erfolgsaussichten. Ungeachtet dessen halten viele Unternehmen mit einer schwachen Wettbewerbsposition an etablierten Verhaltensmustern fest (vgl. Lant/Milliken/Batra 1992, S. 601). Doch auch Unternehmen mit einer starken Marktposition begehen typische Lernfehler. Die dem Menschen eigene Neigung, zur kognitiven Vereinfachung bewährtes Handeln zu wiederholen, stellt vor allem im Hinblick auf *proaktives* bzw. *generatives Lernen* ein ernst zu nehmendes Problem dar. Dementsprechend ist zu beobachten, dass vor allem erfolgreiche Unternehmen einer **»strategischen Kurzsichtigkeit«** unterliegen (vgl. Christensen/Bower 1996, S. 197), d. h. sich weniger um neue Produkte kümmern, sondern sich stattdessen auf die Verfeinerung bestehender Produkte beschränken. Trotz des Wissens um die unausweichliche Pfadabhängigkeit bei der Entwicklung organisationaler Kompetenzen dominieren bei diesen Unternehmen adaptive Lernprozesse.

Ein eindrucksvolles Beispiel liefert POLAROID – ein Unternehmen, das sich unbeirrt auf ein Fine-tuning seiner Sofortbildkamera konzentrierte und darüber den Trend zur Digitalfotografie aus dem Blick verloren hat. Mittlerweile hat die Firma in den USA Konkurs angemeldet. Einen ähnlichen Fehler – wenn auch nicht immer mit so drastischen Folgen – begehen zahlreiche Unternehmen mit Markterfolg. So hat DIGITAL EQUIPMENT durch sein starres Festhalten am damals sehr lukrativen Geschäft mit Mini-Computern den bald darauf entstehenden, noch wesentlich Größeren Markt für Personalcomputer verloren (vgl. D'Aveni 1995, S. 29). IBM litt unter derselben Kurzsichtigkeit, nur von der anderen Seite des Produktspektrums her: IBM war Weltmarktführer für Großrechner und sah in dem PC eine vorübergehende Erscheinung mit zudem geringen Gewinnmargen. Die Manager der »Industrial Business Machines« haben viel zu lange lediglich adaptiv und reaktiv gelernt, anderen generös den Vortritt gelassen und es auf diese Weise genauso versäumt, sich in dem neuen Geschäftsfeld eine starke Position aufzubauen.

Mit dieser Überlegung gelangt man zu einem **grundsätzlichen Problem** des Wissensmanagements: Sollen bestehende Wissensbestände möglichst lange bewahrt und ausgebeutet werden – was positive Effekte auf die betriebliche Effizienz hat – oder soll man durch generatives Lernen neuartiges Wissen schaffen, was langfristig hilft, eine Schädigung der unternehmerischen Wettbewerbsposition zu vermeiden? Was hat Vorrang: **Exploitation** (= Ausbeutung) oder **Exploration** (= Entdeckung; vgl. March 1991; Levinthal/March 1993, S. 105 f.)?

Die Lösung kann nur ein »sowohl als auch« sein – beide Prozesse müssen gleichzeitig im Unternehmen ablaufen. Gutes Wissensmanagement zeichnet sich in diesem Sinne dadurch aus, dass es die bereits bestehenden Möglichkeiten renditesichernd ausschöpft und dennoch nicht seine Innovationsaufgabe vernachlässigt. Explorative Arbeit ist zwar wesentlich aufwändiger und unsicherer, für die zukünftige Wettbewerbsfähigkeit des Unternehmens aber letztlich unentbehrlich.

Dessen ungeachtet zeigt die Empirie, wie stark die Verlockung ist, sich eher auf die **Nutzung bestehenden Wissens zu konzentrieren**. Das liegt u. a. daran, dass vorhandene Kompetenzen umso leichter ausgebeutet werden können, je älter und bekannter sie sind. Die Entscheider haben z. B. wichtige Kenntnisse von einer speziellen Technologie erworben und können diese Erfahrungen sehr effizient für Weiterentwicklungen einsetzen. Darüber hinaus verringert sich das Risiko, wenn in Produkte oder Verfahren investiert wird, deren Funktionalität bereits bestätigt wurde.

Die Folge ist ein sich selbst nährender Zirkel: Jede Verbesserung einer bestehenden Kompetenz erhöht die Aussicht auf Belohnung, was die betreffende Fähigkeit noch attraktiver und die alternativen Bemühungen im Gegenzug noch unattraktiver macht (vgl. March 1991, S. 73). Das Ergebnis ist eine **»Kompetenzfalle«**, die die Aufmerksamkeit immer wieder sogartig auf bereits bestehende Fähigkeiten lenkt (vgl. Levinthal/March 1993, S. 106). Bereits akkumuliertes Wissen kann von daher eine wesentliche Lernbarriere sein.

Weitere Tendenzen verführen zur Konzentration auf vorhandenes Wissen. Da angesichts chronisch knapper Mittel ein Allokationsproblem besteht, ginge die Alternative – die Exploration neuer Fähigkeiten – unweigerlich zu Lasten der bestehenden Kompetenzen, Mittel für deren Verfeinerung würden gekürzt, Projekte zur Weiterentwicklung gestrichen. Damit liefe man aber Gefahr, die bisherigen Wurzeln des Erfolgs zu kappen und mitunter schwer erarbeitete **Vorteile zugunsten einer unsicheren Investition aufs Spiel zu setzen**. Überdies ist es schwierig, zukünftig benötigte Kompetenzen zu **spezifizieren**. Heute weiß man nicht, welches Wissen und welche Fähigkeiten einmal nützlich sein werden; und wenn man es weiß, ist es zu einem geordneten Aufbau meist zu spät.

Und noch etwas spricht kurzfristig für »Exploitation«: die Ausbeutung bestehenden Wissens kommt **nur dem eigenen Unternehmen zugute**. Die Früchte einer Innovation, für die das Unternehmen möglicherweise viel Zeit und Geld aufgewendet hat, können bei unzureichenden gesetzlichen Schutzbestimmungen hingegen auch von geschickten Nachahmern geerntet werden. Um zu verhindern, dass unter eigenem Risiko erarbeitete Neuerungen quasi zu öffentlichen Gütern werden, sind daher weitere Investitionen nötig – der Innovator muss z. B. Maßnahmen zum Schutz vor Wissensabfluss ergreifen (vgl. dazu ausführlicher Abschnitt 4.6).

## 3.3 Ebenen des organisationalen Lernens

In den bisherigen Ausführungen fiel bereits mehrfach der Begriff des kollektiven bzw. organisationalen Lernens; und dies, ohne ihn exakt vom individuellen Lernen abgegrenzt zu haben. Dabei hat sich die Forschung lange mit der Frage befasst, ob Lernen überhaupt unabhängig vom Individuum denkbar ist bzw. ob der Begriff der lernenden Organisation nicht eher eine **Metapher** sei. So besteht z.B. Dodgson (1993, S. 377) darauf, dass der einzelne Mitarbeiter als Basis des Lernens anzusehen sei: »Individuals are the primary learning entity in firms, and it is individuals which create organizational forms that enables learning«.

Schreyögg dreht diese Sicht um. Er meint: »Zwar wird der Lernprozess von Individuen getragen und bewegt, der Referenzpunkt indessen ist immer die Organisation. Sie gibt den Kontext und den Modus vor, innerhalb dessen die Individuen als Organisationsmitglieder Wissen prozessieren. (...) Das Organisationsmitglied lernt also so gesehen von vorneherein organisatorisch« (Schreyögg 1999, S. 535).

Wir glauben, dass dies ein unergiebiger Disput ist. Lernen setzt ein Subjekt mit klar abgegrenzter Identität voraus und kann letztlich »nur selbst und nicht durch andere vollzogen werden« (Eberl 1996, S. 107). Tatsache ist eben, dass Organisationen zwar ein kollektives Gedächtnis besitzen, aber keine Vorrichtung, mit der sie originär neues Wissen schaffen (vgl. Hedberg 1981, S. 6; Simon 1991, S. 125). Und sie verfügen, anders als der Mensch, nicht über einen zentralen Speicher, der das gesamte in ihnen verfügbare Wissen sammelt. Das Wissen der Organisation ist vielmehr **polyzentrisch erworben** und **polyzentrisch verteilt,** weshalb die Integration der partiellen Wissenbestände eine maßgebliche Aufgabe des Wissensmanagements ist.

Auf der anderen Seite ist ebenso unbestreitbar, dass sich in Organisationen kollektive Anschauungen und Geschäftsverständnisse entwickeln, die ihrerseits auf das einzelne Organisationsmitglied rückwirken. In diesem Sinne bildet sich in sozialen Entitäten ein »Common sense«, der den Akteuren einen Handlungsrahmen vorgibt und unabhängig von der Zugehörigkeit des einzelnen Mitglieds fortbesteht. Organisationen erscheinen aus diesem Blickwinkel als »Community of assumptions« (vgl. Etzioni 1975, S. 201; Kim 1993, S. 41 f.). Somit sind sie zwar auf die in ihnen tätigen

Menschen angewiesen, aber – in der Regel – eben nicht auf *bestimmte* Menschen. Fruchtbarer als der Streit um den denn nun wichtigeren Teil des organisationalen Lernens ist daher die Frage, *wer* im Unternehmen jeweils *was* lernt. Mit anderen Worten: »It follows both that there is no organizational learning without individual learning, and that individual learning is a necessary but insufficient condition for organizational learning« (Argyris/Schön 1978, S. 20; ähnlich Lundberg 1995, S. 17).

Der letzte Halbsatz ist besonders wichtig. Er stellt klar: **individuelles Lernen ist nicht gleichbedeutend mit organisationalem Lernen**. Zum Beispiel besteht immer die Gefahr eines Wissensverlustes, wenn ein Unternehmensmitglied die Organisation verlässt. »Darüber hinaus gibt es auch keine Garantie, dass die individuellen Aktoren ihr Wissen automatisch der Organisation in vollem Umfang zur Verfügung stellen« (Müller-Stewens/Pautzke 1994, S. 194). Und schließlich kann auch die kollektive Übertragung individuellen Wissens misslingen, sodass zwar individuell, aber nicht organisational gelernt wird. Im Endeffekt sorgen also sowohl politische Kalküle als auch strukturelle Mängel dafür, dass die Summe des Wissens sämtlicher Mitglieder eigentlich nie deckungsgleich mit dem verfügbaren Organisationswissen ist.

Andererseits besteht das organisationale Lernen keineswegs nur aus der blanken Summation individueller Lernergebnisse. Das Lernen in und von Organisationen resultiert vielmehr aus der Verknüpfung von individuellem und institutionellem Wissen zu subjektiv neuartigem Organisationswissen, sodass durchaus ein »Mehrwert« entsteht. In diesem Sinne können im betrieblichen Kontext **drei verschiedene Lernebenen** unterschieden werden (vgl. Reber 1992, Sp. 1243 ff.), wobei die letzten beiden Ebenen ein *kollektives Lernen* beschreiben:

- die individuelle Ebene (Person),
- die mikrosoziale Ebene (Gruppe) und
- die makrosoziale Ebene (Gesamtsystem).

Von besonderer Bedeutung ist die **Gruppenebene**: sie bietet eine unverzichtbare Plattform für das kollektive Lernen und ist gleichzeitig das Verbindungsglied zwischen der individuellen und der makrosozialen Ebene (vgl. Pawlowsky 1992, S. 220 f.; Reber 1992, Sp. 1247; Hedlund 1994, S. 75; Wiegand 1996, S. 387 ff.). Für Senge stellen Teams sogar die wichtigste Lerneinheit in modernen Organisationen dar: »Nur wenn Teams lernfähig sind, kann die Organisation lernen.« Und er fragt provokant: »Wie ist es zu erklären, dass ein Team von engagierten Managern, die einen individuellen Intelligenzquotienten von über 120 haben, einen kollektiven IQ von 63 aufweisen?« (Senge 1999, S. 19 f.).

Der Gruppe kommen als zentraler Referenzpunkt des kollektiven Lernens insbesondere **zwei Aufgaben** zu: Zum einen werden die Früchte der persönlichen Lernprozesse durch sie in das soziale System eingespeist (*Transferfunktion*). Zum anderen werden gerade auf Gruppenebene Lern- und Leistungsvorteile gegenüber dem Individuum erzeugt (*Genesefunktion*). So werden in Teams aufgrund des Größeren Wissens- und Erfahrungshintergrundes z.B. qualitativ bessere oder originellere Lösungen gefunden. Auch der Informationsaustausch gestaltet sich in Gruppen leichter; persönliche Nähe erleichtert nicht nur die direkte Kommunikation, sondern begünstigt zugleich den Aufbau von Vertrauen. Und schließlich erleichtern Teamstrukturen die Entscheidungsdurchsetzung, was insbesondere in unübersichtlichen oder eilbedürftigen Handlungssituationen wichtig ist (zu diesen und weiteren Vorteilen von Teams vgl. Pawlowsky 1992, S. 221 f.; Weinert 1998, S. 375 f., 395; Wahren 1994, S. 22 ff.; Katzenbach/Smith 1993, S. 34).

Gruppen fördern speziell das **stellvertretende Lernen** (Imitationslernen, Lernen am Modell; vgl. Oberschulte 1996, S. 63; Manz/Sims 1981). Durch Beobachtung sachkundiger Personen und deren anschließende Imitation (oder auch durch Vermeidung erfolgloser Verhaltensweisen) ist Lernen ohne eigene Erfahrungen möglich. Darüber hinaus erschließt diese Art des eher beiläufigen Lernens nicht selten Zusammenhänge, die durch offizielle Schulungsmaßnahmen gar nicht zu vermitteln wären. Dabei wird vor allem implizites Wissen transferiert; Modellcharakter können sowohl Vorgesetzte als auch Kollegen besitzen. Deren Beiträge sind in der Regel weder nachträglich zu rekonstruieren noch klar voneinander abzugrenzen (vgl. Wirtz 2000, S. 104).

Gruppenmitglieder sind zudem in der Lage, in Ergänzung zum unmittelbaren Vorgesetzten zwei weitere Lernquellen zu bieten: Instruktion und Feedback. **Lernen durch Instruktion** beinhaltet die gezielte Erklärung oder Vorführung vor allem prozessualer Lerninhalte, was insbesondere für neue Organisationsmitglieder wichtig ist. Da aus Zeit- und Kostengründen in der Regel nicht sämtliche für den Aufgabenvollzug notwendigen

Kenntnisse vor dem Arbeitsantritt vermittelt werden können, ist ein neuer Mitarbeiter fast zwingend auf die fachliche Unterstützung seines Arbeitsumfeldes angewiesen.

Dies trifft in ähnlicher Weise auf das oben bereits angesprochene **Lernen durch Feedback** zu. Feedback meint »die Rückmeldung über dargebotenes Verhalten des lernenden Gruppenmitglieds« (Oberschulte 1996, S. 65), die vor allem durch die Kollegen sowie den Vorgesetzten erfolgt. Diese Rückmeldung ermöglicht dem Lernenden eine Bewertung des eigenen Verhaltens anhand der hierdurch erzielten Resultate (vgl. auch Abschnitt 5.3.2). Lerntheoretisch liegt eine positive Verstärkung »guten« Verhaltens bzw. eine negative Hemmung negativen Verhaltens vor. Die sprachliche Übereinstimmung mit den behavioristischen Lernansätzen deutet bereits an, dass sich das Lernen in Gruppen vorwiegend auf adaptives, also Single-Loop-Lernen beschränkt. Teamorientierte Leistungsprozesse besitzen insofern auch spezielle Nachteile, auf die hier aber nicht näher eingegangen werden kann (vgl. hierzu u.a. Weinert 1998, S. 376ff.; Wiswede 1992, Sp. 749ff.; Sinclair 1992; Lounamaa/March 1987).

Gelegentlich wird der Kreis der Lernebenen noch weiter gezogen und auf **kooperierende Kunden oder Unternehmen** ausgedehnt, mit denen z.B. gezielte »Lernbündnisse« geschlossen werden. Wenngleich praktisch überaus relevant (vgl. die Abschnitte 4.3.2 und 4.3.3 sowie von der Oelsnitz 2003), erscheint diese Auffassung analytisch jedoch unzweckmäßig; denn die kooperierende Einheit stellt ihrerseits ein eigenständiges Lernsystem mit eigenen Besonderheiten und Problemen dar.

Der Terminus des organisationalen Lernens umfasst nicht nur unterschiedliche Lernebenen, sondern auch unterschiedliche Orte bzw. Inhalte. So werden darunter sowohl Lernprozesse subsumiert, die das gesamte Unternehmen erfassen, als auch Lernvorgänge, die auf einzelne Funktionen bzw. Abteilungen beschränkt sind. Wenngleich das Lernen in verschiedenen Abteilungen eine wichtige Basis für das unternehmerische Lernen darstellt, dürfte im Regelfall doch nur ein Teil der ressortbezogenen Lerninhalte für das gesamte Unternehmen relevant sein. Dies gilt für das marktliche Lernen ebenso wie beispielsweise auch für das technologiegerichtete Lernen in der Fertigung oder das administrative Lernen in der Personalabteilung.

Trotzdem spielt das **marktbezogene Lernen** eine besondere Rolle – entscheidet doch der hieraus resultierende Grad an Kundennähe über den Bestand des Unternehmens. Mit Blick auf die Schnittstellenfunktion zwischen Unternehmen und marktlicher Umwelt wird aus diesem Grund dem Marketing im Rahmen des organisationalen Lernens ein besonders hoher Stellenwert zugeschrieben (vgl. Sinkula 1994, S. 37 f.). Das marktliche Lernen zielt vor allem auf die Gewinnung eines Verständnisses für die Zusammenhänge zwischen den marktlichen Bedingungen, den marktgerichteten Unternehmensaktivitäten und dem daraus resultierenden Unternehmenserfolg (vgl. Lant/Milliken/Batra 1992, S. 587).

Die entsprechenden Lernprozesse vollziehen sich hauptsächlich in den Abteilungen eines Unternehmens, die mit marktgerichteten Transaktionen befasst sind, d. h. in den Bereichen Beschaffung, Vertrieb und Marketing. Für diese Unternehmensbereiche stellt die Generierung neuen Wissens zunächst eine Voraussetzung für die Bewältigung ihrer operativen Aufgaben dar. Die Hauptaufgabe besteht jedoch darin, bestehende Annahmen hinsichtlich der Reaktionen der verschiedenen Marktteilnehmer auf die eigenen Marketingaktivitäten kritisch auf den Prüfstand zu stellen und darüber hinaus geplante Maßnahmen der Konkurrenten möglichst frühzeitig aufzuklären.

Einige Ergebnisse marktgerichteter Lernprozesse betreffen aber auch das **Unternehmen als Ganzes**, da die Ergreifung marktgerichteter Aktivitäten nur in Kooperation mit verschiedenen anderen Funktionsbereichen des Unternehmens möglich ist (vgl. von der Oelsnitz 1999a, S. 212 ff.; ders. 2002). Zum Beispiel hat sich im Laufe der Zeit bei Automobilkäufern der Wunsch nach Ratenzahlung oder Leasing herausgebildet, woraus sich eine Neudefinition des betrieblichen Finanzmanagements mit gänzlich neuen Geschäftsfeldern ergeben hat. Analog kann eine neue Katalysator-Technik das Unternehmen zwingen, seinerseits an der Verbesserung seiner Technik oder gar an der Entwicklung eines neuen Verfahrens zu arbeiten, was eine enge Kooperation z. B. mit der F&E-Abteilung erforderlich machen würde. Bei derartig funktions- oder abteilungsübergreifenden Prozessen geht es also weniger um neues Wissen im Marketingbereich als vielmehr um das Bestreben, eine Marktleistung zu erzeugen, die für den Kunden insgesamt mit einem höheren Nutzen versehen ist.

Ein effizientes marktliches Lernen ist erst dann möglich, wenn ein Unternehmen neues Wissen über den Markt nicht nur aufnimmt, sondern dieses Wissen auch rasch in neue Produkte oder Verfahren umsetzt. Marktorientierung entsteht in diesem Sinne erst durch die Gleichrangigkeit von marktlichem Wissenserwerb und unternehmensweiter Wissensnutzung. Dieser fundamentale Zusammenhang wird nicht selten durch diverse Lernbarrieren gestört (vgl. Abschnitt 3.5).

## 3.4 Kontextfaktoren des organisationalen Lernens

Lernen entsteht durch die Interaktion des Menschen mit seiner Umwelt. Im betriebswirtschaftlichen Zusammenhang heißt das: durch die selbstkritische Auseinandersetzung mit den eigenen Arbeits- und Entscheidungsergebnissen, so wie sie im Rahmen der gegebenen Handlungsarena erzielt wurden. Gemäss des sog. feldtheoretischen Ansatzes von Kurt Lewin ist Verhalten – und somit auch Lernverhalten – eine Funktion von Person und Umwelt (vgl. Lewin 1963, S. 273 ff.; Schanz 1994, S. 90). Lernrelevante **personale Faktoren** sind vor allem Intelligenz, intellektuelle Neugierde, Experimentierfreude, Kreativität und geistige Offenheit, d. h. die Bereitschaft, die dem Menschen eigene (auch intellektuelle) Bequemlichkeit zurückzustellen und Neues lernen zu *wollen*.

Diese Persönlichkeitsfaktoren bilden sich im Zuge der menschlichen Entwicklung und Reife heraus und werden – so behaupten jedenfalls die Entwicklungspsychologen – zu großen Teilen schon im Kindesalter festgelegt. Für die Organisation bedeutet das, dass sie diese Faktoren als kaum noch beeinflussbare Daten hinzunehmen hat. Lediglich im Hinblick auf Einstellungs- und Entwicklungsentscheidungen besitzt sie in diesem Punkt noch gewisse Einflussmöglichkeiten.

Umso stärker rückt die zweite Komponente der Lewin'schen Formel in den Vordergrund: die **Umwelt** des Mitarbeiters, die hier weniger in einem biologischen als in einem sozial-strukturellen Sinne verstanden wird. Die Gesamtheit der organisationalen Kontextfaktoren konstituiert in diesem Sinne den übergeordneten Handlungsrahmen, in dem das einzelne Organisationsmitglied arbeitet und lernt. Innerhalb dieses Rahmens sind folgende **Kontextfaktoren** besonders relevant (vgl. auch Fiol/Lyles 1985, S. 804 f.; Müller-Stewens/Pautzke 1994, S. 189 ff.):

*Die Unternehmensstruktur*

In Anlehnung an die Strukturationstheorie von Giddens (1988) besitzen Strukturen eine doppelte Bedeutung: sie schränken menschliches Verhalten ein, ermöglichen es aber auch. Dies gilt ebenfalls hinsichtlich des organisationalen Lernens. Obwohl die Unternehmensstruktur ein Ergebnis vergangener Lernprozesse ist, ist sie zugleich Vorbedingung zukünftiger Lernprozesse.

Dabei vollzieht sich individuelles Lernen zum einen am Arbeitsplatz (»on the job«), zum anderen in externen Weiterbildungsveranstaltungen (»off the job«). Ersteres wird vor allem auf der **Mikroebene** der Organisation gefördert, z. B. durch ein Mehr an Delegation und Autonomie. Auch personalwirtschaftliche Dauerbrenner wie Job Rotation und Job Enrichment vermögen mitunter fruchtbare Lernprozesse zu stimulieren (vgl. Abschnitt 5.2). Darüber hinaus wurde bereits die Bedeutung des Lernens auf der **Gruppenebene** angesprochen. Eine durch sekundärorganisatorische Einrichtungen wie Qualitätszirkel, Workshops, Lernstätten und abteilungsübergreifende Projektteams gekennzeichnete Unternehmensstruktur schafft ebenfalls günstige Lernvoraussetzungen. Und auch von der **Aufbauorganisation** gehen lernrelevante Einflüsse aus: Funktionale Strukturen erweisen sich im Vergleich zu divisionalen Strukturen z. B. als weitaus weniger lernfreundlich.

*Die Unternehmensstrategie und die Unternehmenssysteme*

Die Möglichkeiten des Lernens in und von Organisationen werden ferner von der **Unternehmensstrategie** beeinflusst. Diese legt handlungsrelevante Ziele und Wege fest: sie bestimmt u. a., in welchen Geschäftsfeldern das Unternehmen aktiv ist und damit, welchen Kunden und Konkurrenten es ausgesetzt ist, mit welchen Ressourcen es umgeht und welche Fähigkeiten von ihm beherrscht werden müssen. Auf diese Weise werden sowohl Lernquellen als auch Lernpfade vorstrukturiert. Auch die grundsätzliche **Geschäftsphilosophie** des Unternehmens ist lernrelevant: Innovative Unternehmen, die stets auf der Suche nach neuen Betätigungsfeldern sind, lernen naturgemäß mehr – oder zumindest anderes – als

Unternehmen, die in stabilen Märkten ihre einstmals erworbenen Fähigkeiten immer weiter perfektionieren können.

Auswirkungen auf das organisationale Lernen haben ferner die zur Führung eingesetzten **Anreiz-** und **Informationssysteme** sowie die Methodik der **strategischen Planung**: Je strenger z.B. Planung und Ausführung voneinander getrennt sind und je weniger Mitarbeiter in die Planerstellung einbezogen werden, umso stärker werden für viele die Möglichkeiten, Erfahrungen zu sammeln und aus Fehlern zu lernen, beschnitten. Der Planungsprozess selbst ist somit eine wichtige Lerngelegenheit (vgl. Abschnitt 5.5.2).

*Die Unternehmenskultur*

Organisationales Lernen kann nicht losgelöst vom kulturellen Rahmen des Unternehmens gesehen werden. Die hierdurch verkörperten Werte, Normen und Grundannahmen des Organisationskollektivs beeinflussen wesentlich das **Informations-** und **Kommunikationsverhalten** der Mitarbeiter. Die kollektive Haltung gegenüber Fehlschlägen und gescheiterten Experimenten wirkt sich zudem auf deren Lernbereitschaft aus – Toleranz gegenüber konstruktiven Neuerungen wirkt tendenziell lernfördernd, Abstrafung und Stigmatisierung der Verantwortlichen im Falle negativer Resultate wirken sich eher lernhemmend aus.

Die Kultur bestimmt überdies **Rollenzuweisungen** und Verhaltenserwartungen. Sie beeinflusst darüber hinaus das **Ausmaß der Politisierung** einer Organisation; Information ist schließlich auch eine politisch einsetzbare Ressource (vgl. Mintzberg 1983, S. 183 f.; Coopey 1995, S. 202 ff.). Dies berührt den Zusammenhang zwischen Lernen und Macht – eine im Kontext organisationalen Lernens bis heute unterbelichtete Facette. Wissen zu teilen kann einen persönlichen Machtverlust bedeuten und daher dem Einzelnen insgesamt unangebracht erscheinen (vgl. dazu ausführlicher Abschnitt 4.4.4).

Wissen hat zugleich ein unübersehbares **Subversionspotenzial**: es entwertet nicht selten lieb gewonnene Einflusspositionen. Neues Wissen stellt immer Bestehendes in Frage, sodass »sich das sozialwissenschaftlich aufgeklärte Management für die formellen und informellen Diskursordnungen« in Organisationen zu interessieren beginnt (Eck 1997, S. 159). Was wird überhaupt als »Wissen« anerkannt? Welche Formen falschen Wissens (Aberglaube, Illusionen etc.) werden von wem als allgemein gültiges Organisationswissen ausgegeben?

*Die Unternehmensumwelt*

Ein ebenfalls bedeutsamer Kontextfaktor ist die gesellschaftliche, wettbewerbliche und technologische Umwelt des Unternehmens. Dabei wird unterstellt, dass die Umwelt des Unternehmens ein Minimum an **Reichhaltigkeit** und »**Freundlichkeit**« aufweist. Ferner wird ein ganz bestimmter **Grad an Dynamik** erwartet, um Lernen stimulieren bzw. überhaupt erst zulassen zu können. Die Dynamik der Umweltveränderungen wird dabei sowohl von der umfassenden Makro- als auch von der unmittelbaren Aufgabenumwelt beeinflusst (z.B. durch veränderte gesellschaftliche Erwartungen, gesetzliche Novellierungen oder neue Wettbewerber).

Ist die Veränderungsrate der Umwelt zu gering, dann bedingt die hieraus resultierende Stabilität ein gleichförmiges, bisweilen träges Unternehmenshandeln. In diesem Fall wird die Notwendigkeit zur Selbstreflexion und Weiterentwicklung der eigenen Fähigkeiten häufig verkannt. Mit anderen Worten: es steht das routinebasierte, effizienzsichernde Handeln des Unternehmens im Vordergrund und die Veränderungswilligkeit ist gering. Ist die Veränderungsrate der Umwelt hingegen (zu) hoch, dann muss das Unternehmen alle Kräfte anspannen, um den augenblicklichen Anforderungen zu genügen. Da Lernen aber ein gewisses Maß an Überschussressourcen voraussetzt, unterbindet der gesteigerte Problemdruck bis auf weiteres die Suche nach besseren Handlungsalternativen. In der Folge steht der Aufbau ungerichteten Verhaltenspotenzials hinter der unmittelbaren Problemlösung zurück (vgl. Prange 1996, S. 168).

Für alle Parameter des Bedingungsrahmens gilt, dass sie das organisationale Lernen sowohl behindern als auch fördern können – die individuellen Lerntheorien bedürfen also schon von daher der Ergänzung. Unterschiedliche Lernkontexte führen in der Regel zu verschiedenen *Lernstilen*, die je nach Situation unterschiedlich effektiv sein können (vgl. Tsang 1997, S. 81; Carland et al. 1994; zu einer hilfreichen Lernstil-Typologie Shrivastava 1983, S. 18ff.).

Wichtig ist, die **Dialektik zwischen Lernprozess und Lernkontext** zu erkennen (vgl. Müller-Stewens/Pautzke 1994, S. 189, 197). Natürlich hängt das, was ein Mitarbeiter lernt bzw. wie und mit welcher Effizienz er dies tut, nicht nur von ihm, sondern auch von der Struktur und Kultur seines Umfeldes ab. Doch Prozess und Kontext des Lernens sind auch in gegenteiliger Richtung miteinander verbunden: So wirken die erzielten Lernergebnisse u. a. auf die Unternehmensstrategie zurück – bestimmte Optionen erscheinen vor dem Hintergrund vergangener Erfahrungen eventuell aussichtsreicher als andere.

Auch mit der Unternehmenskultur besteht ein Dialog: Die Annahmen und Normen eines Unternehmens sind sowohl Produkt betrieblicher Handlungen als auch bedingende Elemente; der in Abschnitt 3.1 beschriebene Lernzyklus von March und Olsen hat dies bereits deutlich gemacht. Die organisationalen Rahmenbedingungen des Lernens sind vor diesem Hintergrund genauso wenig losgelöst von den in ihnen ablaufenden Lernprozessen zu sehen, wie diese von den umgebenden Bedingungen. Kapitel 5 wird diese Einsicht in praktische Gestaltungsempfehlungen überführen.

## 3.5 Prozess und Barrieren des organisationalen Lernens

Individuelles Lernen führt zu einem Zuwachs des »privaten« Wissens; organisationales Lernen hingegen bedeutet eine Zunahme an »öffentlichem« Wissen. Um die Transformation von individuellem in kollektives Wissen zu bewerkstelligen, muss ein Austausch zwischen den verschiedenen Lernebenen möglich sein. Hierfür sind drei **Bedingungen** ausschlaggebend; das Wissen des einzelnen Mitarbeiters muss (vgl. Duncan/Weiss 1979, S. 86 f.):

- *kommunizierbar* sein. Betriebliche Aktivitäten sind interdependent. Um ihre Aufgabe erfüllen zu können, bedürfen die Organisationsmitglieder einer Vielzahl von Informationen, über die sie selbst nicht verfügen. Auf der anderen Seite müssen sie ihre eigenen Lernergebnisse dem Kollektiv zur Verfügung stellen können. Die solcherart transferierten

Informationen müssen folglich kommunizierbar sein, also im Sinne von explizitem Wissen weitergegeben werden können (vgl. auch Abschnitt 2.1).

- *konsensfähig* sein. Informations- und kommunikationstheoretische Einsichten zeigen, dass Botschaften und Inhalte bestimmte Eigenschaften aufweisen müssen, um intersubjektiv übertragbar und akzeptabel zu sein (vgl. Abschnitt 2.3 und 2.4). Dazu gehört eine kollektive Übereinstimmung hinsichtlich ihrer Validität und Nützlichkeit.

- *integrierbar* sein. Die meisten Unternehmensmitglieder leiten ihre Lernzuwächse aus ihrer betrieblichen Arbeit bzw. Spezialisierung ab. Dieses Wissen ist nur anschlussfähig, wenn auch andere Abteilungen oder Funktionen es verstehen und in ihre mentalen Modelle integrieren können.

Diese Bedingungen treffen in gleichem Maße auf extern gewonnenes Wissen zu, das z.B. im Zuge von Unternehmenskooperationen, Beratungsprojekten oder Personalrekrutierungen erworben wird. Andernfalls misslingt die Umwandlung von Individual- in Systemwissen und es lernt zwar der Einzelne, aber nicht das Kollektiv. Die genannten Bedingungen sind allerdings insoweit zu relativieren, als dass nicht zwingend für *alle* Unternehmensmitglieder das zu übertragende Wissen konsensfähig, kommunizierbar und integrierbar sein muss. Wissen wirkt bereits dann kollektiv, wenn eine *größere Entität* – z.B. eine organisationale Subkultur – diese Bedingungen erfüllt.

Wie erwähnt verkörpert Lernen einen Schlüsselprozess im Rahmen des organisationalen Wissensmanagements – einen Prozess, durch den neue Informationen aufgenommen und unter der Voraussetzung einer einheitlichen Interpretation in neuartiges Unternehmenswissen umgeformt werden. Die Aufnahme neuer Informationen bietet aber noch keine hinreichende Gewähr für ein erfolgreiches Unternehmenshandeln. Ganz wichtig ist, dass sich das Unternehmen – oder wenigstens Teile von ihm – im Bedarfsfall auch tatsächlich situationsgerechter *verhält*, d.h. die ihm zur Verfügung stehenden Informationen wirklich nutzt. Gerade in der Phase des Übergangs vom Wissen/Verstehen zum faktischen Tun liegen in der Praxis die häufigsten Stolpersteine für ein effektives Unternehmensverhalten.

Dies deckt sich mit den Erfahrungen, die im Zuge betrieblicher Reorganisationen gemacht wurden. Die meisten Betroffenen sehen die Notwendigkeit einschneidender Maßnahmen zwar ein, lehnen sie aber gefühlsmäßig ab bzw. bleiben aus Besitzstandsdenken oder Bequemlichkeit ihrem gewohnten Verhalten verhaftet. Analog liegen auch Wettbewerbsvorteile einzelner Unternehmen oft weniger im *exklusiven Zugang* als vielmehr im *konsequenten Gebrauch* von Marktinformationen begründet (vgl. Maltz/Kohli 1996, S. 47). Etwas zu wissen ist das eine, entschlossen danach zu handeln das andere.

Kurioserweise ist es oft auch nicht die Schnelligkeit von Umweltveränderungen, die den Unternehmen zu schaffen macht, sondern deren **Langsamkeit**. Dass gerade aus langfristig-evolutionären Veränderungen eine ernsthafte Bedrohung erwachsen kann, wird am vielzitierten Beispiel deutlich: Ein Frosch sitzt in einem auf dem Herd stehenden Topf. Erhöht man die Wassertemperatur sprunghaft, dann wird es dem Frosch schnell zu heiß und er verlässt fluchtartig den Topf. Erhöht man die Temperatur jedoch ganz langsam, dann bleibt dies dem Frosch verborgen: seine Sinnesorgane sind nicht in der Lage, diese schleichende (eben »unmerkliche«) Veränderung seiner Umwelt anzuzeigen. Die Folge ist, dass er die Verschlechterung seiner Lebensverhältnisse erst realisiert, wenn es schon zu spät ist, d. h. wenn er im kochenden Wasser sitzt und nicht mehr entkommen kann.

Ähnlich geht es vielen Unternehmen oder Branchen, die die sich z. T. über Jahrzehnte erstreckenden Verschiebungen in der gesellschaftlichen, politischen oder ökonomischen Sphäre nicht wahrnehmen und sich somit schleichend von den marktlichen Anforderungen abkoppeln. Diese Unternehmen verpassen es, rechtzeitig zukunftsfähige Kompetenzen zu entwickeln und erodieren schrittweise ihre Wettbewerbsposition. Woran liegt das?

Folgende **Ursachen für Lernschwächen** und **institutionellen Konservatismus** sind empirisch am häufigsten auszumachen (vgl. im Überblick Schüppel 1996, S. 121 ff.; Güldenberg/Eschenbach 1996, S. 7; Bullinger/Prieto 1998, S. 109 f.; North 1999, S. 146; Neumann 2000, S. 296 ff.):

*Strategische Kurzsichtigkeit*

Viele Unternehmen scheuen die hohen Ausgaben für die Entwicklung oder den Kauf neuen Wissens. Da das Unternehmen derzeit Erfolg hat, werden entsprechende Aktivitäten als gewinnmindernde und daher unnütze Investition betrachtet. Oft wird nicht erkannt, dass bereits in der Gegenwart die Basis für den Erfolg der Zukunft gelegt wird. Demgegenüber ist die Ausbeutung bestehender Wissensbestände vergleichsweise preiswert und in ihrem Nutzen sicher (vgl. March 1991, S. 73 sowie Abschnitt 3.2). Diese Fehlhaltung wird ferner begünstigt durch eine immanente Eigenschaft von Lernen: es kann logischerweise nur aus der Vergangenheit schöpfen (vgl. Levinthal/March 1993, S. 101).

*»Information overload«*

Eine explosionsartige Vermehrung des Weltwissens bewirkt im Verbund mit den natürlichen Beschränkungen der menschlichen Informationsaufnahme- und -verarbeitungskapazität, dass oft nur ein Bruchteil der verfügbaren Informationen aufgenommen wird (vgl. Schüppel 1996, S. 124 ff. bzw. Abschnitt 2.3). Das tragische Beispiel des in den 1970er Jahren entführten Arbeitgeberpräsidenten Schleyer zeigt, dass häufig nicht zu wenige Informationen, sondern Informationsüberlastung das Problem ist. Das BKA hatte mit Hilfe der Rasterfahndung damals derartig viele Hinweise auf den Unterschlupf der Terroristen erhalten, dass – wie sich erst viele Jahre später herausstellte – das wahre Versteck der Entführer zwar bekannt war, von den ermittelnden Beamten aber nicht *erkannt* wurde.

*Fehlselektionen*

Die kognitiven Landkarten der Akteure wirken als Filter und selektieren Informationen. Dabei kommt es zu typischen Fehlern – beispielsweise werden diejenigen Informationen stärker gewichtet, die sich in das bestehende Weltbild einfügen. Mit den eigenen Überzeugungen unverträgliche Inhalte werden dagegen ausgeblendet (vgl. Abschnitte 2.3 und 2.5). Darüber hinaus halten insbesondere sicherheitsbedürftige Menschen möglichst lange an Bewährtem fest (vgl. Gebert/Boerner 1997, S. 238 f.). Auf diese Weise wird vieles nicht gelernt, was vom bisherigen Denken abweicht.

*Persönliche Defizite und Rollenzwänge*

Der Austausch von Informationen ist in den meisten Fällen nicht technisch, sondern psychologisch limitiert; »Information processes« sind in hohem Grade »People processes«, d.h. sie hängen von der Kommunikationsfähigkeit und -bereitschaft der Beteiligten ab (vgl. Szulanski 1996). Diese werden von einem speziellen Umfeld und eigenen Erfahrungen vorgeprägt. Auch ureigene Persönlichkeitsfaktoren wie fehlendes Selbstbewusstsein, Bequemlichkeit oder mangelhafte Sozialkompetenzen können für die schleppende Aufnahme oder Weitergabe von Informationen verantwortlich sein.

Darüber hinaus können ungeeignete Rollendefinitionen und Rollenzwänge Lernprozesse behindern (vgl. March/Olsen 1990, S. 386 f.). Die Gewinnung neuen Wissens wird z.B. durch ein zu enges Rollenverständnis der Mitarbeiter erschwert, die sich lediglich als isoliert-ausführendes Subjekt begreifen. Die Anwendung neuen Wissens unterbleibt, wenn der Einzelne zwar Lernfortschritte am Arbeitsplatz erzielt, diese aber wegen kollektiver Rollenerwartungen und/oder starrer Routinen nicht in ein verändertes Verhalten umsetzen kann.

*Permanenter Erfolg/»defensive Strategien«*

Viele Lernpsychologen betonen den besonderen Nutzen konfliktärer oder krisenhafter Situationen, die u.a. durch Fehlentscheidungen der Vergangenheit oder widersprüchliche Umweltsignale entstehen (vgl. Dodgson 1993, S. 380; Pawlowsky 1992, S. 217 ff.; Probst/Büchel 1998, S. 49). Auch neurobiologisch gilt als erwiesen, dass der Mensch aus negativen Erlebnissen mehr bzw. besser lernt als aus positiven. Ein wichtiger Motor ist demnach das Lernen aus Fehlern (vgl. hierzu auch Maier/v. Rosenstiel 1997). In diesem Zusammenhang scheinen vor allem Führungskräfte Schwierigkeiten zu haben: Gerade diese Personengruppe ist es aufgrund ihres beruflichen Erfolges und ihrer allseitigen Bestätigung nicht gewohnt, Fehler und Irrtümer produktiv für sich zu nutzen. Der hohe Anspruch der Top-Manager an sich selbst und übertriebenes positives Denken führen ferner zu sog. *defensive routines*, mit denen die eigene Verantwortung für Fehler zurückgewiesen und Zweifel an der Richtigkeit bestimmter Entscheidungen unterdrückt wird (vgl. Argyris 1991, S. 99 ff.; ders. 1994, S. 79 ff.; Probst/Büchel 1998, S. 76).

*Status- und Kulturgrenzen*

Eine ähnliche Beeinträchtigung findet sich bei Vorbehalten gegenüber untergebenen Stellen oder alternativen Funktionsbereichen. Insbesondere innerbetriebliche Subkulturen stellen Grenzen der Informations- und Wissenübertragung dar (vgl. von der Oelsnitz 2000c, S. 114; Schein 1997). Der Grund: Unterschiedliche Professionen überbewerten ihre Bedeutung für den Unternehmenserfolg bzw. unterbewerten die Beiträge anderer Bereiche. Diesem Verhalten liegt oft eine unterschiedliche Problemsicht zugrunde: So lehnen Fertigungsingenieure den von Kundenmanagern geäußerten Wunsch nach veränderten Produktvarianten gern als zu teuer oder »vorübergehende Modeerscheinung« ab. Und nicht wenige Führungskräfte pflegen Verbesserungshinweise ihrer Untergebenen grundsätzlich zu ignorieren (vgl. Kanter 1983, S. 101).

*Lernfeindliche Strukturen und Kulturen*

Die meisten Unternehmen setzen immer noch auf Hierarchie und Kontrolle. Dies sorgt für lange Dienstwege und fördert risikoscheues Verhalten; Eigeninitiative und internes Unternehmertum werden unterdrückt. Hinzu kommen allein auf den Einzelnen bezogene Anreizsysteme und enge Arbeitsplatzzuschnitte, die zum Wissensaustausch nicht ermutigen und Lernerfahrungen »on the job« kaum zulassen. Diese Herangehensweise schlägt sich in der Regel auch in einer entsprechenden Unternehmenskultur nieder, in der Information als knappes, wertvolles Gut betrachtet wird, worunter nicht zuletzt auch die bereichsübergreifende Kommunikation leidet.

*Mikropolitische Eigeninteressen*

Durch Lernen veränderte Verhaltensanforderungen werden von vielen Unternehmensangehörigen als Bedrohung empfunden. Eine wichtige Ursachenkategorie für Lernmängel sind demnach persönliche und gruppenbezogene Egoismen. Oft ist auch die Angst vor einem schleichenden Bedeutungsverlust der eigenen Position bzw. des eigenen Ressorts dafür verantwortlich, dass neues Wissen im Unternehmen zwar grundsätzlich verfügbar ist, im Bedarfsfall jedoch nicht abgerufen wird. Machtpolitische Erwägungen unterbinden überdies die Weitergabe von Wissen (vgl. Hanft 1996, S. 141 ff.; Coopey 1995 sowie Abschnitt 4.4.4).

Diese Auflistung besitzt frappierende Ähnlichkeit mit den in Abschnitt 2.3 beschriebenen Symptomen eines lediglich begrenzt rationalen Entscheidungsverhaltens. Sie zeigt deutlich, dass es in der Praxis nicht nur viele Lerngelegenheiten gibt, sondern mindestens genauso viele Lernbarrieren. Im Endeffekt hemmt ein nahezu unüberschaubares **Ursachenbündel** an den unterschiedlichsten Stellen im Unternehmen den Lernprozess (vgl. Abb. 12). Dies wirkt sich letztlich nicht nur schädlich auf die Gewinnung von Informationen aus, sondern behindert außerdem deren weiterführende Teilung und Nutzung. Insofern ist es wichtig, den **organisationalen Lernprozess kritisch zu analysieren** und die bestehenden Lernhemmnisse systematisch aufzudecken.

| **Lern-barrieren...** | auf der Individualebene | auf der Gruppenebene | auf der Organisationsebene |
|---|---|---|---|
| kognitiv | • defensive Routinen<br>• mentale Modelle<br>• physiologische Informations-grenzen | • Groupthink<br>• Subkulturen | • Dominante Logik<br>• Selbstzufrie-denheit |
| politisch | • Information als Machtressource<br>• Karrierestreben | • Bereichs-egoismen<br>• Funktions-konkurrenz | • Konkurrenten-absprachen<br>• Zusicherung an Dritte über die Nichtnutzung von Infos |
| strukturell | • restriktiver Arbeitszuschnitt<br>• Entscheidung-zentralisation<br>• mangelhafte Informations-anbindung | • überzogene Divisionali-sierung<br>• ungeeignete Teambildung<br>• Schnittstellen | • fehlende Außenkontakte<br>• Bürokratismus |

**Abb. 12:** Organisationale Lernbarrieren im Überblick

Dass betriebliche Lernschwächen und eine suboptimale Nutzung der vorhandenen Wissensbasis von **großer praktischer Relevanz** sind, belegt eine Studie *des Fraunhofer-Instituts für Arbeitswirtschaft und Organisation (IAO)* aus dem Jahre 1997. Von über 300 schriftlich oder mündlich befragten Unternehmen in Deutschland bewerteten nur 20% die Nutzung des im Unternehmen vorhandenen Wissens als gut oder sehr gut. Und nur ein geringfügig höherer Prozentsatz hielt den Wissenstransfer zwischen den Mitarbeitern für gut oder sehr gut. Dieses Ergebnis war unabhängig von der Branche, Größe oder Organisationsform der befragten Unternehmen (vgl. Bullinger/Prieto 1998, S. 95). Es darf vermutet werden, dass die Resultate heutiger Studien nicht wesentlich anders aussähen.

Vorhandene Lernbarrieren sind schwierig aufzudecken, da sie meist im Verborgenen wirken. Dies gilt für persönliche Defizite ebenso wie für politische Blockaden. Von daher existiert kein Königsweg der organisationalen Lernförderung; strukturelle Maßnahmen müssen neben kulturelle und personalwirtschaftliche Interventionen treten (vgl. Kapitel 5). Der Umbau eines althergebrachten, auf Kontrolle und Weisung fußenden Unternehmens zu einem umweltoffenen, experimentier- und lernfreundlichen Sozialsystem stellt somit eine echte Herausforderung dar.

## 3.6 Zusammenfassung

- Aus kognitiver Sicht wird unter Lernen die Veränderung der organisationalen Wissensbasis verstanden. Auf diese Weise wird primär eine prozessuale Perspektive eingenommen: Lernen verkörpert den »Einstiegsprozess« ins betriebliche Wissensmanagement; denn was an neuen Kenntnissen und Einsichten nicht erworben wird, kann letztlich auch nicht verteilt und genutzt werden.

- Lernen entsteht vor allem durch die reflexive Auseinandersetzung mit den Ergebnissen des eigenen Handelns. Dies verlangt keine sofortige Verhaltensänderung, sondern erweitert das Verhaltenspotenzial. Die generelle Lernkompetenz einer Organisation ist angesichts der zunehmenden Umweltdynamik nicht nur eine bestandserhaltende Notwendigkeit, sondern unverzichtbar für die wettbewerbliche Profilierung.

- Nach inhaltlichen Kriterien kann adaptives von generativem Lernen unterschieden werden; nach zeitlichen Maßstäben kommt entweder ein proaktives oder ein reaktives Lernen in Frage. Infolge sich immer weiter ausdifferenzierender Kundenansprüche und eines zunehmend aggressiven Konkurrentenverhaltens reicht ein lediglich adaptives bzw. reaktives Lernen in vielen Fällen nicht mehr aus.

- Heutzutage muss ein Unternehmen permanent um- und neu lernen. Ein typischer Lernfehler besteht im Verharren bei erfolgreichen Produkten und Technologien, wodurch lediglich adaptiv gelernt wird. Damit verbunden ist das Problem, eine Balance zwischen wissensaufbauenden und wissensnutzenden Aktivitäten finden zu müssen. In den meisten Unternehmen dominiert die Nutzung des bekannten Wissens. Besser ist es jedoch, ausgetretene Pfade rechtzeitig zu verlassen und in neues Wissen zu investieren. Hierzu ist das Lernen zu lernen, um »mit System« Innovationen hervorbringen zu können.

- Lernbarrieren schwächen die Wettbewerbsfähigkeit einer Organisation. Aus diesem Grund ist die kritische Analyse der organisationalen Lernprozesse unverzichtbar. Die Ursachen für Lernbarrieren sind dabei oft sehr komplex; paradoxerweise ist das im Laufe der Unternehmensentwicklung angesammelte Wissen sowohl spezifische Kompetenz als auch Quelle zukünftiger Unbeweglichkeit. Im Endeffekt ist immer ein Bündel aus persönlichen, strukturellen und kulturellen Defiziten für betriebliche Lernschwächen verantwortlich.

## Vertiefungsliteratur zu Kapitel 3

*Güldenberg, S.* (2001): Wissensmanagement und Wissenscontrolling in lernenden Organisationen, 3. Aufl., Wiesbaden; insbesondere Kap. 1 und 2.
*Probst, G./Büchel, B.* (1998): Organisationales Lernen, 2. Aufl., Wiesbaden.
*Wahren, H.-K.* (1996): Das lernende Unternehmen, Berlin/New York.
*Wiegand, M.* (1996): Prozesse Organisationalen Lernens, Wiesbaden.

# 4 Teilprozesse (»Bausteine«) des organisationalen Wissensmanagements

## 4.1 Überblick

Kein Zweifel: Wissensmanagement ist im Begriff, Praxis und Wissenschaft dauerhaft zu durchdringen. Dabei entstehen nicht nur neue Studiengänge – z.B. bietet die Technische Universität Chemnitz inzwischen den internationalen »Executive Master of Knowledge Management« an –, sondern auch **neue Berufsbilder**. In vielen Unternehmen haben sich mittlerweile Stellen (oder gar ganze Abteilungen) etabliert, die sich ausschließlich mit dem Management der Ressource Wissen beschäftigen. So hat MCKINSEY die Position eines »Direktor Wissensmanagement« geschaffen, der hauptamtlich für die internen Wissensprozesse verantwortlich ist. Bei ACCENTURE – vormals Andersen Consulting – beschäftigt sich der »Chief Knowledge Officer« mit der technologischen Infrastruktur, der »Knowledge Base Integrator« und der »Knowledge Developer Administrator« hingegen mit der Integration bzw. Entwicklung neuen Wissens (vgl. Gattermeyer 1997, S. 54). Einige Firmen platzieren überdies sog. Wissensbroker in ihren Organigrammen (vgl. von Krogh/Venzin 1995, S. 427).

All diese Leute dienen sowohl als symbolisches »Sprachrohr« des Produktionsfaktors Wissen als auch als »Übersetzer« der Unternehmensziele in Wissensziele (vgl. zum Aufgabenspektrum professioneller Wissensmanager ausführlicher Davenport/Prusak 1999, S. 225 ff.; Probst/Raub/Romhardt 1999, S. 367 ff.; Hansen/von Oetinger 2001). Die Arbeit an und mit Wissen ist jedoch keineswegs nur für Leitungsstellen relevant; die in Abschnitt 1 skizzierte Entwicklung zur Wissensökonomie bezieht letzten Endes immer mehr Mitarbeiter auch im operativen Kern eines Unternehmens in die Wissensarbeit ein (das wird in Consultingfirmen am deutlichsten).

Um die unterschiedliche Aufgabenstellung der *produzierenden* und der *dispositiven* Wissensarbeiter, die Reflex der eingangs erörterten Doppelnatur von Wissen im betrieblichen Wertschöpfungsprozess ist, besser zu verstehen, bietet sich eine Typologisierung von Nonaka und Takeuchi (1997,

S. 171 ff.) an. Hiernach gibt es in den »Knowledge intensive firms« der Zukunft **drei Arten von Wissensarbeitern**:

1. **Die Wissenspraktiker**. Diese Gruppe umfasst die eigentlichen Wissensträger bzw. Wissenserzeuger des Unternehmens, also Personen, die aufgrund ihres Expertenstatus oder wegen besonderer Erfahrungen und Außenkontakte den operativen Kern der Wissensarbeit bilden. Dies können entweder *Wissenswerker* sein, die primär implizites Wissen erzeugen, oder *Wissensspezialisten*, die vor allem mit explizitem Wissen umgehen. Zu der ersten Kategorie zählen Key Account-Manager, Verkäufer, Linienmanager, aber auch Handwerker oder Testfahrer. Zur zweiten Kategorie gehört insbesondere wissenschaftlich arbeitendes Personal, wie z.B. Chemiker in der F&E-Abteilung eines Pharmakonzerns, Entwicklungsingenieure oder Experten der Marktforschung. Wenn man so will, verkörpern die Wissenspraktiker »wandelnde Archive«.

2. **Die Wissensingenieure**. Sie sind als Middle-Manager an der Schnittstelle zu den Wissenspraktikern angesiedelt. Ihre Aufgabe ist es, eine Art Brückenfunktion wahrzunehmen und explizites mit implizitem Wissen zu kombinieren. Dazu ist das Detailwissen der Wissenspraktiker abzurufen und problembezogen miteinander zu vernetzen. Anschließend müssen die Wissensingenieure darauf dringen, dass das hierdurch neu entstandene Wissen in verbesserte Produktkonzepte oder effizientere Strukturen einfließt. Darüber hinaus sorgen sie dafür, dass in den Kanon der Unternehmensziele ausdrücklich auch Wissensziele aufgenommen werden. Die Wissensingenieure sind also Sprachrohr und Schaltstation zugleich.

3. **Die Wissensverwalter**. Dieser Typus entspricht den o.g. Leitungspositionen und wird im Wesentlichen vom Top-Management repräsentiert. Ihm obliegt die Wahrnehmung der normativ-dispositiven Wissensfunktionen: Seine Aufgabe ist es, die Bewirtschaftung des Wissens durch die anderen beiden Gruppen gesamtheitlich zu steuern. In diesem Sinne können die Wissensverwalter – die Titulierung erscheint insofern ein wenig irreführend – als Wissensmanager i.e.S. bezeichnet werden. Sie geben den wissensschaffenden Aktivitäten des Unternehmens eine Richtung, indem sie Maßstäbe hinsichtlich der Relevanz bestimmter Kenntnisse oder der Bewertung von Wissensvermögen set-

zen. Darüber hinaus übernehmen sie die Beziehungspflege zu externen Anbietern von Informationen und Wissen.

Wendet man sich von dieser institutionellen Sichtweise ab und einer eher funktionsbezogenen Perspektive zu, dann ist eine Präzisierung der von den einzelnen Wissensarbeitern zu leistenden **Tätigkeiten** möglich. Dabei existiert allein in der deutschsprachigen Literatur mittlerweile eine nahezu unüberschaubare Menge an Systematisierungen. So behandelt Güldenberg (2001, S. 250) die vier Grundfunktionen der Generierung, Speicherung, Transferierung und Anwendung von Wissen. Pawlowsky (1998, S. 21 ff.) hingegen bezieht sich auf die Handlungsfelder Identifikation/Generierung, Diffusion, Integration und Aktion/Nutzung von Wissen. Davenport/Prusak (1999, S. 111) nennen nur drei Teilprozesse: Generierung, Kodifizierung und Transfer.

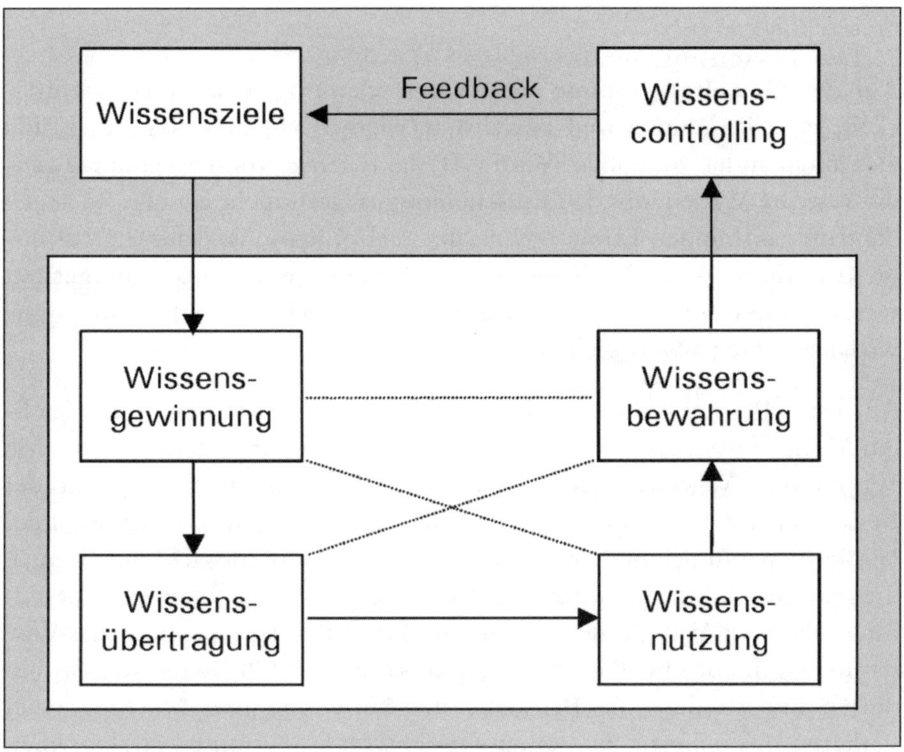


**Abb. 13:** Bausteine des Wissensmanagements (nach Probst/Raub/Romhardt 1999, S. 58)

Am weitesten verbreitet ist aber das **Konzept der Wissensbausteine** von Probst/Raub/Romhardt (1999; vgl. Abb. 13). Es ist deshalb hilfreich, weil es nicht nur den Blick für die Integrationsbedürftigkeit aller wissensbezogenen Aktivitäten schärft, sondern zugleich direkte Ansatzpunkte für Interventionen aufzeigt.

Diese Bausteine, die als miteinander vernetzte Prozess-Schritte begriffen werden können, wirken auf zwei unterschiedlichen Ebenen. Auf der **Steuerungsebene** sind zunächst die normativen, strategischen und operativen Wissensziele zu definieren. Diese Aufgabe ist deshalb wichtig, weil sie die weiteren Prozess-Schritte lenkt. Ebenfalls auf der Steuerungsebene befindet sich das Wissenscontrolling. Dieses kontrolliert periodisch oder permanent die gegenwärtige Wissensbasis und damit letztlich den Erreichungsgrad der vorgegebenen Wissensziele. Im Zuge dieser Kontrolle können z.B. Wissensbilanzen erstellt werden. Durch das Wissenscontrolling findet ein Rückkopplungsprozess statt, der den Managementregelkreis schließt.

Auf der **Gestaltungsebene** soll Wissen identifiziert, erworben, entwickelt, verteilt, genutzt und bewahrt werden. Auch diese Bausteine sind eng miteinander verwoben: Wird z.B. das teuer gewonnene und aufwändig verteilte Wissen von den Entscheidungsträgern nicht genutzt, so liegen die damit verbunden Erfolgspotenziale brach. Ebenso ist denkbar, dass hohe Investitionen in die Entwicklung personeller Wissensträger getätigt werden, diese aber aufgrund unzureichender Mitarbeiterbindung ohne wirklichen Gegenwert bleiben.

An dieses Bausteinkonzept wird im Folgenden – wenn auch mit leichten Modifizierungen – angeschlossen. So sehen wir die Identifikation von Wissen und Wissensträgern in einem engen Zusammenhang mit der Bestimmung der leitenden Wissensziele (vgl. Kapitel 4.2). Bestandteil der Wissensgewinnung sind sowohl die interne Wissensentwicklung als auch die externe Wissensakquise (vgl. Kapitel 4.3). Die weiteren Gestaltungsfelder der Verteilung, Nutzung und Bewahrung weisen für das Wissensmanagement ebenfalls einen erfolgskritischen Charakter auf. So bedürfen insbesondere die Bausteine der Verteilung und Nutzung einer stärkeren Beleuchtung zum einen hinsichtlich kognitionspsychologischer, zum anderen hinsichtlich mikropolitischer Aspekte (vgl. Kapitel 4.4 und 4.5).

Das Konzept der Wissensbausteine macht auch noch einmal den Unterschied zwischen organisationalem Lernen und organisationalem Wissensmanagement deutlich. Während ersteres primär ein deskriptives Erklärungskonzept ist (»Wie lernen Individuen und Kollektive«?), widmet sich letzteres vor allem der normativen Gestaltung (»Wie kann die Wissensarbeit von Unternehmen oder die Produktivität der Wissensressourcen verbessert werden«?).

Gleichzeitig geht Wissensmanagement inhaltlich über Lernen hinaus. Es will einerseits natürlich **Lernprozesse anstoßen** (»creation of knowledge«), muss andererseits aber auch die **Multiplizierung** und **Verwertung** der Früchte dieses Prozesses sicherstellen (»leveraging« bzw. »capitalization of knowledge«; vgl. ähnlich Sanchez/Heene 1997, S. 8 sowie Abb. 14). Wissensmanagement ist niemals Selbstzweck: Mehr zu wissen als der Wettbewerber muss sich am Ende in monetären Größen ausdrücken. Hierzu leisten die nachfolgend beschriebenen Teilprozesse einen wichtigen Beitrag.

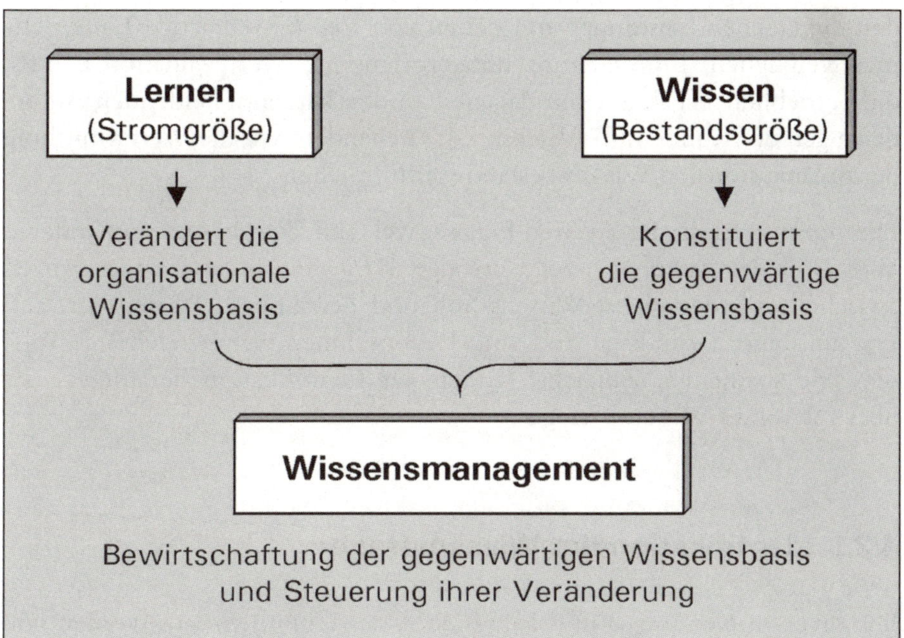


**Abb. 14:** Lernen, Wissen, Wissensmanagement

## 4.2 Wissensevaluation und Wissensziele

Um die unternehmerischen Wissensziele sachgerecht definieren zu können, muss zunächst der Wert des vorhandenen Wissens evaluiert werden. Dies setzt die *Identifizierung* der verschiedenen Wissensträger voraus, wodurch »Wissen über Wissen« gesammelt, d.h. die Frage beantwortet wird, was das Unternehmen insgesamt »weiß«. Das erfasste Wissen ist sodann nach zwei Kriterien zu bewerten:

1. Welchen Wert besitzt es gegenwärtig, d.h. welche Umsätze gehen derzeit auf bereits bestehende Kompetenzen zurück?
2. Welchen Wert werden diese Kompetenzen, gemessen an den Anforderungen des Wettbewerbs, in den nächsten Jahren besitzen?

Zur Einordnung des gegenwärtigen Wissens kann auf etablierte Ansätze der strategischen Analyse zurückgegriffen werden, so z.B. auf den *Wettbewerbervergleich*, bei dem die eigenen Fähigkeiten mit denen der direkten Konkurrenz verglichen werden. Einen erweiterten Maßstab liefert der branchenübergreifende Vergleich im Rahmen des *Benchmarking*: hier werden die eigenen Leistungen mit denen von sog. Best-Practice-Unternehmen verglichen. Eine eher nachfragerorientierte Wertevaluation bemisst die betrieblichen Fähigkeiten dagegen an den kaufentscheidenden Anforderungen der Kunden. In Abschnitt 4.7 behandeln wir die Wertermittlung der organisationalen Wissensbestände ausführlicher.

Die Beantwortung der zweiten Frage – welchen Wert besitzt vorhandenes Wissen in der Zukunft – zeigt etwaige *Wissenslücken*, also Diskrepanzen zwischen erforderlichem Wissens-Soll und derzeitigem Wissens-Ist, auf. Erst auf dieser Grundlage sind vom Unternehmen weiter reichende Wissensziele abzuleiten. Zunächst jedoch zur Identifikation derjenigen, die über relevantes Wissen verfügen.

### 4.2.1 Identifikation der Wissensträger

Die diversen Kenntnisse und Fähigkeiten des Unternehmens werden von verschiedenen **Wissensträgern** bereitgestellt. Es zeigen sich drei Kategorien (vgl. Abb. 15; ähnlich Amelingmeyer 2002, S. 54 ff.):

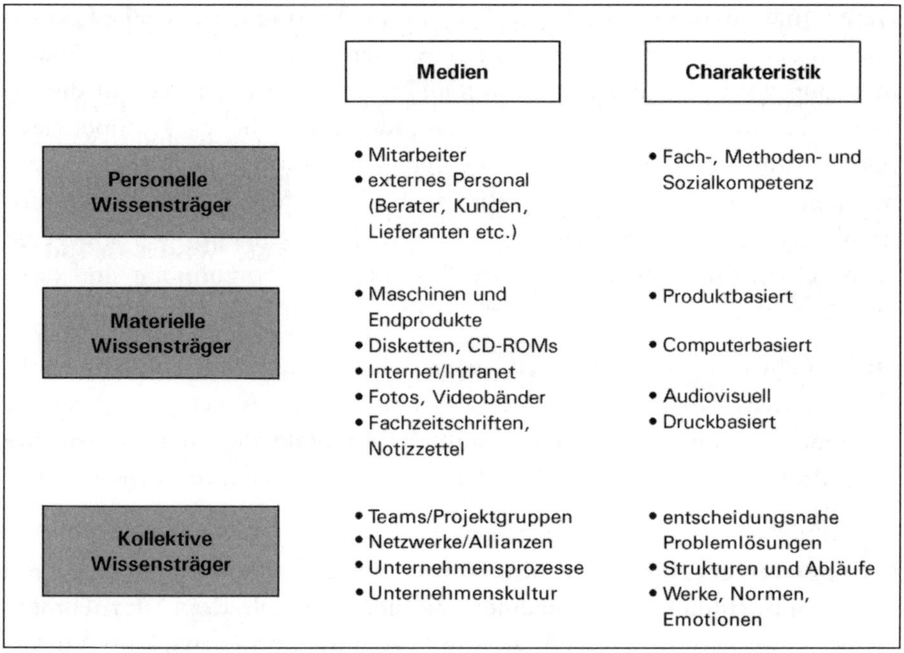


**Abb. 15:** Wissensträger im Unternehmen

Überraschend vielen Unternehmen fehlt die **Transparenz** über ihre Fähigkeiten bzw. ihre Wissensträger. So gaben Führungskräfte erfolgreicher Unternehmen wie IBM, AT&T oder AMERICAN AIRLINES in Befragungen an, dass ihnen vielfach nicht bekannt ist, wo sich ihr erfolgskritisches Wissen befindet und wie sie es »managen« sollen. Dies ist besonders ärgerlich, denn es wurden in diesem Fall bereits Ressourcen aufgewandt, um Wissen aufzubauen. Allein: es wird nicht erkannt und somit auch nicht genutzt.

Ein nahezu identisches Bild zeichnet eine aktuelle Unternehmensbefragung, die am Stiftungslehrstuhl für Unternehmertum der Universität Hohenheim durchgeführt wurde. Nicht einmal 5% der befragten Führungskräfte gaben an, dass ihre Mitarbeiter vollständig darüber informiert sind, welches Wissen im Unternehmen verfügbar ist. Mehr als 20% der Befragten meinen, dass ihre Mitarbeiter gar keinen Überblick über das zugreifbare Wissen haben. Nur ein Drittel ist der Ansicht, dass die Mitarbeiter mit dem für sie relevanten Wissen versorgt sind (vgl. o.V. 2002, S. 26). Der **Bedarf an Wissensidentifikation** ist also sehr groß.

Demzufolge stellt sich die Frage, wie die internen und externen Wissensquellen des Unternehmens lokalisiert werden können. In diesem Zusammenhang wird gern ein sog. *Leuchtturmprinzip* empfohlen, das auf die öffentlichkeitswirksame Herausstellung außergewöhnlicher Kompetenzen oder Leistungen zielt. Ebenjene werden metaphorisch als »Leuchttürme« bezeichnet und sollen – um im Bild zu bleiben – unternehmensweit ausstrahlen. In diesem Sinn wird allen Unternehmensangehörigen angezeigt, an welchem Ort nachahmenswerte Best-Practices vorzufinden sind (z.B. über Datenbanken mit Benchmarking-Ergebnissen).

Das Leuchtturmprinzip ist relativ vage gehalten und eher eine anschauliche Leitidee. Zur Aufspürung wertvollen Wissens dienen konkreter die folgenden, bereits von vielen Unternehmen praktizierten **Instrumente** (vgl. Probst/Raub/Romhardt 1999, S. 109ff.; Davenport/Prusak 1999, S. 152ff.; Eppler 1995):

- **Expertenverzeichnisse** und **Gelbe Seiten** enthalten in einer Art Telefonbuch diejenigen Personen, die sich innerhalb des Unternehmens mit bestimmten Problemen (z.B. in Forschung und Entwicklung) befassen oder befasst haben. Der Schweizer Chemiekonzern HOFFMANN-LA ROCHE hat auf diese Weise die Kenntnisse seiner weltweit tätigen Forscher zusammengestellt und zu themenspezifischen »Wissensinseln« verbunden. Die Suchkosten für Expertenanfragen konnten dadurch gesenkt werden.
- **Wissenskarten** sind graphische Verzeichnisse von Trägern, Beständen, Quellen und Anwendungen des Wissens, die auf Datenbanken gespeichert und zeit- und raumunabhängig größeren Personenkreisen zugänglich sind. So gibt die Untergruppe der *Wissensbestandkarten* darüber Auskunft, wo und wie gesuchte Inhalte gespeichert sind; denn es ist für den Nutzer ein Unterschied, ob er auf materielle Wissensträger oder Personen zurückgreifen kann bzw. muss. Demgegenüber veranschaulichen *Wissensträgerkarten*, zu denen u.a. die bekannten Wissenstopographien zählen, welche Wissensart bei welchen Wissensträgern zu finden ist. Den Wissenstopographien eng verwandt sind Wissensquellenkarten, die oft zusätzlich die Güte des gelagerten Wissens angeben. Derartige Karten sind allerdings nicht leicht zu erstellen und bedürfen zudem ständiger Aktualisierung.

- Das von McKinsey aufgebaute **Rapid Response Network** stellt den Kontakt zu Ansprechpartnern her, die sehr spezielle Fragestellungen beantworten können. Es dokumentiert zugleich die Erfahrungen aus vergangenen Beratungsprojekten. Grundlage ist ein spezielles Computersystem, das sowohl die persönlichen Kompetenzprofile der Berater als auch deren Datenbibliothek verwaltet. Das Rapid Response Network berührt damit zugleich die innerbetriebliche Wissensverteilung (ein Fallbeispiel geben Probst/Raub/Romhardt 1999, S. 242f.).
- Zur Erfassung externer Wissensquellen kann ferner auf die modernen **Informations- und Kommunikationstechnologien (IuK)** zurückgegriffen werden (vgl. Bode 1997, S. 49ff.; Hoffmann 2001, S. 78f.; Mertens et al. 2001, S. 44ff.; Stahlknecht/Hasenkamp 1999, S. 130ff.). Heute denkt man unwillkürlich zuerst an das *Internet*, das Abertausende von Computernetzwerken mit Millionen von Nutzern verbindet und der Übertragung von druckbasierten oder audiovisuellen Botschaften dient. Die Hypertextstruktur des Internets bedingt z. T jedoch eine zeitaufwändige und ineffiziente Informationssuche. Hier helfen *Suchmaschinen*, die die Informationsflut im Internet strukturieren und aktualisieren. Noch effizienter sind *Intelligente Agenten* und *Data Mining-Systeme* (vgl. auch Abschnitt 4.3.1). Beide Optionen basieren auf Computerprogrammen, die im Internet unter Berücksichtigung bestimmter Kriterien nach Informationen suchen und die relevanten Ergebnisse gegebenenfalls auf Festplatte speichern.

  *Homepages* und thematisch gebündelte *Portale* geben den Internetnutzern einen Überblick über die Aktivitäten von Organisationen oder Personen. Sie dienen damit – neben der Selbstdarstellung – ebenfalls Informationszwecken. Auf einer ähnlichen Grundlage werden organisationsinterne *Intranets* aufgebaut. Die Unternehmensangehörigen können auf firmeneigenes Material aus Marktstudien, Jahres- und Presseberichten oder Präsentationen zugreifen. Das Intranet wird damit zu einem Teil des »organisationalen Gedächtnisses« (vgl. Hennig/Stobbe 1999, S. 52f.; Lehner 2001, S. 238).

Der Einsatz der modernen IuK-Technologien ist heute unverzichtbar. Zu bedenken ist allerdings, dass die über diese Technologien gewonnenen Informationen stets **von Menschen zweckorientiert verknüpft** werden müssen (vgl. Abschnitt 2.1). Wissenstransparenz ist überdies kein freies Gut: Die Erfassung von Fähigkeiten und Kenntnissen **kostet Zeit und**

**Geld**. Die personellen, organisatorischen und finanziellen Aufwendungen zur Wissenserfassung sind zu ermitteln und mit den Wissenszielen abzugleichen, d.h. sie sollten in einer vernünftigen Relation zueinander stehen – mehr ist nicht gleich besser. Deshalb sollte die »Überdokumentation« von Wissen auf jeden Fall vermieden werden (vgl. Schneider 2001, S. 85 f.).

Viele der besprochenen Instrumente zur Wissensidentifikation zielen zudem **primär auf explizites Wissen**, da implizites Wissen sich kaum in formalen Dokumenten oder Datenbanken erfassen lässt (vgl. Davenport/Prusak 1999, S. 149; Hansen/Nohria/Tierney 1999, S. 92). Das komplexe Wissen von Personen oder Gruppen ist zu vielschichtig und zu eng mit dem unmittelbaren Aufgabenvollzug verknüpft, als dass es sich direkt abspeichern ließe. Untersuchungen von XEROX bzw. der DELPHI CONSULTING GROUP bestätigen dies: Hiernach befinden sich 42% des Unternehmenswissens in den Köpfen der Mitarbeiter und nur 12% auf Datenbanken (vgl. Gehle/Mülder 2001, S. 21).

Das betriebliche Wissen ist zu einem guten Teil auch in den Strukturen, Prozessen und der Kultur eines Unternehmens zu finden. In einem abstrakten Sinne handelt es sich um **Regeln**, die für eine Organisation koordinierend und motivierend wirken (vgl. von der Oelsnitz 2000a, S. 22f.). Regeln sind die Folge praktischer Erfahrungen, sie verkörpern geronnenes Wissen: »In Regeln kann neben explizitem Wissen auch implizites Wissen (...) gespeichert und transportiert werden, das der Regelschöpfer dem handelnden Akteur ansonsten kaum explizit kommunizieren und bewusst machen könnte« (Burr 1998, S. 315).

### 4.2.2 Die organisationale Wissensbasis

Die Kenntnisse und Erfahrungen der Wissensträger bilden die Wissensbasis einer Organisation. Diese umfasst somit das gesamte individuelle und kollektive Wissen, auf das die Organisation mehr oder minder gut zugreifen kann (vgl. Pautzke 1989, S. 63). Die Größe und Zugänglichkeit der Wissensbasis ist für die Evaluation des gegenwärtigen Wissensbestandes von zentraler Bedeutung. Zu ihrer näheren Beschreibung empfiehlt sich ein fünfschichtiges Modell (vgl. ebenda, S. 79 bzw. Abb. 16).

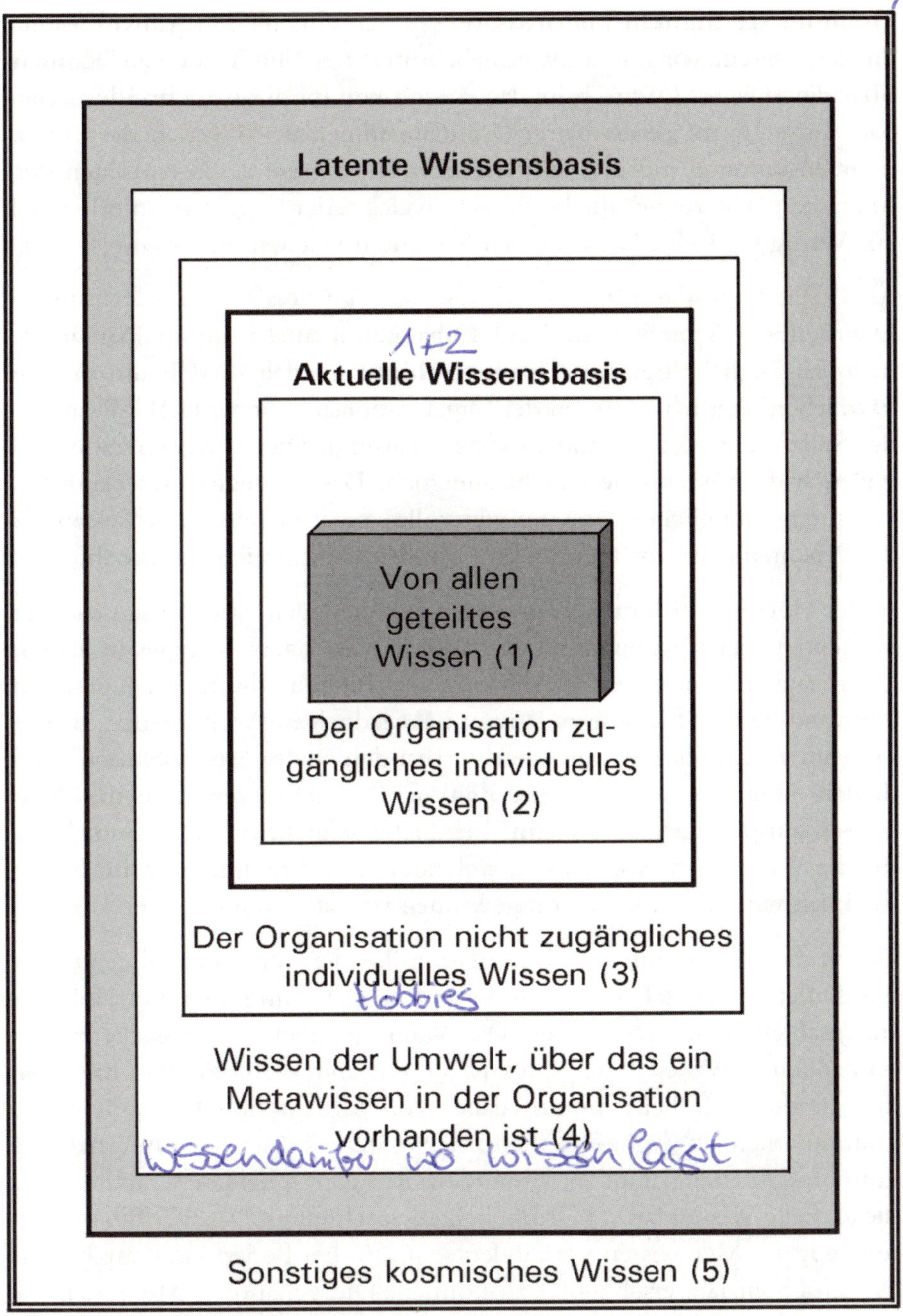


**Abb. 16:** Schichtenmodell der Wissensbasis

Die **innerste Schicht** bildet das Wissen, das von allen Organisationsmitgliedern geteilt wird, d.h. es besteht unter den Mitgliedern ein Konsens über die Inhalte. Dadurch ist das Wissen kommunizierbar und integrierbar, was z.B. auf gemeinsame Grundannahmen im Rahmen der Unternehmenskultur zutrifft. Die **zweite Schicht** umfasst das in einzelnen Personen gespeicherte berufliche Wissen, welches der Organisation prinzipiell zur Verfügung steht. Diese beiden Schichten machen die *aktuelle Wissensbasis* aus.

Die weiteren Schichten sind der Organisation nicht unmittelbar bis gar nicht zugänglich: Bei der **dritten Schicht** handelt es sich um privates bzw. lebensweltliches Wissen der Organisationsmitglieder (z.B. Wissen aus der Sphäre der Hobbys und Freizeitgestaltung). Dieses Wissen kann oder will sich die Organisation nicht aneignen. Dessen ungeachtet handelt es sich hierbei möglicherweise um wertvolles, geschäftsrelevantes Wissen, das die Personen aber aus bestimmten Gründen nicht preisgeben möchten.

In der **vierten Schicht** ist »Metawissen« angesiedelt, also Wissen darüber, wo jenseits der Organisation relevantes Wissen lagert. Selbiges ist z.B. in Universitäten oder externen Archiven vorhanden und mit einem gewissen Aufwand beschaffbar. Dieses Wissen liegt jedoch im Verborgenen, d.h. es ist – im Augenblick – nur latent vorhanden. Jedes Unternehmen sollte deshalb über eine ausreichende Zahl an Personen verfügen, die dieses Wissen aufspüren. **Schicht fünf** beinhaltet schließlich das gesamte »kosmische Wissen«, das Weltwissen, welches sich natürlich immer nur bruchstückhaft von der Organisation gewinnen lässt.

Durch die atemberaubende Informationsflut der Wissensgesellschaft wird die Differenz zwischen der äußersten Schicht und den betrieblichen Innenschichten immer größer. Die Wahrscheinlichkeit, dass theoretisch vorhandenes Wissen auch effektiv in die unternehmerische Entscheidungsfindung einfließt, nimmt daher von Schicht fünf bis Schicht eins kontinuierlich ab (vgl. Romhardt 1998, S.41). Für das Unternehmen kommt es folglich darauf an, zumindest die inneren beiden Schichten, also die aktuelle Wissensbasis, bestmöglich auszuschöpfen. Darüber hinaus sollte genügend Metawissen vorhanden sein, um bei Bedarf rasch zusätzliche Wissenspotenziale erschließen zu können. Die genannten Methoden der Wissensidentifikation sind hierbei sehr hilfreich.

### 4.2.3 Definition der Wissensziele

Allgemein versteht man unter einem Ziel eine angestrebte Entwicklung oder einen angestrebten Zustand. Die Definition von Sollzuständen ist für eine geordnete Unternehmensentwicklung zentral und somit eine unabweisbare Managementaufgabe. Dabei verkörpern Wissensziele eine Teilkategorie von Zielen; ein typisches Wissensziel ist die Entwicklung und Pflege von Kernkompetenzen. Die Vorgabe von Wissenszielen ist ferner im Rahmen lerninduzierter Unternehmenspartnerschaften nötig (vgl. Abschnitt 4.3.3).

Wissensziele müssen aus den allgemeinen Unternehmenszielen entwickelt, näher operationalisiert und in ein schlüssiges Zielsystem überführt werden (vgl. Staehle 1999, S. 441 ff.; Fritz/von der Oelsnitz 2001, S. 95 ff.). Ziele haben in den meisten Fällen eine **strategische** Bedeutung, können aber auch **operativ** ausgerichtet sein, insbesondere was die Gestaltung der betrieblichen Prozesse und Funktionen betrifft. Kurzfristige, d. h. auf Wochen oder Monate bezogene Wissensziele sind z. B. die Aktualisierung eines Expertenverzeichnisses oder der kurzfristige Erwerb bestimmter Wissensinhalte.

In den Unternehmen sollten ferner grundsätzliche, **normative** Wissensziele existieren. Diese müssen auf der unternehmenspolitischen Ebene verankert werden und zwar so, dass das organisationale Wissensmanagement seiner übergeordneten Querschnittsaufgabe nachkommen kann. Hierzu gehört u. a. die Vorgabe eines Wissensleitbildes oder die Schaffung einer adäquaten Wissenskultur. Der Bezug dieser Ebene zum alltäglichen Organisationsgeschehen ist zwar nicht immer unmittelbar herstellbar, betrifft deshalb jedoch keineswegs weniger wichtige Festlegungen.

Somit können **drei Zielebenen** des organisationalen Wissensmanagements differenziert werden (vgl. Abb. 17; ähnlich Probst/Raub/Romhardt 1999, S. 71 ff.; Amelingmeyer 2002, S. 161 ff.; Gehle/Mülder 2001, S. 36). Wir wollen uns im Weiteren auf die **strategischen Wissensziele** konzentrieren, denn diese stellen das Bindeglied zwischen den normativen und den operativen Wissenszielen dar und sind für den mittelfristigen Geschäftserfolg entscheidend.

Ein typisches strategisches Wissensziel ist der bereits erwähnte Aufbau von Kernkompetenzen bzw. die Übertragung dieser Kompetenzen auf neue

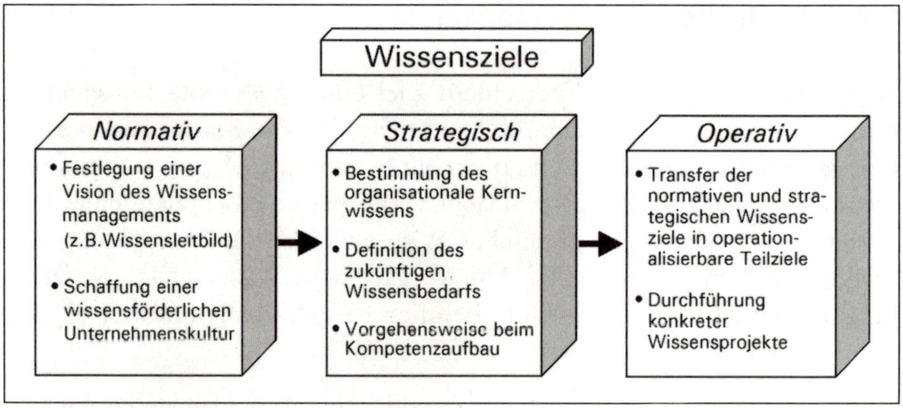


**Abb. 17:** Ebenen von Wissenszielen

Geschäftsfelder. Damit strahlt die Definition von Wissenszielen auch auf die Wissensstrategie aus, also auf die Frage, wer was in welchen Zeiträumen zu lernen oder weiterzugeben hat. Der Zeithorizont strategischer Wissensziele ist mittel- bis langfristig angelegt, denn gerade die Entwicklung einzigartiger Fähigkeiten bedarf eines gewissen Zeitaufwandes (vgl. Abschnitt 1.2).

Um sich nicht zu verzetteln und die vorhandenen Ressourcen effizient auf die aussichtsreichsten Fähigkeiten zu konzentrieren, bietet sich in Abwandelung des klassischen BCG-Portfolios eine sog. **Markt/Kompetenz-Matrix** an (vgl. Krüger/Homp 1997, S. 105 bzw. Abb. 18). Diese kombiniert die Markt- mit der Unternehmenssicht: Die vorhandenen Kompetenzen werden danach bemessen, wie gut das Unternehmen sie beherrscht und wie attraktiv die mit diesen Fähigkeiten zu bearbeitenden Märkte sind.

In **Feld 1** (»Transferieren«) wird versucht, eine überlegene Kompetenz aus einem wenig attraktiven bzw. gesättigten Markt auf ein zukunftsträchtigeres Betätigungsfeld zu übertragen. Zum Beispiel könnte TOSHIBA seine Flachdisplays jetzt eher in Flachbildschirm-TV-Geräte und weniger in Handys einbauen.

In **Feld 2** (»Nutzen«) impliziert das Wissensziel, eine außerordentliche Fähigkeit weiter intensiv zu nutzen und möglichst lange – z.B. durch eine

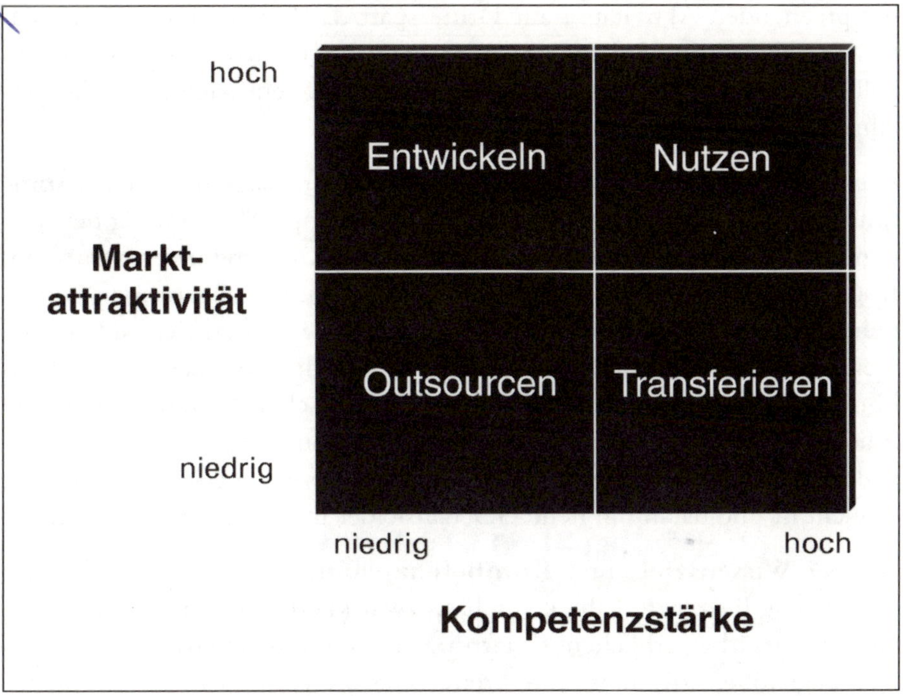


**Abb. 18:** Markt/Kompetenz-Matrix

konsequente Weiterentwicklung – zu erhalten. Die günstige Position, die das Unternehmen in diesem Segment besitzt, fordert es also zur Ausbeutung (Exploitation) seines bestehenden Wissens auf.

Demgegenüber ändert sich das Wissensziel in **Feld 3** (»Entwickeln«) deutlich: Hier steht nun der Aufbau neuen Wissens (Exploration) im Vordergrund. Das Unternehmen sieht sich möglicherweise aufgrund einer technologischen Innovation dazu gezwungen, die bisherigen Fähigkeiten aufzugeben und sich neue zu erwerben, um einen weiter als profitabel eingeschätzten Markt auch in Zukunft konkurrenzfähig bearbeiten zu können.

**Feld 4** (»Outsourcen«) schließlich beinhaltet die bewusste Aufgabe vorhandenen Wissens. Dies empfiehlt sich, wenn mit der betreffenden Fähigkeit nur unattraktive Märkte zu bedienen sind oder der Know-how-Rückstand zu den Wettbewerbern sehr groß ist. Durch Auslagerung der entsprechenden Aktivitäten auf Dritte spart das Unternehmen Geld, das für die Felder 1 und 3 genutzt werden kann. Da die Kompetenz in diesem Fall ohnehin nicht besonders ausgeprägt war, besteht auch nicht die Gefahr des empfindlichen Wissensverlustes.

Die Markt/Kompetenz-Matrix hilft den Wissensmanagern bei der Bestimmung von Prioritäten. Sie illustriert ferner die enge Abstimmung der strategischen Wissensziele mit der übergeordneten **Unternehmensstrategie**. Insgesamt besteht jedoch eine Wechselbeziehung: Die allgemeinen Unternehmensziele müssen zunächst in entsprechende Wissensziele »übersetzt« werden. Die Wissensziele bzw. die Evaluation der aktuellen Wissensbasis können ihrerseits zur Veränderung der strategischen Unternehmensziele führen. Dies ist z.B. dann der Fall, wenn besondere Kompetenzen aufgedeckt werden, für die gegenwärtig noch keine angemessene Verwertung erreicht ist und daraufhin neue Geschäftsfelder ins Auge gefasst werden.

Bei der **Wissensziel**- und **Kompetenzplanung** ist zu bedenken, dass eine zu eng begrenzte Fähigkeitenbasis zwar kurzfristig rentabel sein mag, aber zur wettbewerblichen Erstarrung des Unternehmens führen kann. Demgegenüber erleichtert eine breite Basis die Kombination verschiedener Wissensstränge und erhöht damit die strategische Flexibilität. Die Definition der strategischen Wissensziele muss zudem die *Lerngeschwindigkeit* der Organisation berücksichtigen, die u.a. davon abhängt, ob aus internen oder externen Quellen gelernt wird. Zu schnelles Lernen kann, bedingt durch die voreilige Festlegung auf bestimmte Wissenspfade, in eine strategische Sackgasse führen. Langsames Lernen vereinfacht die Vereinigung komplementärer Ressourcen, muss aber letztlich mit der Änderungsgeschwindigkeit der Umwelt Schritt halten können.

Um wirklich effektiv zu sein, bedürfen die strategischen Wissensziele der **operativen Umsetzung**. Probst/Raub/Romhardt (1999, S. 87 ff.) schlagen **drei Schritte** vor, wie sich die strategischen Wissensziele in den operativen Bereich übersetzen lassen:

1. Zunächst müssen den strategischen Wissenszielen entsprechende Zielgruppen und Zeithorizonte zugeordnet werden. Beispielsweise können verschiedene Abteilungen von der Durchführung eines strategischen Ziels betroffen sein. Unter anderem ist anhand des Organigramms zu bestimmen, welche Stellen in welchem Zeitraum mit wissensrelevanten Aufgaben in Berührung kommen.

2. Der zweite Schritt sieht vor, die abgeleiteten Wissensziele mit den anderen operativen Unternehmenszielen abzugleichen. Dies setzt die Aufdeckung der bestehenden Zielbeziehungen voraus. Sodann müssen etwaige Zielkonflikte zwischen den herkömmlichen Zielen und den Wissenszielen angesprochen und – z.B. durch Vorgabe von Zielprioritäten – verbindlich geregelt werden.

3. Schließlich müssen die für einen bestimmten Unternehmensbereich gesetzten operativen Wissensziele auf einzelne Abteilungen, Projekte, Arbeitsgruppen und Personen »heruntergebrochen« werden. Im Extremfall besitzt jeder einzelne Mitarbeiter einen persönlichen Arbeitsplan.

Die strategischen Wissensziele der Organisation sollten nicht nur Top-Down »verordnet« werden; insbesondere in der Wissensökonomie erscheinen **Gegenstromverfahren** oder **Bottom-Up-Ansätze** Erfolg versprechend. Die Übersetzung von Wissenszielen ist möglichst auf allen Managementebenen zu reflektieren und rückzukoppeln. Ferner muss sichergestellt sein, dass die verfolgte Wissensstrategie mit der organisationalen Infrastruktur abgestimmt ist (vgl. Gattermeyer 1997, S. 53).

Da durch Ziele eine Soll-Situation festgelegt wird, die nach einem bestimmten Zeitraum mit dem Ist-Zustand zu vergleichen ist, kommt ihrer **Quantifizierung** eine große Bedeutung zu. Klar formulierte Ziele sind letztlich eine unverzichtbare Voraussetzung für die Wissenskontrolle (vgl. Romhardt 1998, S. 298 f.). Die Quantifizierung von Zielen setzt numerische Werte, sinnvolle Maßeinheiten, eine Messvorschrift sowie eine schlüssige Messmethode voraus. Diese Anforderungen gelten weniger für normative Ziele.

Die Bestimmung von Wissenszielen ist letzten Endes auch eine Frage der Unternehmensidentität. Erst wenn Wissen im Geschäftsverständnis als zentraler Erfolgsfaktor erkannt wird, ergibt sich ein entsprechendes Selbstverständnis. Und erst wenn das Unternehmen sich als Wissensorganisation begreift, wird es zur Definition zweckmäßiger Wissensziele kommen und geeignete Wissensstrategien entwickeln.

## 4.3 Wissensgewinnung

Anhand der Evaluation von Wissensträgern und Wissensbasis lassen sich – nach Abgleich mit den gestellten Wissenszielen – etwaige Wissenlücken identifizieren. Aus diesem Abgleich ergibt sich der Bedarf an benötigtem Wissen, das vom Unternehmen baldmöglichst zu generieren ist. Dabei setzt die interne Wissensgewinnung bei eigenen Anstrengungen an. Wissen kann aber auch durch Kauf oder Tausch erworben werden. Darüber hinaus sind Zwischenformen denkbar (z.B. Kooperationen mit anderen Unternehmen oder Institutionen).

Die folgende Abbildung umfasst die wichtigsten Optionen der betrieblichen Wissensgewinnung. Es handelt sich um Vorgehensweisen, die unternehmensspezifisch miteinander kombiniert werden können. Die Wissensgewinnung stellt den **praktischen Einstieg** in die nachfolgenden

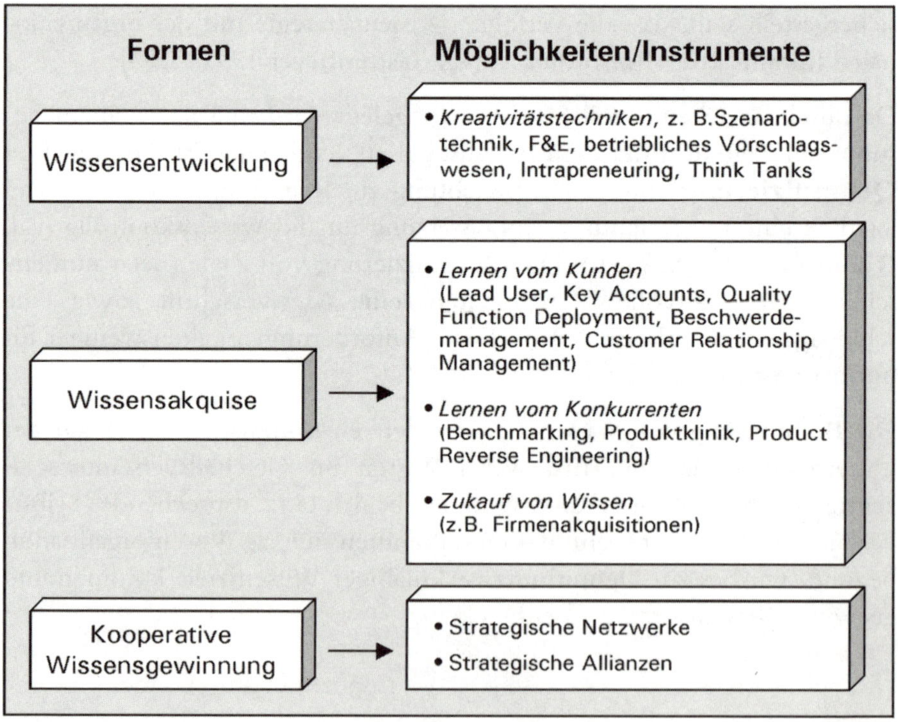


**Abb. 19:** Optionen der betrieblichen Wissensgewinnung

Bausteine des Wissensmanagements dar; sie ist eng mit dem Phänomen des organisationalen Lernens verknüpft.

### 4.3.1 Wissensentwicklung (interne Wissensquellen)

Bevor wir auf konkrete Methoden der internen Wissensgewinnung eingehen, möchten wir den Prozess, der in Unternehmen dazu führt, dass neue Kenntnisse und Einsichten entstehen, etwas grundsätzlicher beschreiben. Wir stützen uns dabei auf die mittlerweile sehr populäre Arbeit von Ikujiro Nonaka und Hirotaka Takeuchi (1997).

Für Nonaka und Takeuchi liegt der Schlüssel zum wirtschaftlichen Erfolg der japanischen Industrie in ihrer wesentlich stärkeren Beachtung des impliziten Wissens. Während sich westliche Manager vor allem an kodifizierbarem, explizitem Wissen orientieren, haben die Japaner gelernt, systematisch implizites in explizites Wissen umzuwandeln (und umgekehrt). In ihrer **»Theorie der Wissensschaffung«** vertreten die Autoren die Auffassung, dass der Prozess der Wissensentwicklung auf der individuellen Ebene beginnt, sich dann in Form der sog. *Wissensspirale* über Gruppen auf das gesamte Unternehmen ausbreitet und am Ende sogar die Organisationsgrenzen überschreitet (vgl. Nonaka/Takeuchi 1997, S. 68 ff.).

Dabei kommen theoretisch **vier Formen der Wissensumwandlung** zum Tragen (vgl. ebenda, S. 74 ff.):

#### 1. Sozialisation

Der Schlüssel zum Lernen ist hier das Erfahrungswissen, welches ausschließlich auf der impliziten Ebene (»von implizit zu implizit«) ausgetauscht wird. So kann ein Mitarbeiter handwerkliches Wissen nicht nur sprachlich, sondern auch durch Beobachtung und Nachahmung erlernen. In diesem Zusammenhang wird gern auf das Beispiel der Entwicklung des neuen Brotbackgerätes von MATSUSHITA hingewiesen. Das Problem bestand hier in der Mechanisierung des (ansonsten manuellen) Teigknetens. Die Fertigkeit des Knetens gehörte zum impliziten Wissen eines Chefbäckers, das auch durch noch so einfallsreiche Methoden nicht aufgedeckt werden konnte. Also gingen Mitarbeiter von MATSUSHITA in die »Lehre«

des Chefbäckers, um sein Geheimnis zu ergründen. Eines Tages bemerkten sie, dass der Bäcker den Teig nicht nur drehte, sondern auch in einer ganz bestimmten Weise dehnte. Das daraufhin entwickelte Brotbackgerät ahmte diesen Prozess nach und wurde ein großer Verkaufserfolg.

## 2. Externalisierung

Im Rahmen der Externalisierung wird implizites Wissen in explizites Wissen umgewandelt. Dabei nimmt das implizite Wissen oft die Form von Metaphern (z.B. »Hotelbrot«) oder Analogien (z.B. »Chefbäcker des Osaka International Hotels«) an. In diesem Fall ist die Fülle an bildlicher Sprache und Phantasie bei denjenigen, die neues (Produkt-)Wissen schaffen, ein entscheidender Faktor. Die Metapher ist eine Form der intuitiven Erfassung einer Sache durch die bildliche Vorstellung einer anderen. Sie erzeugt eine neue Interpretation, indem sie den Zuhörer auffordert, eine Sache im Lichte einer anderen Perspektive zu sehen und führt so oftmals zu einer neuen Realitätserfahrung. Auf ähnliche Weise ermöglicht die Analogie das Verständnis des Unbekannten durch das Bekannte. Die Kreativitätstechnik der *Synektik* arbeitet nach demselben Prinzip. Nur wenn Wissen explizit wird, kann es vom gesamten Unternehmen genutzt werden.

## 3. Kombination

Bei der Kombination werden verschiedene Bereiche des expliziten Wissens wiederum in expliziter Form ausgedrückt oder miteinander verbunden (»von explizit zu explizit«). Dies bezieht sich vor allem auf deklaratives Wissen, das u.a. in Schulungen oder durch Datenbanken vermittelt wird. Ein gutes Beispiel ist der Lebensmittelhersteller KRAFT, der Daten vom Point of Sale nicht nur zur Umsatzkontrolle einzelner Produkte nutzt, sondern diese auch zur Optimierung seines Vertriebssystems heranzieht. Durch die Neuzusammenstellung des vorhandenen expliziten Wissens können neue Kompetenzen entstehen.

## 4. Internalisierung

Die Internalisierung schließlich bildet das Gegenstück zur Externalisierung: hier wird explizites Wissens mit der Zeit zu implizitem Wissen. Dies

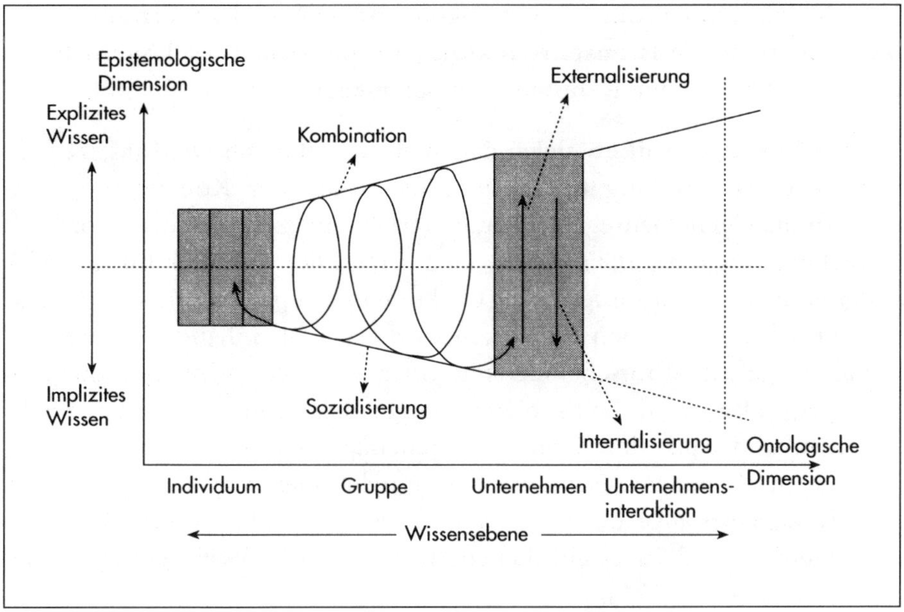


**Abb. 20:** Die Wissensspirale (Quelle: Nonaka/Takeuchi 1997, S. 87)

ist z. B. der Fall bei der praktischen Anwendung von theoretisch Erlerntem. Wenn Erfahrungen in Form von mentalen Modellen oder technischen Fertigkeiten internalisiert werden, stellen sie eine wertvolle Wissensressource dar. Oft sind sich die Wissensträger dieser Kenntnisse jedoch gar nicht (mehr) bewusst, weshalb systematisch gerade implizit vorhandenes Wissen aufgespürt und sichtbar gemacht werden muss. Der Prozess der Internalisierung mündet im operativen Bereich in Wissen, das u. a. in Projekten oder komplexen Produktionsprozessen Anwendung findet.

Abb. 20 zeigt, wie die vier Formen der Wissensumwandlung in der **Wissensspirale** zusammenwirken und sich dabei gegenseitig auf ein immer höheres Niveau heben. Für sich allein besitzen alle Umwandlungsformen nur ein begrenztes generatives Potenzial (beispielsweise vergrößert die Kombination von explizitem Wissen die organisationale Wissensbasis nur sehr geringfügig). Erst die dynamische Interaktion zwischen den verschiedenen Formen vermag wirklich neues Wissen zu erzeugen.

Vor diesem Hintergrund bieten sich verschiedene **Instrumente** oder **Techniken der Wissensentwicklung** an, mit denen das Unternehmen aus eigener Kraft neue Kenntnisse schöpfen kann:

- **Kreativitätstechniken** zielen darauf ab, systematisch Denkansätze z. B. bei der Ideenfindung für Neuprodukte oder der Konzipierung von Werbeanzeigen anzuregen. Hierzu werden einerseits intuitiv-assoziative Techniken wie das *Brainstorming* eingesetzt. Diese Technik nutzt – wieder einmal – die inspirierenden Effekte von Gruppenprozessen. Bei systematisch-heuristischen Techniken wird versucht, anhand mehrerer Lösungswege die Wahrscheinlichkeit einer optimalen Lösungsfindung zu steigern. Dazu wird die Problemstellung zunächst in »Einzelteile« aufgespalten und dann durch die anschließende Neukombination der Elemente nach neuen Lösungswegen gesucht. Der *morphologische Kasten*, *Problemlösungsbäume* oder die *Nutzwertanalyse* sind Beispiele für diese Technik (vgl. dazu ausführlicher Higgins/Wiese 1996; Fritz/von der Oelsnitz 2001, S. 126 ff.).

- Als besonderes Instrument der Unternehmensplanung beschäftigt sich die **Szenariotechnik** mit der Entwicklung alternativer Zukunftsbilder. Aufgrund von Szenarien kann die Qualität und Art des Wissens abgeschätzt werden, das zur Bewältigung zukünftiger Aufgaben notwendig erscheint. Ziel der Szenariotechnik ist daher weniger eine punktgenaue Zukunftsprognose als vielmehr die Stimulierung strategischen Lernens (vgl. Hungenberg 2001, S. 144). Bei der Szenarioformulierung werden mentale Modelle sichtbar, Wissen wird gemeinsam entwickelt (vgl. Edvinsson/Brüning 2000, S. 199; Fink/Schlake/Siebe 2000). Die Szenariotechnik lässt sich somit auch im Rahmen des Innovationsmanagements anwenden.

- Neue Ideen entstehen selbstverständlich auch in der hauseigenen **Forschung & Entwicklung** – für viele Unternehmen gilt diese exponierte Form der Wissensentwicklung als *die* Wertschöpfungsquelle schlechthin. Zumindest in Großunternehmen bilden professionelle F&E-Abteilungen das Forum für kollektive Lernprozesse, in denen Wissen nicht nur generiert, sondern auch auf andere betriebliche Bereiche übertragen wird. Die einzelnen Phasen eines typischen F&E-Prozesses korrespondieren dabei eng mit den Phasen der organisationalen Wissensentstehung (vgl. Bürgel/Zeller 1998).

- Zur Generierung von Produkt-, Prozess- oder Sozialinnovationen dient vielen Unternehmen seit langem das **betriebliche Vorschlagswesen**. Hierbei sollen die Mitarbeiter über ein monetäres Anreizsystem motiviert werden, neue Ideen und Informationen in die betriebliche Praxis einzubringen (vgl. Gomez/Probst 1995, S. 263f.; Probst/Raub/Romhardt 1999, S. 191f.). An dieser Form der Ideenentwicklung wird zu Recht ihre ungünstige Symbolwirkung kritisiert: Kreativität ist im Unternehmensalltag offensichtlich etwas Außergewöhnliches, das zusätzlich honoriert werden muss. Darüber hinaus bleiben die Anregungen der Mitarbeiter oft inhaltlich auf deren unmittelbaren Aufgabenbereich beschränkt.

- Eine besondere Variante des Gruppenlernens stellen sog. **Think Tanks** dar. Derartige »Denkfabriken« bestehen in der Regel aus interdisziplinär zusammengesetzten Teams (z.B. Ingenieure, Designer, Ökonomen, Psychologen, Historiker), die projektbezogen, d.h. flexibel und losgelöst von der jeweiligen Primärorganisation, agieren. Darüber hinaus wird oftmals bewusst auf eine kulturell gemischte Personalzusammensetzung (»Diversity Recruiting«) gesetzt. BMW hat einen solchen Think Tank als GmbH ausgegliedert. Der Roadster Z 1, der Geländeroadster Z 18 sowie das Zweirad C 1 wurden dort entwickelt. Bei DAIMLER-CHRYSLER ist die Aufgabenstellung noch weiter gespannt: Hier untersucht eine Forschungsgruppe namens »Gesellschaft und Technik« auch neue gesellschaftliche Lebensmodelle, die u.a. Medien, persönliche Lebensstile oder Energiefragen betreffen (vgl. o.V. 2001c, S. 12).

Zur Unterstützung dieser Instrumente der Wissensentwicklung bieten sich diverse Informations- und Kommunikationstechnologien an (vgl. ausführlicher Gentsch 1999; Kriegel 2000; Mertens et al. 2001; Stahlknecht/Hasenkamp 1999). Sollen Daten zu Information und zu Wissen verdichtet werden, so stellt speziell das **Data-Mining** ein solides Tool dar (vgl. Chamoni/Gluchowski 1999). Über schlichte Anwendungen wie die Erstellung von Kundenprofilen oder Kaufverhaltensanalysen hinausgehend, liefern Data-Mining-Systeme Informationen über weit komplexere Zusammenhänge. Von besonderem Wert für die Wissensentwicklung ist dabei das Zusammenspiel von maschineller »Intelligenz« und interpretierenden Menschen. Bei geschickter Anwendung kann das Data-Mining durchaus »zur strategischen Waffe im Kampf um Kunden und Marktanteile« werden (Gentsch 1999, S. 63). Bei flächendeckendem Einsatz trägt es allerdings weniger zur Entstehung von Wettbewerbsvorteilen als vielmehr zur präventiven Verhinderung von Wettbewerbsnachteilen bei.

Insgesamt muss bei der Anwendung sämtlicher Methoden stets gefragt werden, mit welchem organisatorischen, finanziellen und technischen Aufwand diese verbunden sind. Das Management hat hier über eine typische **Make or Buy-Problematik** zu entscheiden. Möglicherweise lässt das Unternehmen die angesprochenen Aufgaben besser von externen Dienstleistern erledigen oder versucht, im Rahmen von Kooperationen zu lernen. Sind die neu zu gewinnenden Kenntnisse aber sehr sensibel und/oder unternehmensspezifisch, dann kann sich – jenseits von reinen Kosten/Nutzen-Erwägungen – doch eher die interne Wissensentwicklung empfehlen.

### 4.3.2 Wissensakquise (externe Wissensquellen)

Die Entkoppelung des Wissensentwicklungsprozesses von den gesetzten Wissenszielen führt zur Verschwendung knapper Mittel. Insofern ist letztlich der gesamte Prozess der Wissensgewinnung – also auch die externe Wissensakquise – einer kritischen Bewertung zu unterziehen. In jedem Unternehmen sollten beide Arten der Wissensgenerierung gegeneinander abgewogen und, falls immer möglich, miteinander kombiniert werden. So kann beispielsweise die Wissensgewinnung über den Kauf von erfolgreichen Konkurrenzprodukten den Schwerpunkt bilden und die Produktverbesserung über das interne Vorschlagswesen unterstützend hinzukommen oder unterentwickelte Komponenten werden im Wissenstausch mit Kooperationspartnern verfeinert und weiterentwickelt.

Sieht man von der Zusammenarbeit mit Universitäten oder selbstständigen Forschungsinstituten ab, dann existieren vor allem zwei bedeutsame Lernquellen: die Kunden sowie die Wettbewerber des Unternehmens.

#### a) Lernen von Kunden

Insbesondere bei der Produktentwicklung gilt es, die Interessen und Neigungen der späteren Produktverwender möglichst frühzeitig zu berücksichtigen. Dabei nimmt der sog. **Lead User** eine wichtige Rolle ein (vgl. Nagel 1993; Sattler/Schrader 1995, Sp. 1000; Fritz/von der Oelsnitz 2001, S. 133).

Lead User sind Kunden, deren zukünftige Verwendung des Produktes aus zwei Gründen wichtig sind (vgl. von Hippel 1988, S. 107): Zum einen signalisieren diese Schlüsselkunden die zukünftigen am Markt vorherrschenden Bedürfnisse mit einem gewissen Vorlauf. Zum anderen haben sie, zumindest als gewerbliche Kunden, für ihre eigenen Abnehmer häufig bereits selbst schon Innovationen geplant, sodass sie dem Hersteller entscheidende Impulse für dessen eigene Produktentwicklung geben können. Die Kunden sind überhaupt eine unverzichtbare Ideenquelle: In manchen Branchen gehen 90% der Neuprodukt-Anregungen auf Kunden zurück (vgl. Simon/Tacke 1994, S. 163).

Die ROBERT BOSCH AG, die sich in der Sparte Fahrzeugelektronik u. a. mit der Entwicklung neuer Zulieferteile (z. B. Starter, Drucksensoren, Bremssysteme) befasst, setzt z. B. auf frühzeitige Kontakte mit ihren Hauptkunden, den Automobilherstellern. Diese treten zumeist mit direkten Anfragen an den Komponentenhersteller heran. In mehrköpfigen Entwicklungsteams arbeiten dann Auftraggeber und hauseigene Ingenieure, Verfahrenstechniker und Fertigungsplaner zusammen an der neuen Problemlösung.

Mit Hilfe von Lead Usern konzipierte Produkte werden erfahrungsgemäß wesentlich schneller vom Markt aufgenommen. Dies hängt auch mit der Marktmacht oder dem Image der Schlüsselkunden zusammen, die, wie z. B. auch große nationale Fluggesellschaften, für ihre Ausrüster gleichzeitig als Referenz und Multiplikator fungieren. MICROSOFT, das in den 1980er Jahren für seinen Lead User IBM Mikrochips produzierte, verdankt IBMs Marktmacht seinen Aufstieg zum derzeit wertvollsten Unternehmen der Welt.

In ähnlicher Weise können auch Großkunden zur Kompetenzentwicklung beitragen. Derartige **Key-Accounts** sind z. B. ausländische Generalimporteure oder bedeutende Großhändler (vgl. Diller 1995, Sp. 1365; von der Oelsnitz 2000a, S. 69). Solche Großkunden sind für das Unternehmen keineswegs nur aus finanziellen Gründen wichtig. So hat z. B. ABB FLÄKT OY – ein Tochterunternehmen des skandinavisch-schweizerischen Elektrokonzerns ABB – im Rahmen eines umfassenden Reorganisationsprozesses seine Ressourcen und Kompetenzen neu ausgerichtet (vgl. Wallin 1997, S. 111 ff.). Dabei wurden die Schlüsselkunden quasi als »Koproduzenten« verstanden: »The close interaction between the Industrial Division and its most important customers helped the division to switch more quickly from competence building (for existing customers) to competence leveraging (for new export customers)« (ebenda, S. 117). Im Laufe dieses kundenunterstützten Lernprozesses wurden vor allem zwei Kompetenzfelder entwickelt: Umweltschutz und Druck/Papierverarbeitung.

Die frühzeitige Einbeziehung von Kundenwünschen in den Produktentwicklungsprozess gewährleistet auch ein Instrument, das ursprünglich in Japan entwickelt worden ist: das sog. **Quality Function Deployment**. Dieser Terminus bezeichnet ein Verfahren, mit dem kundenorientierte und technische Produktanforderungen im Entstehungsprozess eines Neuprodukts simultan berücksichtigt werden können (vgl. Hauser/Clausing 1988; Fritz/von der Oelsnitz 2001, S. 134). Dabei werden die technischen Produkteigenschaften schrittweise aus den manifesten oder latenten Anforderungen des Kunden an das neue Produkt entwickelt. Konzeptioneller Kern dieser Methode ist das sog. *House of Quality*, das graphisch darstellt, wie die Kundenwünsche in die technischen Konstruktionsmerkmale des Neuprodukts überführt werden können. Das Quality Function Deployment wird daher auch als »kundenwunschorientiertes Produktplanungsverfahren« bezeichnet (Brunner 1992, S. 42).

Eine weitgehend unterschätzte bzw. fehlverstandene Möglichkeit des Lernens von Kunden ist das **Beschwerdemanagement** (vgl. Stauss/Seidel 2002; Bruhn 1987). Aufgabe des Beschwerdemanagement ist es, Reklamationen von Kunden nicht mehr abwehrend zu beantworten, sondern als wichtige Informationsquelle zu erkennen und durch »aktives Zuhören« für gezielte Leistungsverbesserungen zu nutzen. Ziel muss es sein, nicht nur das Gefahrenpotenzial unzufriedener Kunden zu entschärfen, sondern zugleich von den in den Beschwerden zum Ausdruck kommenden Verwendungserfahrungen zu profitieren. Zu einem professionellen Umgang mit Beschwerden gehört von daher nicht nur die möglichst unbürokratische Beschwerdeannahme, sondern auch eine umfassende Beschwerdeauswertung.

Neben der direkten Einbeziehung des Kunden ist das **Customer Relationship Management** geeignet, kundenbezogene Kompetenzen für das Unternehmen aufzubauen (vgl. u. a. Rapp 2000; Fritz/von der Oelsnitz 2001, S. 105 f.). Das Customer Relationship Management geht dabei noch weiter als die herkömmliche Marktsegmentierung, da es nicht bei der Abgrenzung und Bearbeitung von Ziel*gruppen* stehen bleibt, sondern den Aufbau von Geschäftsbeziehungen zu einzelnen Ziel*personen* zum Gegenstand hat (sog. One-to-one-Marketing). Dies setzt in der Praxis allerdings eine nahezu lückenlose Sammlung und Auswertung kundenbezogener Daten voraus – eine Aufgabe, die viele Unternehmen bereits in den 1970er Jahren durch die Einführung integrierter Kundendatenbanken im Rahmen des Data Base Marketing erfüllen wollten.

Neben der Konzentration auf den Einzelkunden ist für das Customer Relationship Management die Herbeiführung wiederholter Austauschprozesse kennzeichnend. Damit verlagert sich der Blickwinkel von der Einzeltransaktion auf den Aufbau und die Pflege von längerfristigen Geschäftsbeziehungen zu ausgewählten Zielkunden. Für deren Selektion ist insbesondere der sog. *Customer Lifetime Value* entscheidend (vgl. Weiber/Weber 2000, S. 477). Durch die längerfristige Bindung des Kunden an das Unternehmen erschließen sich nicht nur Kostensenkungen und Ertragszuwächse, sondern auch potenzielle Lernmöglichkeiten (vgl. Aebi 2000, S. 11 f.).

Als Beispiele für diesen Vorzug des Customer Relationship Management lassen sich das »Kundenfeedback-Programm« von SAP und das »Customer-Visit-Programm« bei HEWLETT PACKARD anführen. Insbesondere in den HP-Niederlassungen in Österreich hat sich gezeigt, dass die Kundenerwartungen schneller wuchsen als die interne Produktentwicklung. Deshalb wurde das sog. *10Xprogramm* ins Leben gerufen, welches u. a. das »tiefere Verständnis der Kundenbedürfnisse« zum Ziel hat und hierfür unmittelbare Begegnungen institutionalisiert (vgl. Vorbeck/Heisig 2001, S. 166).

Dies ist umso wichtiger, als die Gefahr des Nicht-Lernens von Kunden nicht nur mit zunehmender funktionaler Distanz zum Markt, sondern auch mit der Größe des Unternehmens wächst. Direkte Kontakte zwischen Unternehmensmitgliedern und Kunden werden als Ergänzung der betrieblichen Marktforschung daher immer wichtiger.

### b) Lernen von Konkurrenten

Die zweite wichtige Informationsquelle bei der externen Wissensgewinnung bieten die Konkurrenten. Die Ansatzpunkte sind hier sehr vielfältig: sie reichen von der Lektüre publizierter Presseberichte über lose Gespräche mit Kunden oder Lieferanten des Wettbewerbers bis hin zur systematischen Konkurrenzbeobachtung.

Seitdem der US-amerikanische Kopiergerätehersteller XEROX versucht hat, seinen desaströsen Kostennachteil gegenüber dem japanischen Konkurrenten CANON durch einen groß angelegten Unternehmensvergleich wettzumachen, ist das **Benchmarking** als Instrument der strategischen Konkurrentenanalyse methodisches Allgemeingut geworden. Anhand des Benchmarkings wird das eigene Unternehmen mit den wichtigsten Konkurrenzunternehmen hinsichtlich Qualität, Technologie, Produktivität oder Kosten verglichen (vgl. Karlöf/Östblom 1994, S. 4; Camp 1994; Watson 1993). Auch das betriebliche Wissensmanagement kann natürlich zum Gegenstand einer solchen Analyse werden (vgl. dazu ausführlicher Tucher von Simmelsdorf 2000).

Dem Vergleich geht die gezielte **Suche nach Vergleichsgrößen** und Richtwerten – den sog. »Benchmarks« – voraus. In einem zweiten Schritt ist das **Vergleichsobjekt** zu bestimmen. Vergleichsobjekte können sowohl Unternehmen der eigenen Branche als auch anderer Branchen sein. Auch ein internes Benchmarking ist möglich: hier geht es dann vor allem um die Aufspürung der hausintern besten Lösungen, von denen die anderen Unternehmensteile lernen können. Dass bestimmte Ergebnisse und Verfahrensweisen – gleich ob intern oder extern – bereits real praktiziert werden, verschafft dem Top-Management eine wertvolle Argumentationshilfe, denn viele Reorganisationsmaßnahmen werden von den Betroffenen nur allzu gern mit dem Hinweis auf die Überzogenheit der hiermit verbundenen Ziele abgelehnt.

Benchmarking liefert aber nicht nur konkrete Verbesserungsanregungen und realistische Ziele, sondern hat zudem eine wichtige Signalfunktion: Es zeigt dem Unternehmen an, wie effizient und effektiv es derzeit arbeitet, wodurch gleichzeitig **bestehende Kompetenzdefizite sichtbar** werden. Dabei darf man sich nicht mit einer einmaligen Bestandsaufnahme zufrieden geben. Die heutigen Märkte sind durch permanente Produkt- und Prozessinnovationen gekennzeichnet, sodass gegenwärtige Best Practices schnell zu Branchenstandards werden. Benchmarking-Aktivitäten sollten deshalb einen kontinuierlichen Lernprozess anstoßen (vgl. Karlöf/Östblom 1994, S. 61). Auf diese Weise wird der entscheidenden Schwäche des Benchmarking begegnet: es ermöglicht in der Regel nur ein *adaptives* Lernen. Bleiben die Vergleichsprozesse auf die eigene Branche beschränkt, dann wird die Konkurrenz bestenfalls eingeholt, aber nicht überholt.

Eine interessante Variante des Benchmarking stellt die sog. **Produktklinik** dar (vgl. Wildemann 1996). Dabei sollen Best Practices bereits bei der Produktherstellung erarbeitet werden, wobei etwaige Leistungsunterschiede im Vergleich zu den Konkurrenten umgehend zu beheben sind. Somit geht es um die institutionelle Verankerung eines Lernkonzeptes, das seinen Ausgangspunkt in den Wettbewerberleistungen hat, im Weiteren aber direkt in den eigenen Produktionsstätten angesiedelt ist. Dabei lässt sich auch das bereits erwähnte betriebliche Vorschlagswesen einbeziehen. »Im Ergebnis erbringt die Zusammenführung von in- und externem Know-how mehr als nur eine Addition von Wissen. Vielmehr werden die eigenen Wissensträger im Unternehmen durch Kenntnisnahme der Vorteile anderer Lösungsansätze animiert, in neuen Dimensionen zu denken. Das führt dazu, dass Bestlösungen nicht bloß im Sinne einer Imitation kopiert werden, sondern eigene Ideen fließen ein, die zu einer Generierung von Know-how auf höherem Niveau führen« (ebenda, S. 48).

Benchmarking-Daten können von den Wettbewerbern freiwillig oder unfreiwillig zur Verfügung gestellt werden. Eine unfreiwillige Analyse liegt z. B. vor, wenn im Rahmen des **Product Reverse Engineering** Konkurrenzprodukte erworben und dann von den eigenen Experten in ihre einzelnen Bestandteile zerlegt werden. Diese Methode wird in vielen Branchen praktiziert – vor allem im Maschinenbau und der Pharmazie, aber auch bei Konsumgütern. Sie ist wohl der entscheidende Grund dafür, dass gerade bei technischen Produkten innerhalb kürzester Zeit nahezu identische Erzeugnisse am Markt existieren.

Als weitere Optionen der externen Willensgewinnung können der **Kauf** oder **Tausch von Wissen** angesehen werden (zu letzterem siehe Abschnitt 4.3.3). Wissen kann auch über den Kauf von Gütern und Dienstleistungen, verstanden als materialisierte Ergebnisse menschlichen Wissens, erworben werden. In diesem Sinn wird auch von **Wissenssurrogaten** gesprochen (vgl. Scheuble 1998, S. 50 ff.). So werden beispielsweise typische Wissensprodukte wie Patente, Lizenzen, »Blaupausen« oder Software gekauft, oder es wird auf das Angebot von Unternehmensberatungen zurückgegriffen. Darüber hinaus kann sachkundiges Personal von der Konkurrenz abgeworben werden, wodurch ebenfalls auch (Konkurrenten-) Wissen importiert wird (vgl. Probst/Raub/Romhardt 1999, S. 155ff.). Der stetig zunehmende Umsatz professioneller *Headhunter* deutet darauf hin, dass diese Form der Wissensakquise in Zeiten »härterer Bandagen« offensichtlich mittlerweile akzeptiert wird.

Analog kann auch über **Firmenakquisitionen** Know-how erworben werden. Ein derartiges Vorgehen war – in periodischen Wellen – schon immer populär. Beispielsweise erwarb GENERAL MOTORS 1985 die Mehrheit von HUGHES AIRCRAFT – ein Unternehmen, dass der exzentrische Milliardär Howard Hughes gegründet hatte. GM ging es damals um wertvolles Wissen über Antriebstechnik und Aerodynamik. Der Autobauer zahlte 4,7 Milliarden Dollar – die größte Summe, die bis dato für den Erwerb eines einzelnen Unternehmens aufgewendet worden war. Und IBM kaufte 1995 das Software-Unternehmen LOTUS für 3,5 Milliarden Dollar, was den Buchwert von LOTUS um das Vierzehnfache überstieg. Das Unternehmen war IBM deshalb so viel wert, weil es das spezielle Wissen von LOTUS im Hinblick auf Notes und weitere Software-Anwendungen erwerben wollte (vgl. Davenport/Prusak 1999, S. 117f.). Insgesamt ist es heute in zahlreichen Branchen gang und gäbe, dass – wie z.B. in der Pharmaindustrie oder im Softwarebereich – kleine, aber hochinnovative Unternehmen systematisch »geschluckt« werden.

Abgesehen von finanziellen Motiven erwarten sich viele Unternehmen davon bestimmte **Synergieeffekte** hinsichtlich der weiteren Stärkung oder Transferierung bereits vorhandener Kompetenzen. Zum Teil werden – analog zum *Diversity Recruiting* – bewusst unterschiedliche Fähigkeiten, Mentalitäten und Kulturen gesucht, um durch deren Kombination kreative Ergebnisse zu erzeugen. Innovationen entstehen dieser Auffassung zufolge weniger innerhalb der eigenen Grenzen als vielmehr durch die Zusammenführung unterschiedlicher Perspektiven (vgl. Leonard-Barton 1995, S. 63f.). Gerade bei Akquisitionen kann diese Vorgehensweise die Integrationskraft der übernehmenden Organisation aber auch überfordern (vgl. hierzu speziell Gretzinger/Matiaske/Weber 2002).

Akquirierende Unternehmen haben außerdem nicht selten Probleme, das begehrte Wissen exakt zu identifizieren und zu binden. So kaufte das US-amerikanische Elektronikunternehmen ELP Ende der 1980er Jahre die Firma GRIMES, um sich Zugang zur effektiveren Herstellung von Beleuchtungskörpern zu verschaffen. ELP merkte zu spät, dass es sich bei dem erfolgskritischen Expertenwissen von GRIMES um implizite und schwer zugängliche Spezialkenntnisse von Fachleuten handelte, die überdies nach der Akquisition ihren Arbeitgeber aus Enttäuschung umgehend verließen (vgl. Leonard-Barton 1995, S. 171).

Nicht zuletzt aus diesem Grund verzichten manche Unternehmen auf Akquisitionen und optieren im Bedarfsfall lieber für eine enge Kooperation. Die Halbleitersparte von SIEMENS entschied sich z.B. Mitte der 1990er Jahre dafür, die US-Firma 8x8 (vormals IIT), mit der man gemeinsam Mikrochips für ein Videokonferenz-System entwickelte, nicht zu erwerben, obwohl dies von den Größenverhältnissen her leicht möglich gewesen wäre. Als Grund für diese Haltung wurde angegeben, dass 8x8 einem »kreativen Sumpf« gleiche, der durch Aufkauf eher austrocknen als fruchtbar werden würde (vgl. Krück 2001, S. 287).

### 4.3.3 Interorganisationale Wissensgewinnung (Kooperation)

Bei der Unterscheidung verschiedener Lernebenen in Abschnitt 3.3 wurde neben dem betrieblichen auch der interorganisationale Lernkontext angesprochen; neues Wissen entsteht demnach auch durch zwischenbetriebliche Interaktionen. Dabei ist der eigentliche Wissensursprung »hinterher« oft gar nicht mehr auszumachen, denn die externe Wissensquelle wirkt in aller Regel auf die internen Wissensprozesse zurück. Die strikte Trennung zwischen interner und externer Wissensgewinnung ist überdies schon deshalb schwierig, weil insbesondere bei längerfristigen oder komplexen Partnerschaften die Außengrenzen der beteiligten Organisationen kaum noch eindeutig auszumachen sind.

Gewinnt ein Unternehmen seine neuen Kenntnisse und Fähigkeiten allein über eigene Quellen, liegt eine vollkommene *Eigenentwicklung* vor. Vergibt es Forschungs- und Entwicklungsaufträge an externe Einrichtungen, wie z.B. Forschungsinstitute, dann spricht man von reiner *Fremdentwicklung*. Kooperationen eröffnen hingegen eine Reihe von Übergangsmöglichkeiten (vgl. auch Romhardt 1998, S. 170). Eine spezielle Form der Unternehmenskooperation stellen **strategische Partnerschaften** dar. Sie werden von rechtlich und wirtschaftlich selbstständigen Unternehmen vollzogen, die zwecks gemeinsamer Zielerreichung freiwillig zusammenarbeiten. Nach der *Bindungsintensität* lässt sich zwischen loser Zusammenarbeit, Kooperationsvertrag und Gemeinschaftsunternehmen unterscheiden. Hinsichtlich der *Bindungsrichtung* kann sich die Partnerschaft auf horizontaler Ebene, d.h. auf der gleichen Wirtschaftsstufe, auf vertikaler Ebene, d.h. zwischen vor- und nachgelagerten Wirtschaftsstufen, sowie auf lateraler Ebene, also in unterschiedlichen Branchen, bewegen (vgl. Fritz/von der Oelsnitz 2001, S. 112ff.; Balling 1998, S. 19ff.).

Waren die ersten strategischen Partnerschaften hauptsächlich durch eine angestrebte Risikoteilung, die Stärkung von Finanzkraft sowie die Teilhabe am Markt-Know-how des Partners motiviert, so hat sich das Gewicht heute mehr und mehr auf **Wissensziele** und das **gemeinsame Lernen** verlagert. Den Hintergrund dafür bildet die wachsende Beschleunigung technologischer wie marktlicher Veränderungen (vgl. Pucik 1988, S. 78). Das wichtigste Kooperationsmotiv dürfte von daher heute der gemeinsame Aufbau von kapitalisierbarem Produkt-, Prozess- und Kunden-Know-how sein.

Dabei zeigt sich immer häufiger eine Zusammenarbeit zwischen Unternehmen, die zeitweise in einem bestimmten Segment kooperieren, ansonsten aber Konkurrenten bleiben. Wir fokussieren im Folgenden solche **strategischen Allianzen**. Dies geschieht nicht nur wegen ihrer empirischen Relevanz, sondern auch aufgrund ihres besonders interessanten Spannungsverhältnisses zwischen Partnerschaft und Wettbewerb (»Coompetition«). Zunächst soll die grundsätzliche Logik strategischer Partnerschaften jedoch anhand strategischer Netzwerke erörtert werden.

### a) Strategische Netzwerke

Netzartige Beziehungen sind mittlerweile in nahezu allen Branchen zu beobachten: im Automobilbereich, in der Biotechnologie, der Elektronik, dem Maschinenbau, dem Verlags- und Druckwesen, in der Bauindustrie sowie bei Versicherungen und Handel. Der Begriff des Netzwerkes bezieht sich in der Regel auf relativ stabile Beziehungen zwischen rechtlich selbstständigen, wirtschaftlich jedoch oft abhängigen Unternehmungen, die in der Regel auf verschiedenen Wertschöpfungsstufen tätig sind (z.B. zwischen Hersteller und Zulieferer oder Hersteller und Handel). Die sich daraus ergebende vertikale oder laterale Zusammenarbeit bindet mitunter sogar Endkunden ein (zu den vielfältigen Typisierungsmöglichkeiten vgl. Krebs/Rock 1994, S. 338f.; Sydow 1999, S. 285).

Netzwerke werden auch als »symbiotische Arrangements« bezeichnet, was ihre Grundintention gut beschreibt: nämlich für alle Beteiligten je spezifische Wettbewerbsvorteile zu generieren. Diese Vorteile resultieren aus der gezielten Verknüpfung individueller Kompetenzen und beziehen sich im Einzelfall auf Aspekte der Qualitätssicherung, Flexibilität und Kundennähe. In letzter Zeit rückt – wie erwähnt – verstärkt die Wissens- und Lernperspektive in den Vordergrund (vgl. Prange 1996; Wildemann 2000; Amelingmeyer/Specht 2000). Strategische Netzwerke können demzufolge auch als **Wissensnetzwerke** angelegt sein (vgl. Sydow/van Well 1999; Seufert/Back/von Krogh 2000).

Netzwerkstrukturen weisen aus der Wissensperspektive einen signifikanten Vorteil auf: Durch neue Möglichkeiten der Kombination eigener und fremder Ressourcen lassen sich neue Kompetenzfelder erschließen, die zu Innovationen auf bislang nicht betretenen Märkten führen können, insbesondere wenn es sich dabei um Märkte handelt, die aufgrund ihrer technologischen Komplexität zuvor von einem einzelnen Unternehmen nicht bedient werden konnten (vgl. Thiele 1997, S. 148f.).

Die folgende Abbildung zeigt ein sehr einflussreiches Netzwerk der Halbleiterindustrie, das aus vier eigenständigen »Unter-Netzwerken« besteht. Die strategisch führenden (sog. fokalen) Unternehmen sind INTEL, SIEMENS, MOTOROLA und TOSHIBA. Diese Firmen integrierten die Wertschöpfungsbeiträge einer Vielzahl kooperierender Unternehmen und arbeiten vielfach noch heute in ähnlicher Form zusammen.

Aufgrund ihrer besonderen Unsicherheit und Investitionserfordernisse stellt die **Halbleiterindustrie** mit weltweit über eintausend Partnerschaften eine der kooperationsintensivsten Branchen dar. Das dort gemeinsam entwickelte Wissen besteht aus **mehreren Arten** (vgl. Krück 2001, S. 268ff.):

- Das reine *Entwurfswissen* umfasst u.a. die Geometrie des integrierten Schaltkreises (Chip), der in miniaturisierter Form leicht herstellbar sein und wenig Strom verbrauchen soll. Dieses Wissen ist nur durch den Einsatz von komplexer Software (Electronic Design Automation) zu entwickeln.

- Beim *Fertigungswissen* handelt es sich um Wissen über die effiziente Herstellung. Hierzu gehören vor allem Kenntnisse der modernen Verfahrenstechnik.
- Das *Applikationswissen* umfasst technisches, informelles sowie praktisches Wissen, das zum Teil implizit ist und noch externalisiert und kombiniert werden muss. Auf diese Weise wird die technologische Einbindung des Wissens in andere Verwendungszusammenhänge (z.B. Produkte der Unterhaltungselektronik oder Telekommunikation) möglich.
- Besonders wichtig ist schließlich das *Systemwissen*, das als die gelungene Integration des Entwurfs-, Fertigungs- und Applikationswissens beschrieben werden kann. Das Systemwissen stellt im Endergebnis eine Kernkompetenz dar und wird angesichts eines sich weiter ausdifferenzierenden Spezialwissens zukünftig immer wichtiger (vgl. Abschnitt 5.2.3).

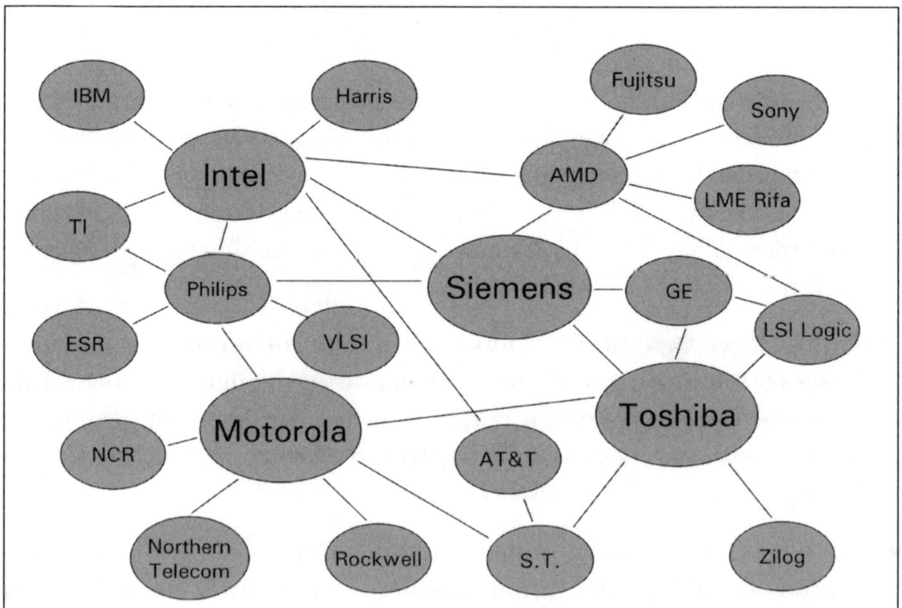


**Abb. 21:** Allianznetzwerke am Beispiel der Halbleiterindustrie (Quelle: Backhaus/Plinke 1990, S. 22)

Solche netzwerkgestützten Entwicklungsprozesse kürzen den Wissenserwerb allerdings nicht unbedingt ab. Im Gegenteil: sie können sehr störungsanfällig sein und erfordern ein erfahrenes Management.

### b) Strategische Allianzen

Obgleich in der Fachliteratur bislang keine eindeutige Definition von **strategischen Allianzen** vorliegt, besteht Übereinstimmung darüber, dass es sich hierbei um eine horizontale Koalition von mindestens zwei selbstständigen Konkurrenten handelt, die mit dem Ziel eingegangen wird, durch zeitlich und örtlich begrenzte Zusammenarbeit die jeweiligen Stärken in bestimmten Funktionen oder Geschäftsfeldern zu vereinen (vgl. Backhaus/Piltz 1990, S. 2; Hammes 1994, S. 22 ff.; Sjurts 2000, S. 83 ff.).

Im Kontext der Wissensperspektive steht insbesondere die Zusammenlegung und/oder gemeinsame Entwicklung von Kompetenzen im Vordergrund (vgl. von der Oelsnitz 2003; Badaracco 1991; Quélin 1997, S. 151 f.). So arbeitete bspw. die PHILIPS AG bei der Entwicklung der Compact Disk mit SONY zusammen. Und TOYOTA demonstriert die Flexibilität derartiger Arrangements: Kleinwagen werden derzeit zusammen mit PEUGEOT entwickelt, die Abgasreinigung wird im Teamwork mit VOLKSWAGEN verbessert und im neuen Mini von BMW schlägt bald ein Dieselherz von TOYOTA.

Die Partner werden den Erfolg der Allianz danach beurteilen, ob lediglich einseitige (»private benefits«) oder gemeinsame (»common benefits«) Nutzeneffekte erzielt wurden (vgl. Khanna/Gulati/Nohria 1998, S. 195). Wurden Fähigkeiten und Kenntnisse nur einseitig erlangt, so hat das negative Konsequenzen für die Dauer der Kooperation. Ungleichmäßige Nutzenzuwächse sind häufig Folge einer unterschiedlichen Lerngeschwindigkeit der Partner. Somit kommt es nicht selten zu einem dezidierten **»Learning race«** (vgl. Hamel 1991, S. 85).

Dabei hängt die organisationale Lernfähigkeit u. a. davon ab, inwieweit ein Unternehmen in der Lage ist, neues Wissen zu **absorbieren** (vgl. Cohen/Levinthal 1990; Lane/Lubatkin 1998; Burmann 2002, S. 238). Hierfür ist – neben der generellen Lernbereitschaft des Personals – die **Neuartigkeit** bzw. **Kompatibilität** des vom Partner übernommenen

**Wissens** ausschlaggebend. Ein den bisherigen Kenntnissen und Kompetenzen ähnliches Wissen ist leichter integrierbar. Allerdings ist homogenes Wissen oft weniger wertvoll für ein Unternehmen: Werden vom Partner eher heterogene Fähigkeiten übernommen, so ist c.p. ein höherer Lerngrad die Folge. Für den Erwerb neuer Kompetenzen empfehlen sich demnach solche Allianzen, die auf unterschiedlichen Ausgangsfähigkeiten beruhen (vgl. Dussauge/Garrette/Mitchell 2000, S. 120ff.; Hamel/Prahalad 1997, S.324).

Auch die **Art des ausgetauschten Wissens** ist für dessen Absorbierbarkeit wichtig. Untersuchungen zwischen japanischen und anglo-amerikanischen Unternehmen haben gezeigt, dass zwischen solitären Einzelfertigkeiten und umfassenderen Kompetenzen ein wesentlicher Unterschied besteht. Eine einzelne Technologie – z.B. die Struktur eines Halbleiter-Chips oder eines PKW-Getriebes – lässt sich wesentlich leichter übertragen (und damit auch erlernen) als eine komplexe Verfahrenskompetenz. Fernöstliche Unternehmen lernen in Allianzen oft deshalb mehr als ihre westlichen Partner, weil sie »nur schwer aus dem ganzen herauslösbare Stärken einbringen, wohingegen die westlichen Partner leicht kopierbare Technologie beisteuern« (Hamel/Doz/Prahalad 1989, S. 91). Die ausgesprochene Stärke speziell der Japaner besteht hingegen oft in ganzheitlichen Managementsystemen. Deren spezifische Bündelung von Firmen- und Landeskultur, implizitem Prozesswissen, Lieferantenintegration und Mitarbeiterschulung bleibt westlichen Partnern oft rätselhaft.

Viele Allianzen zwischen westlichen und japanischen Unternehmen wurden in der Vergangenheit von ersteren aus Unzufriedenheit über die Verteilung der Lernresultate aufgekündigt. Derartige Entscheidungen hingen aber auch mit weiteren **Problemen** von (Lern-)Allianzen zusammen. Diese bergen nämlich – insbesondere bei unzureichendem Management – erhebliche Risiken in sich (Verlust an Marktmacht, Preisgabe sensiblen Wissens, Abwehrreaktion der Unternehmensmitglieder) und können somit die Wettbewerbsposition eines Unternehmens auf längere Sicht verschlechtern (vgl. von der Oelsnitz 2003). Insgesamt sind Allianzen in ihren Ergebnissen und in ihrem Verlauf – trotz akkurater Vorbereitung – nicht vollständig planbar und besitzen daher oftmals den Charakter von Experimenten (vgl. Ciborra 1991).

Strategische Allianzen sind dann erfolgreich, wenn auf beiden Seiten klare Vorstellungen über die verfolgten Ziele bestehen und diese Ziele auch im

Hinblick auf bereits bestehende Stärken zusammenpassen. Entscheidend ist, dass keiner der Beteiligten nur lernen und nichts preisgeben will. Auf der anderen Seite zahlt sich aber auch eine sorglose Informationspolitik nicht aus. Wichtig ist letzten Endes der Aufbau von *Beziehungskapital*, welches vor allem auf gegenseitigem **Vertrauen** basiert. In empirischen Untersuchungen wurde nachgewiesen, dass dieses »Relational capital« positiv mit dem erreichten Lerngrad korreliert und weitgehend vor opportunistischem Verhalten des Partners schützt (vgl. Kale/Singh/Perlmutter 2000, S. 227 f.).

Darüber hinaus sollte jedes Unternehmen bestrebt sein, ein jeweils auf seine spezielle Situation zugeschnittenes Kooperations-Know-how zu erwerben. **Kooperations-Kompetenz** ist ein äußerst vielschichtiges Konstrukt, das aus einer Vielzahl von Elementen besteht, wobei der Erfahrung mit bereits eingegangenen Partnerschaften eine besondere Bedeutung zukommt (vgl. Simonin/Helleloid 1993, S. 226; von der Oelsnitz 2003). Gewinnt das Unternehmen diese besondere Expertise, dann erwirbt es neben dem »hartem« Wissen aus der unmittelbaren Kooperation auch darüber hinausgehende, prozedurale Fähigkeiten. Mit diesem wertvollen intangiblen Asset steigt nicht nur die Erfolgswahrscheinlichkeit zukünftiger Partnerschaften, sondern auch die Qualität der hierin erzielten Wissenszuwächse.

## 4.4 Wissensübertragung

### 4.4.1 Instrumentelle Optionen (»Wissens-Tools«)

Individuelles Wissen wird erst durch Verteilung bzw. Austausch zu kollektivem Wissen; und erst die »Zusammenlegung« partieller Wissensbestände lässt im Unternehmen selbst neues Wissen entstehen. Bei der Wissensübertragung verließ man sich lange allein auf elektronische Systeme. Heute trägt die Einsicht in die Bedeutung des impliziten Wissens dazu bei, dass wieder mehr auf die persönliche Weitergabe von Informationen gesetzt wird.

Wie Abb. 22 zeigt, basiert der organisationale Wissenstransfer auf insgesamt **vier Säulen**:

| | |
|---|---|
| *1. Elektronische Netze* | IuK-Technologien in Verbindung mit menschlicher Interaktion und Entscheidung |
| *2. Strukturale Ermöglichung* | Top-Down-Ansatz (Hierarchie), Gegenstromverfahren, funktionale Gliederung oder Spartenbildung |
| *3. Organisatorische Parallelstrukturen* | Wissensfördernde Einrichtungen als Ergänzung der funktionalen Strukturen |
| *4. Personelle Netzwerke* | Direkte Beziehungen zwischen den Mitarbeitern |

**Abb. 22:** Die vier Säulen der Wissensübertragung

### 1. Elektronische Netze

In einem großen Unternehmen kann nicht mehr jeder jeden kennen. Von daher verkörpern elektronische Netze wichtige Infrastrukturen, die die Wissensübertragung ermöglichen bzw. unterstützen. (Es wird in diesem Zusammenhang auch anschaulich von *Wissenslogistik* gesprochen.) Ziel ist es, die verstreuten Wissenspotenziale systematisch zu integrieren, um zu gewährleisten, dass für jede Problemstellung das entsprechende Wissen verfügbar ist (vgl. Schüppel 1996, S. 205). Dabei geht die Gewinnung bzw. Identifikation von Wissen der Verteilung logisch voraus.

Ein eindrucksvolles Beispiel liefert das viel beschriebene *ANet* von ANDERSEN WORLDWIDE (vgl. Quinn/Anderson/Finkelstein 1996b, S. 100). Dieses elektronische Netz verbindet über 80.000 Mitarbeiter in 360 Zweigstellen und 76 Ländern mittels Daten, Stimme und Bild. Auf diese Weise können über 85 % der Berater ihre Erfahrungen, Meinungen und Kenntnisse über bestimmte Kunden oder Projekte weltweit miteinander austauschen. Auch hier wird letztlich wieder auf die bekannten IuK-Technologien zurückgegriffen (vgl. Abschnitt 4.2.1).

Ähnlich bedeutsam sind verteilte Datenbanksysteme (vgl. Mainzer 1999, S. 210). Auf diese Technologie baut wiederum eine Reihe weiterer Tools auf. So unterstützen **Groupware-Technologien** die Kommunikation in schlecht strukturierten Aufgabenbereichen und dienen somit u.a. der Koordination von Teams. Hierbei existiert eine Vielzahl von Anwendungsmöglichkeiten in den Bereichen der gemeinsamen Informationsräume (z.B. Mehrbenutzer-Datenbanken), der Kommunikation (z.B. E-Mail- und Videokonferenzsysteme) sowie des Workgroup-Computing (z.B. Terminverwaltungssysteme oder Sitzungsunterstützungs-Tools; vgl. dazu ausführlich Lehner 2000, S. 337 f.; Stahlknecht/Hasenkamp 1999, S. 435 ff.).

Eine in der Praxis sehr geschätzte Anwendungsform von Groupware-Technologien ist **Lotus Notes**. Das System verbindet verschiedene Typen von Servern und Desktops in einem Netzwerk (vgl. Wagner et al. 2001; Davenport/Prusak 1999, S. 254 ff.) und lässt sich für verschiedene Zwecke nutzen: für das Management und die Reproduktion von Datenbanken ebenso wie für die Organisation von Diskussionsgruppen.

Lotus Notes wird oftmals im Verbund mit anderen Tools eingesetzt – u.a. mit *GrapeVINE*. Dessen Ansatz fußt auf einer stärkeren Strukturierung: Wenn *GrapeVINE* externe Datenbanken durchsucht, dann erfolgt diese Suche nicht nach Maßgabe simpler Schlüsselworte, sondern auf der Grundlage einer Wissensstrukturkarte, welche die unternehmenseigene Wissensbasis in Segmente einteilt und die so entstehenden Wissensfelder mit Deskriptoren kategorisiert. Dadurch ist es möglich, dass sich jeder Mitarbeiter ein persönliches Interessenprofil definiert, das seinen ureigenen Informationsbedürfnissen entspricht (vgl. Romhardt 1998, S. 196). Nutzbar sind dann u.a. auch Intelligente Agenten, Channel-Technologien, das Relevanzfeedback oder die Zugriffsaufzeichnung (vgl. Lehner 2000, S. 387 f.). Darüber hinaus können von verschiedenen Seiten Kommentare zu den vom Programm ermittelten Daten abgegeben und diesen somit ein informativer Mehrwert hinzugefügt werden.

Daneben existieren diverse Anwendungsmöglichkeiten der **Künstlichen Intelligenz**, die sich in drei Gruppen unterteilen lassen (vgl. Davenport/Prusak 1999, S. 245 ff.; Karagiannis/Telesko 2001; Luger 2001):

- *Expertensysteme* werden laufend durch Expertenwissen aktualisiert und arbeiten nach klaren Regeln der Wissenskategorisierung. Der Benutzer kann dementsprechend zielgenau auf gewünschte Informationen zugreifen. Beispielsweise fragt ein Versicherungsvertreter Wissen aus dem Bereich der Finanzplanung ab, das er für seine Arbeit benötigt.

- *Case-based Reasoning* verkörpert einen speziellen Auswertungsmechanismus für Fallanalysen, der weniger auf klaren, überschneidungsfreien Regeln basiert. Vielmehr will er in »Echtzeit« fließende Denkvorgänge im menschlichen Gehirn wiedergeben. Dabei soll die Farbigkeit und Kraft verbaler Aussagen mit kodifiziertem »Computerwissen« kombiniert werden. Dieses Verfahren wird beispielsweise im technischen Kundendienst eingesetzt.

- *Neuronale Netze* sind eher statistisch orientierte Instrumente, die ebenfalls Daten zur Kategorisierung nutzen. Unter anderem zählt das zur Wissensgewinnung benutzte Data-Mining zu solchen Netzen. Neuronale Netze stellen oftmals hohe Anforderungen an die Systemkenntnis ihrer Nutzer.

In den letzten Jahren sind **weitere Wissensmanagement-Tools** entstanden. Werkzeuge wie Livelink oder Hyperwave verbinden Dokumenten-Management-, Groupware- und oft auch Content-Management-Funktionen miteinander und ermöglichen es Mitarbeitern an verschiedenen Standorten, via Internet gemeinsame Wissensbasen aufzubauen, zu pflegen und zu nutzen. Im Rahmen unseres einführenden Textes können diese Entwicklungen jedoch nicht weiter vertieft werden.

Der Stellenwert der skizzierten Technologien sollte nicht unter-, aber auch **nicht überschätzt** werden; letztlich ersetzen sie nicht den Menschen, sondern *assistieren* ihm. Sämtliche Tools sind nur dann hilfreich, wenn sie den Nutzer effektiv einbinden können – man erinnere sich: Es ist der Mensch, der aus Daten Informationen macht. Die infrastrukturellen Maßnahmen des Wissensmanagements sollten dies stets beherzigen.

Verschiedene Studien zeigen, dass die effiziente Verwendung elektronischer Netze zudem von einem aufnahmebereiten unternehmenskulturellen Umfeld abhängt (vgl. Abschnitt 5.4). Darüber hinaus erbringt ein begrenzter Technikeinsatz oftmals bessere Resultate als eine überanspruchsvolle Rundumlösung (vgl. Probst/Raub/Romhardt 1999, S. 254). Auch einzigartige Problemstellungen, fehlende Systemkenntnis und gut funktionierende Low-tech-Mechanismen können die Anwendung technischer Verteilungssysteme im Unternehmen behindern (vgl. Goodman/Darr 1996, S. 11 ff.).

## 2. Strukturale Ermöglichung

Unabhängig von den technischen Möglichkeiten sollte überlegt werden, welches Wissen verteilt und welche Funktionen bzw. Personen an der Wissensverteilung beteiligt sein sollten. Diese Entscheidung sollte sich letztendlich an den Wissenszielen orientieren (vgl. Abschnitt 4.2). Der Anspruch, dass möglichst viele Organisationsmitglieder nahezu alles wissen, ist unökonomisch und kontraproduktiv. Individuelle, von allen geteilte und potenziell zugängliche Wissensbestände sollten insgesamt in einer vernünftigen Relation zueinander stehen (vgl. Dixon 1994, S. 42 ff.).

Davon berührt ist vor allem die Wissensteilung über Führungskräfte respektive die betriebliche Hierarchie. Danach vollzieht sich der Wissenstransfer zunächst in einem Top-Down-Prozess, in dem auch Zugriffsbeschränkungen für bestimmte Wissensinhalte festgelegt werden. Aber auch zwischen den einzelnen Stellen und Funktionsbereichen existieren förderungsbedürftige Informationsflüsse. Deren Bewegungen werden sinnvollerweise von den unteren Hierarchieebenen Bottom-Up ergänzt.

## 3. Organisatorische Parallelstrukturen

Ergänzend zu diesen Festlegungen in der Primärorganisation gibt es organisatorische Parallelstrukturen, welche die Wissensübertragung – insbesondere in Gruppen und »face-to-face« – fördern. Das ist notwendig, da die elektronische Vernetzung zwar die quantitativ-materielle Seite der Wissensteilung abdeckt, dies allein aber letztlich nicht zu einer Vertiefung individuellen Wissens führt.

Neben den üblichen Einrichtungen der Sekundärorganisation kommen weitere, in der Praxis mehr oder weniger fest institutionalisierte **Optionen des Wissenstransfers** zum Einsatz (vgl. Herbst 2000, S. 126 ff.):

- In **Mentorenprogrammen**, in denen ein Experte sein Wissen an eine Nachwuchskraft weitergibt, kann insbesondere implizites Wissen gut weitergegeben werden. Bei der Unternehmensberatung BOOZ · ALLEN & HAMILTON ist es mittlerweile Aufgabe fast jeden Beraters, einen Kollegen auf unterer Hierarchieebene in seinem persönlichen Lern- und Weiterentwicklungsprozess zu unterstützen.
- **Ehemalige Manager** fungieren nach ihrem Ausscheiden aus der Firma häufig noch als Berater oder als Trainer, da sie als wichtige Wissensträger

unverzichtbar sind. So wollte der ABB-KONZERN auf das Wissen und das Netzwerk bewährter, jedoch im Ruhestand befindlicher Mitarbeiter, nicht verzichten, aber zugleich jüngere qualifizierte Mitarbeiter agieren lassen. Dieses Problem wurde dadurch gelöst, dass die »Ehemaligen« der ABB Schweiz in einem neu gegründeten Tochterunternehmen gruppiert wurden und von dort einen Neustart als Berater unternahmen.

- **Expertenrunden** bestehen aus projekterfahrenen Mitarbeitern, die unternehmenswichtiges Fachwissen besitzen. Bei SIEMENS kommen solche Personen in sog. Wissensbüros zusammen, die bewusst die Hierarchie- und Funktionsgrenzen des Konzerns überschreiten. Beispielsweise treffen sich jene 150 Mitarbeiter, die weltweit mit Halbleiter-Lithografie zu tun haben, zweimal jährlich zum Erfahrungsaustausch.

- **Kommunikationsforen** dienen dem kontinuierlichen Erfahrungs- und Erlebnisaustausch der Mitarbeiter. Anhand einer systematischen Rückkopplung kann bewertet werden, inwiefern das relevante Wissen angekommen ist und für die nutzenden Personen von Wert war. Das Berliner Multimediaunternehmen PIXELPARK inszeniert Besprechungen (sog. Pixelvisions), die eher Brainstorming-Sitzungen gleichen. Diese werden auf Video aufgezeichnet, digitalisiert und allen Mitarbeitern zur Verfügung gestellt. An dieses Beispiel schließen sich weitere multimediale Möglichkeiten wie Videokonferenzen, Mitarbeiterzeitungen oder ein Mitarbeiter-TV an. Ähnliche (wenn auch zumeist etwas losere) Foren trifft man in vielen Unternehmen an, z.B. in Form des »Firmenstammtisches« bei AUDI.

Eine stark kulturspezifische Form des informalen Informationsaustausches bildet das **japanische »Dokikai«-System** (vgl. Toffler 1991, S.215). Hier bleiben die gleichzeitig eingestellten Mitarbeiter (»Kohorte«) während ihrer gesamten Angestelltenzeit miteinander in Kontakt. Nach einiger Zeit sind sie mehr oder weniger hoch aufgestiegen und über die unterschiedlichsten Regionen, Funktionen oder Bereiche des Unternehmens verstreut. Diese »Bruderschaft« aber klebt zusammen, trifft sich abends bei viel Sake im Restaurant und – das ist das Entscheidende – tauscht sich jenseits der offiziellen Kanäle aus. Über diese Dokikai werden, oft im Gegensatz zur offiziellen Linie, die »wahren« Fakten vermittelt. In der Runde reden die Männer miteinander *honto* (»Klartext«) statt *tatemae*

(»Erwünschtes«). Die gemeinsame Herkunft stärkt das gegenseitige Vertrauen und damit auch die Authentizität der ausgetauschten Informationen.

**4. Personelle Netzwerke**

Die zuletzt beschriebenen Optionen besitzen z.T. große Verwandtschaft mit personellen Netzwerken. Mit letzteren sind aber eher Gemeinschaften engagierter Mitarbeiter gemeint, die an ähnlichen Problemen arbeiten (vgl. auch Abschnitt 5.3.2). Solche Netzwerke beruhen auf dem Grundprinzip der Gegenseitigkeit: Nur wenn alle geben und nehmen, entsteht eine »win-win«-Situation, d.h. nur dann profitieren alle Beteiligten und das Netzwerk kann langfristig bestehen. Der Baumarkt OBI hat ein solches Netzwerk eingerichtet, in dem die einzelnen Märkte ihre Produkterfahrungen und Kundenwünsche an die Geschäftszentrale weitergeben, die diese dann umgehend den anderen Baumärkten der Firmengruppe mitteilt.

Die skizzierten Möglichkeiten der Wissensverteilung besitzen ihre je eigenen Vor- und Nachteile. Von daher sollte auf ein ausgewogenes Verhältnis zwischen primär- und sekundärorganisatorischer Gestaltung sowie zwischen persönlicher und technischer Verteilung geachtet werden.

## 4.4.2 Informationspolitische Grundmodelle

Bei einer Untersuchung der Wissensverteilungspraktiken verschiedener US-Firmen in den Branchen Beratung, Gesundheitswesen sowie Hard- und Softwareherstellung zeigte sich, dass im Wesentlichen zwei verschiedene Verteilungsstrategien praktiziert werden: Die **Kodifizierungsstrategie**, die auf der elektronischen Vernetzung und Speicherung von primär explizitem Wissen in Datenbanken basiert, und die **Personalisierungsstrategie**, die weitgehend durch »face-to-face«-Beziehungen gekennzeichnet ist, in denen vor allem implizites Wissen getauscht wird (vgl. Hansen/Nohria/Tierney 1999, S. 85 f.).

Die Autoren behaupten, dass erfolgreiche Unternehmen zwar bestimmte Elemente kombinieren, aber letztlich keine Mischung beider Strategien vornehmen; vielmehr dominiert jeweils eine. Die gewählte Strategie hängt insbesondere von der *Art der angebotenen Leistung*, aber auch von der verfolgten *Wettbewerbsstrategie* ab. Während Unternehmen, die standardisierte und/oder reife Produkte anbieten, offensichtlich eine Kodifizierungsstrategie bevorzugen, neigen Unternehmen, die ihre (meist innovativen) Produkte stark an den diversen Kundenbedürfnissen ausrichten, zu einer Personalisierungsstrategie. Erstere setzen dabei eher auf Kostenvorteile bzw. einen Niedrigpreis-Auftritt, letztere auf Qualität und Image.

Beispielsweise verfolgt die Unternehmensberatung Ernst&Young ein Standardisierungsmodell, das auf bereits bei anderen Klienten gemachte Erfahrungen zurückgreift und deshalb niedrige Stundensätze anbieten kann. Dementsprechend wurde zur Realisierung der Kodifizierungsstrategie viel Geld in den Aufbau technischer Informationssysteme investiert. Im Center for Business Knowledge betreuen z.B. 250 Mitarbeiter ein riesiges elektronisches Archiv. Dagegen hat McKinsey eine andere Ausrichtung gewählt: hier ist man um kundenindividuelle Lösungen bemüht. Passend zu diesem innovationsorientierten Geschäftsmodell setzt man auf personalisiertes Wissen; im Mittelpunkt stehen nicht die Objekte einer Datenbank, sondern der Dialog zwischen den Beratern. Das erhöht aber die Kommunikationskosten und erschwert es, viele Projekte gleichzeitig zu betreuen. Die höhere Beratungsqualität bedingt somit zugleich höhere Honorare (vgl. Hansen/Nohria/Tierney 1999, S. 86).

Natürlich ist es schwierig, die genannten Modelle auf dieser Grundlage zu verallgemeinern. Trotzdem fällt insbesondere bei der Personalisierungsstrategie auf, dass die Mitarbeiter bei ihren Problemlösungen eine **hohe Ambiguitätstoleranz** aufweisen, **Mentoringprogramme** eine große Rolle spielen und die Wissensteilung zusätzlich durch **materielle und immaterielle Anreizsysteme** stimuliert wird. So bewertet z.B. das Beratungsunternehmen Bain seine Mitarbeiter u.a. danach, bis zu welchem Grad diese ihr Wissen im Dialog mit Kollegen geteilt haben, was bis zu einem Viertel des Jahresgehaltes ausmachen kann. Ähnlich verfahren das Chemieunternehmen Buckman Laboratories, das seine 150 besten »Knowledge Sharer« durch zusätzliche Zuwendungen belohnt (vgl. Davenport/De Long/Beers 1998, S. 54), oder das Finanzdienstleistungsunternehmen Merill Lynch (vgl. Quinn/Anderson/Finkelstein 1996b, S. 103).

Die Kodifizierungs- und die Personalisierungsstrategie stellen zwei grundsätzliche »Philosophien« der betrieblichen Informationsverteilung dar. Innerhalb dieser beiden Philosophien sind weitere Ausdifferenzierungen möglich. Ihrer konkreten Form sind Davenport/Eccles/Prusak (1992) in einer Studie nachgegangen, die über zwei Jahre hinweg in 25 US-Firmen durchgeführt wurde. Die Autoren spürten dabei insgesamt **fünf informationspolitische Grundmodelle** auf:

- Im **technokratischen Modell** wird angenommen, dass Information wie Wasser fließt und lediglich mit Kanälen, Brücken und Dämmen kategorisiert und kanalisiert werden muss. Demnach besteht eine Vorliebe für objektorientierte Hard- und Softwaretechnologien. Für alle Informationen scheint der Computer zuständig zu sein – eine wohl insbesondere für Informatiker typische Sichtweise. Utopischerweise wird eine *hohe Teilungsbereitschaft* zwischen den Mitarbeitern unterstellt.

- Im Gegensatz dazu werden bei der **Informationsanarchie** keine Kategorisierungs- und Zentralisierungsanstrengungen unternommen. Jeder Funktionsträger verfügt über eigene Informationen und kann diese autonom »managen«. Die Anarchie muss nicht unbedingt Ergebnis eines bewussten Vorgehens sein: sie kann zum Teil temporär auftreten, z.B. wenn zentrale Informationssysteme zusammenbrechen. Das anarchische Modell kann *Informationsredundanzen* nicht ausschließen.

- Beim **feudalistischen Modell** sind verschiedene »Informations-Königreiche« – z.B. bestimmte Abteilungen – vorzufinden, die ihre jeweils eigene »Sprache« entwickelt haben. Es existieren *keine organisationsumfassenden Leistungsindikatoren* für das Wissensmanagement, sondern nur bereichsbezogene Kennzahlen. Der Informationsfeudalismus ist häufig in stark divisionalisierten Unternehmen vorzufinden. Die Folge ist, dass nicht selten mehrere Informationssysteme miteinander konkurrieren und die einzelnen Geschäftseinheiten ihr Wissen eifersüchtig hüten.

- Bei der **Monarchie** werden die Informationen durch den Chief Executive Officer (CEO) oder eine ähnliche Person zentralisiert. Im besten Fall findet man eine »konstitutionelle Monarchie« vor, in der *die Regeln der (ungleichen) Informationsteilung zumindest offen gelegt* werden. Der CEO wäre somit jener »aufgeklärte Despot«, der die Magna Charta der Informationsverbreitung verwaltet. Ein solches Modell endet i.d.R. mit dem Ausscheiden des Informationsmonarchen aus dem Unternehmen.

| **Informationsmodell** | **Charakterisierung** | **Kriterien und deren Ausprägung** |
|---|---|---|
| **Technokratische Utopie** | Stark IT-orientiert, enge Kategorisierung der Informationen | Qualität: *sehr niedrig*<br>Effizienz: *mittel*<br>Verständlichkeit: *mittel*<br>Zugang: *mittel* |
| **Anarchie** | Kein dezidiertes Informationsmanagment; Individuen sind mit dem Erhalt und der Verwaltung von Informationen auf sich selbst gestellt | Qualität: *niedrig*<br>Effizienz: *sehr niedrig*<br>Verständlichkeit: *sehr niedrig*<br>Zugang: *hoch* |
| **Feudalismus** | Einzelne Organisationseinheiten definieren ihre eigenen Informationsbedürfnisse und stellen Informationen dem Rest des Unternehmens nur beschränkt zur Verfügung | Qualität: *niedrig*<br>Effizienz: *mittel*<br>Verständlichkeit: *sehr niedrig*<br>Zugang: *sehr niedrig* |
| **Monarchie** | Informationskategorien und Verteilungsstrukturen werden von der Unternehmensspitze formuliert, die sich wiederum vorbehält, ob sie Informationen teilt | Qualität: *niedrig*<br>Effizienz: *hoch*<br>Verständlichkeit: *hoch*<br>Zugang: *niedrig* |
| **Föderalismus** | Konsens- und verhandlungsorientierte Ermittlung des Informationsbedarfes und der Verteilungsstrukturen | Qualität: *mittel*<br>Effizienz: *mittel*<br>Verständlichkeit: *hoch*<br>Zugang: *hoch* |

**Abb. 23:** Grundmodelle betrieblicher Informationspolitik (nach Davenport/Eccles/Prusak 1992, S. 60)

- Der **Föderalismus** wird als das Idealmodell beschrieben. Es ist in Firmen mit straffer Führung vorzufinden, die allerdings eine kooperations- und lernfördernde Kultur aufweisen. Die CEOs verfolgen die Vision vom geteilten Wissen. Auch wenn noch vereinzelte »Königreiche« bestehen mögen, wird im Großen und Ganzen eine Hebelwirkung angestrebt, d.h. die Informationsbestände einzelner Bereiche werden bewusst aufrechterhalten, sollten aber allen Nachfragern zur Verfügung stehen und die gesamte organisationale Wissensbasis aufwerten.

Diese Grundmodelle sind anhand von vier Kriterien zu bewerten: *Qualität* (Genauigkeit, Integrität, Validität, Interpretierbarkeit der Informationen), *Effizienz* (Redundanzvermeidung, Handhabbarkeit), *Verständlichkeit* und *Zugänglichkeit*. Die nachstehende Abb. gibt die entsprechende Bewertung der Informationsmodelle wieder.

Insgesamt kommt man zu dem Befund, dass hinsichtlich der Wissensverteilung auf Dauer nur die letzten beiden Modelle – Monarchie und Föderalismus – überlebensfähig sind. Aber nur das **Föderalismusmodell** erfüllt die obigen Bewertungskriterien in ihrer Gesamtheit ohne größere Einbußen. Nur hier besteht ein gemeinsames Vokabular zwischen den Ebenen und Einheiten; der Ausgleich zwischen der mangelhaften Integration des Feudalismus und dem wenig spezialisierten Vorgehen der Monarchie ist gefunden. Die individuellen Initiativen ermöglichen obendrein ein kollektives Handeln, sodass Autonomie und Zusammenarbeit gleichermaßen gewährleistet sind. Insgesamt scheint sich dieses Modell besonders für die veränderlichen Wettbewerbsumfelder vieler Unternehmen zu eignen. Einmal mehr zeigt sich, dass der Erfolg eines Informationsmodells davon abhängt, inwiefern ihm die Balance zwischen elektronischer, struktureller und persönlicher Wissensverteilung gelingt.

### 4.4.3 Informationspathologien

Das Managementhandeln wurde bereits an anderer Stelle als Informationsgewinnungs- und -verarbeitungsprozess beschrieben (vgl. Abschnitt 2.3). Der damit einhergehende Subjektivismus korrespondiert mit quasipathologischen Erscheinungen in Organisationen, welche die Wissensübertragung in der Praxis stark beeinträchtigen können. Das breit dokumentierte Spektrum innerbetrieblicher Kooperationsstörungen belegt ferner, dass auch innerhalb von Unternehmen konkurrenzähnliche Phänomene auftreten. Demzufolge gibt es neben den strukturellen und kulturellen auch **persönliche** bzw. **politische Teilungsbarrieren** (vgl. Romhardt 1998, S. 194 ff.; Schüppel 1996, S. 38 sowie Abschnitt 3.5). Solcherlei Barrieren führen zu sog. Informationspathologien (vgl. Scholl 1992, Sp. 901; Sorg 1982).

Sorg (1982, S. 479 f.) ordnet **Informationspathologien** drei theoretischen Konzepten zu:

- *Struktur- und prozessorientierte Konzepte* gehen von einer »Segmentierung« aus, in der Informationen nicht aufgenommen sowie bewusst oder unbewusst zurückgehalten werden. Hierarchische und funktionale Teilungsbarrieren sind hierfür symptomatisch.
- *Kommunikationsorientierte Konzepte* verweisen auf übertragungsbezogene Störungen, die u. a. die Informationsverwertung betreffen (vgl. auch Abschnitt 2.4). Hier wären soziale Teilungsbarrieren zu nennen.
- *Erkenntnisproduktionskonzepte* stellen auf mentale Fähigkeiten, Sprache und Kultur ab. Auch Disharmonien in diesem Bereich führen zu Informationspathologien, womit insbesondere kulturelle Teilungsbarrieren angesprochen sind.

Für Scholl (1992, Sp. 901) ist es nicht überraschend, »wenn die wachsende Zahl an Informationen und Informanten zu Dysfunktionen bei der Gewinnung, Weitergabe und Anwendung von Informationen führt.« Der Begriff der Informationspathologie leitet sich dabei von der klinischen Pathologie ab, einem Teilgebiet der Medizin, das sich als »die Lehre von den abnormen und krankhaften Veränderungen im (menschlichen) Organismus, insbesondere von den Ursachen (Ätiologie) sowie der Entstehung und Entwicklung (Pathogenese) von Krankheiten« versteht (Pschyrembel 1990, S. 1263).

Würde man die o.g. Funktionsstörungen auf ein Sender/Empfänger-Modell übertragen, so könnte man von Pathologien innerhalb eines Informationssystems sprechen. In der verhaltenswissenschaftlichen Perspektive kann der Maßstab jedoch nie die vollkommene Information sein, denn die begrenzte Rationalität des Menschen im gesamten Informationsprozess ist eher die Regel als die Ausnahme und stellt insofern eine »normale« Erscheinung dar. Dennoch leiden viele Unternehmen unter **suboptimalen Informationsprozessen**. Deren pathologische Züge kommen immer dann zum Vorschein, wenn es sich »um produzierbare Informationen, die nicht produziert wurden, beschaffbare Informationen, die nicht beschafft, vorhandene Informationen, die nicht oder verzerrt übermittelt und um übermittelte Informationen, die falsch verstanden oder nicht verwandt wurden« handelt (Scholl 1992, Sp. 901). Unweigerlich sind davon also auch weitere Wissensbausteine – wie etwa die Wissensgewinnung oder die Wissensnutzung – betroffen.

Informationspathologien sind in mehrfacher Hinsicht untersucht worden. Scholl (1992, S. 902 ff.) unternimmt den Versuch, die verschiedenen Facetten mit Hilfe eines *organisationspsychologischen Ansatzes* zu integrieren und untergliedert in aktorbezogene, interaktionsbezogene und wissensbezogene Informationspathologien.

**Aktorbezogene Informationspathologien** müssen sich nicht nur auf Individuen beziehen, sondern lassen sich auch auf größere soziale Einheiten wie Gruppen und Organisationen übertragen. So scheitert die Informationsaufnahme z. B. dann, wenn die Grundkenntnisse eines Mitarbeiters unzureichend sind und er mit neuen Daten wenig anfangen kann. Ebenfalls alltäglich beobachtbar ist das Phänomen der »Betriebsblindheit«: Akteure, die ihre Erfahrungen aus einem immer gleichen Umfeld schöpfen, beziehen sich zu stark auf ihr altbewährtes Detailwissen und scheuen die Auseinandersetzung mit Neuem. Unzureichende Grundkenntnisse und Betriebsblindheit führen zudem häufig zu mangelhafter Informationsnachfrage (vgl. Abschnitt 4.5).

**Interaktionsbezogene Informationspathologien** entstehen, wenn der Informations- und Erfahrungsaustausch unter Gleichgesinnten zu einer verengten Sicht der Dinge führt. Auch das Fehlen einer konstruktiven Streit- und Konfliktkultur wäre hier einzuordnen.

In diesem Zusammenhang ist das äußerst interessante Phänomen des *Groupthink* bedeutsam (vgl. dazu Janis 1972; Weinert 1998, S. 385 ff.; Weibler 2001, S. 258 ff.). Gründliche Untersuchungen von Entscheidungsprozessen – wie z. B. John F. Kennedys Entschlussverhalten während der Kubakrise – haben gezeigt, dass kontroverse Meinungen in Gruppen oftmals zurückgehalten, d. h. von den Kritikern nicht offen geäußert werden. Ein übermäßiges Harmoniebedürfnis sowie der soziale Konformitätsdruck der Gruppe bedingen in letzter Konsequenz ein kontraproduktives Konsensstreben: durch ausbleibende Diskussionen werden wichtige Problemperspektiven unterdrückt und somit oft suboptimale Entscheidungen getroffen. Der Informationsaustausch kann ferner durch interessenbedingte Kalküle verzerrt werden, was wir im nächsten Abschnitt näher behandeln wollen.

Verschiedene Auffassungen darüber, was eigentlich unter »Wissen« zu verstehen ist, führen zu **wissensbezogenen Informationspathologien**. So wird häufig latent ein sog. *naiver Realismus* vertreten, wonach Wissen von objektiver Qualität sei und somit von den Handelnden in jedem Fall eindeutig und unstrittig erfasst werden könnte. Diese Annahme erweist sich jedoch als problematisch; insbesondere wenn man die bereits erörterten radikal-konstruktivistischen und sprachlich-symbolischen Konzepte einbezieht, denen zufolge intersubjektiv geteiltes Wissen allenfalls ansatzweise denkbar ist. Mit diesem naiven Realismus geht in der Regel eine Überbetonung vermeintlich harter Fakten einher, d.h. quantitative Aussagen werden leichter ausgetauscht und geglaubt als qualitative Aussagen.

Pathologische Zustände entstehen darüber hinaus immer dann, wenn Wissen bewusst zurückgehalten wird oder Informationsmonopole bestehen. Prinzipiell vorhandene Informationen sind in diesem Fall in ihrer Nutzung lokal begrenzt.

### 4.4.4 Wissensübertragung und Mikropolitik

Ein alter Grundsatz der römischen Kaiser lautete: Divide et impera – teile und herrsche! War damit auch das Teilen von Wissen gemeint? In jedem Fall gibt es mit Wissen auch Macht und Einfluss zu verteilen. Dementsprechend berührt die Frage, wer welches Wissen besitzt, an wen dieses transferiert wird und wer darüber bestimmt, was als wertvolles Wissen zu speichern bzw. weiterzugeben ist, unmittelbar das organisationale Machtgefüge (vgl. auch Soukop 2001, S. 153f.). Somit wird speziell die **Wissensübertragung als zutiefst politischer Prozess** in Organisationen erkannt – ein Prozess, in dem Egoismen und Besitzwahrungsansprüche oft das Erreichen des systemischen Gesamtoptimums verhindern. Lullies/Bollinger/Weltz (1993, S. 253) sprechen in diesem Zusammenhang von *Wissensmonopolisten*, die den Zugang zu Teilen des betrieblichen Wissens verriegeln und somit dazu beitragen, dass die Diskrepanz zwischen individuellem und kollektivem Wissen wächst.

Aus Sicht der politischen Organisationstheorie setzen sich Unternehmen aus verschiedenen Interessengemeinschaften (»Koalitionen«) zusammen. Diese nehmen teil an den Entscheidungen, die begehrte Ressourcen verteilen, wie z.B. Personal, Finanzen, Karrieren oder sachliche Ausstattungen. Dabei werden naturgemäß unterschiedliche Interessen verfolgt, die nicht immer mit den Zielen des Gesamtsystems übereinstimmen müssen. In der mikropolitischen Perspektive bedeutet dies, dass die verschiedenen Akteure im Unternehmen vor allem aus Eigeninteresse gegeneinander »kämpfen« (vgl. Küpper/Ortmann 1992; Bosetzky 1995; von der Oelsnitz 1999c). Dass auch die Verfügungsgewalt und der Besitz von Information in diese Kämpfe eingebunden ist, dürfte kaum überraschen.

Schon bei der Konfigurierung, also bei der Schaffung von Abteilungen und Stellen, die Wissensmanagementaufgaben übernehmen sollen, entstehen u.U. neue Machtkonstellationen, was dazu führt, dass bestimmte Funktionsbereiche befürchten, an Kompetenz und Einfluss zu verlieren (z.B. in den Bereichen Controlling und EDV). Aber auch bei der Bildung von Wissenszielen sowie bei der Wissensidentifikation sind **Konflikte** zu erwarten. So werden beispielsweise bei der Erstellung von Wissenskarten diverse Wissensträger ihr Wissen nur zögerlich, verzerrt, teilweise oder gar nicht angeben (vgl. Davenport/Prusak 1999, S. 164f.; Helmstädter 1999). Die Auswirkungen dieser Haltung wären katastrophal; sind doch z.B. Expertensysteme nur dann funktionsfähig, wenn sie nicht durch bestimmte Mitarbeitergruppen systematisch blockiert werden.

Dass manche Mitarbeiter ihr Wissen nicht transparent machen, kann auch am rationalisierungsbedingten Personalabbau und der damit verbundenen Furcht vor einem etwaigen Arbeitsplatzverlust liegen. Im Rahmen einer explorativen Befragung von zehn Mitarbeitern, die in zwei Entwicklungsabteilungen eines Großunternehmens der Verkehrstechnologie tätig sind, ergab sich ein symptomatisches Bild: In den offenen Interviews gaben alle Befragten an, dass sie individuell entscheiden, welches Wissen sie für sich behalten und welches sie teilen. Ganz im Sinne von Bacons berühmtem Ausspruch »Wissen ist Macht« betrachteten sie ihr Wissen als persönliches Kapital. Überdies herrschte Misstrauen bezüglich der Ziele, die mit dem weitergegebenen Wissen verfolgt würden (vgl. Wehner/Dick 2001, S. 111).

Geht man davon aus, dass **Information zur »Leitwährung«** in Organisationen **geworden** ist, so erscheint es letztlich keineswegs mehr selbstverständlich, dass die Mitarbeiter ihr Wissen freiwillig »abgeben«. Realistischer ist, dass diese sich auch hier an strategischen Kalkülen ausrichten (vgl. Hanft 1996, S. 144 f.; Davenport/Eccles/Prusak 1992, S. 53 f.). Wie anders ist ein Befund zu erklären, wonach vor allem Macht und Status des potentiellen Informationsempfängers zählen – offensichtlich werden bevorzugt denjenigen Informationen zugetragen, die in besonderer Weise über Belohnungsmöglichkeiten verfügen (vgl. Huber 1982; Huber/Daft 1987).

Mikropolitische Aktivitäten haben trotzdem nicht nur negative Folgen für die Organisation – es gibt auch einige **funktionale Effekte**, die im Zusammenhang mit dem Wissensmanagement von Bedeutung sind (vgl. von der Oelsnitz 1999c, S. 713; Bosetzky 1995, Sp. 1524 f.). So kann durch eine kommunikative Gegenmacht z. B. die Monopolisierung von Informationen in erstarrten Bürokratien eingedämmt werden. Ferner sind die durch Mikropolitik vermehrten Einflusschancen geschickter Führungskräfte und Mitarbeiter zu erwähnen, die die Vision des wissensorientierten Managements tragen und die Implementierung entsprechender Maßnahmen erleichtern.

## 4.5 Wissensnutzung

Wissen kann natürlich nur dann wirken, wenn es in den betrieblichen Arbeits- und Entscheidungsprozessen Berücksichtigung findet. Insofern sind die Anstrengungen zur Wissenidentifizierung, -gewinnung und -verteilung nutzlos, wenn das Produkt all dieser Teilprozesse anschließend nicht genutzt wird. Dabei bestätigt sich die Erfahrung, wonach oft weniger der Wissensbesitz als vielmehr die Wissensnutzung über Wettbewerbsvorteile von Unternehmen entscheidet – insbesondere, was deren Kostensenkungspotenziale und die schnelle Reaktion auf Marktveränderungen angeht (vgl. Maltz/Kohli 1996, S. 47; von Krogh/Köhne 1998, S. 235 f.; Zack 1999, S. 45).

Es ist offensichtlich, dass sich nicht alle Organisationsmitglieder an allen Wissensmanagementaktivitäten beteiligen müssen. Dessen ungeachtet sollten alle Führungskräfte und Mitarbeiter die Möglichkeit haben, das gesamte, für sie relevante Wissen auch tatsächlich erreichen und nutzen zu können (vgl. Trillitzsch 2000, S. 5; Lehner 2000, S. 150). Die Möglichkeiten der betrieblichen Wissensnutzung bauen somit direkt auf denen der Wissensidentifikation und -übertragung auf. In diesem Zusammenhang sind die bekannten **Wissens-Tools mit Vorsicht zu genießen**: sie finden breite Anwendung im Bereich der Wissensidentifikation und Wissensverteilung, sind aber kaum dazu geeignet, den Prozess der Wissensnutzung zu verbessern. Denn die »Technologie als solche wird keinen am Wissenserwerb wenig interessierten Mitarbeiter dazu bringen, den Computer einzuschalten und sich eifrig ans Suchen und Browsing zu begeben« (Davenport/Prusak 1999, S. 272).

Zudem sind viele IuK-Technologien in eine **Systemfalle** geraten (vgl. Nedeß/Jacob 2000, S. 96; Lehner 2000, S. 247 sowie Abb. 24). Demnach bleibt der qualitative Nutzen einer elektronischen Wissensbasis häufig hinter den Erwartungen der Benutzer zurück (z.B. ist das Wissen unpassend oder der Wartungsaufwand zu hoch). Hierdurch nimmt nicht nur das Vertrauen in das System ab, sondern auch sein Nutzungsgrad. Wenn bestimmte Mitarbeiter oder gar ganze Abteilungen die vorhandene Wissensbasis aber nicht mehr nutzen, dann wirkt sich das negativ auf die Pflege des Systems aus, was die Wissensqualität nochmals reduziert und

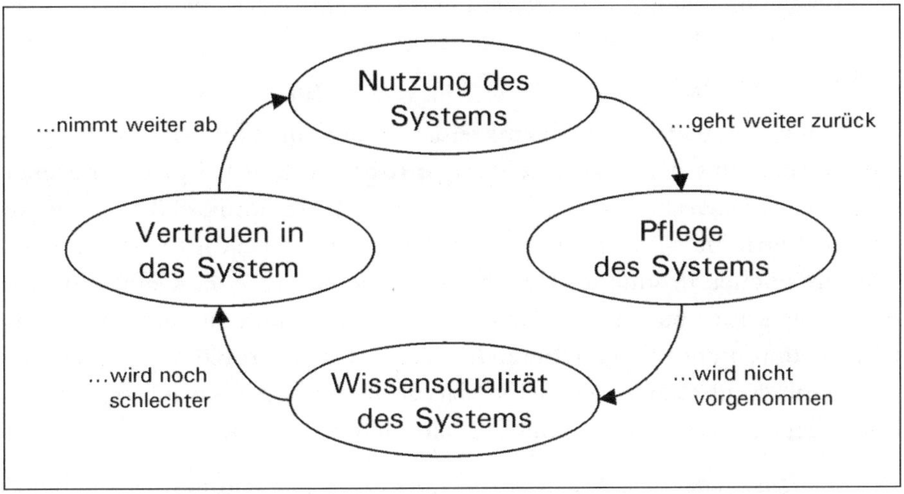


**Abb. 24:** Systemfalle einer elektronischen Wissensbasis (Quelle: Nedeß/Jacob 2000, S. 96)

die Nutzer weiter ernüchtert. Zu guter Letzt besteht die Gefahr, dass erfolgskritisches Wissen nicht mehr in vollem Umfang bewahrt wird.

Dieser Teufelskreis wird auch anhand des **Knowledge Warehouse** deutlich (vgl. Nedeß/Jacob 2000, S. 94 ff.). Mit Hilfe von Knowlege Warehouses soll vorhandenes Unternehmenswissen über ein elektronisches Wissensarchiv den Mitarbeitern effizient zugänglich gemacht werden. Das dahinter stehende Prinzip basiert vor allem auf der strukturierten Archivierung von Dokumenten im Intranet. Ziel ist es, die Kommunikation zwischen den Funktionsbereichen schlüssig zu integrieren. Die Schwierigkeiten, die sich bei der praktischen Systemnutzung ergeben, zeigen in geradezu idealtypischer Weise, dass sich bestimmte **Probleme** gegenseitig bedingen und ein Patentrezept folglich nicht zu erwarten ist:

- Die große *Wissensmenge* und *-heterogenität* erschwert das Finden und Auswerten relevanten Wissens. Dies kann durch eine verfeinerte Strukturierung verbessert werden, was jedoch den Aufbau des Systems kompliziert.
- Durch die *kompliziertere Systemstruktur* wird die Pflege des Systems problematischer. Zugleich belastet die *rasante Änderungsgeschwindigkeit des Wissens* die Systempflege, was wiederum die Verknüpfung von Wissensbeständen beeinträchtigt.
- Schließlich stellen die nutzerdefinierte *Auffindungsgeschwindigkeit* sowie die latente *Problemhäufigkeit* hohe Anforderungen an die abgespeicherten Wissensbestände.

Die Auswirkung dieses Problemkreislaufes auf die Nutzbarkeit des Systems variiert mit dem **Entscheidungsproblem**. Soll beispielsweise über eine *Produktionsverlagerung* entschieden werden, so umfasst das benötigte Wissen (Termine, Qualität und Kosten im Vergleich von inner- und außerbetrieblicher Produktion) ein weitgehend homogenes Gebiet, dessen Inhalte sich nur mit mittlerer Geschwindigkeit verändern. Auch die ebenfalls im durchschnittlichen Bereich einzustufende Problemhäufigkeit bei Verlagerungsentscheidungen wirkt darauf hin, dass das Knowledge Warehouse bei der Entscheidungsfindung hilfreich sein kann.

Bei der *Bearbeitung von Kundenbeschwerden* sieht das Resultat dagegen anders aus: Reklamationen stellen Probleme dar, die häufig in wechselndem Gewand auftreten und zudem in sehr kurzer Zeit zu lösen sind. Auch wenn das Wissen über den formalen Ablauf eines Beschwerdevorganges nicht den Engpass bildet, so ist doch die Unsicherheit über mögliche Fehlerursachen dermaßen hoch, dass sich der Einsatz von Knowledge Warehouses kaum eignet.

Zur Bewältigung dieses Komplexitätsproblems werden mittlerweile sog. **Problemlösungsinseln** als kleinere, teilautonome Einheiten mit Selbststeuerungsfähigkeit geschaffen, die aber zentral koordiniert werden. Beim Beschwerdemanagement sind diese Inseln z.B. in die Segmente »Wissen über die Fähigkeiten der Spezialisten«, »Wissen über Fehler und Fehlerursachen« und »Wissen über vergangene Geschäftsvorfälle« eingeteilt. Die Problemlösungsinseln sind parallel zu den Bearbeitungsprozessen des Kundendienstes gruppiert und werden von konventionellen IuK-Systemen unterstützt (vgl. Nedeß/Friedewald/Strosina 1996, S. 242 ff.).

Die beiden Beispiele dürften verdeutlicht haben, dass die Wissensnutzung auf der Basis eines zentralen Speichers alsbald an ihre Grenzen stößt. Selbst moderne Wissensmanagement-Tools sind bislang nicht in der Lage, diesbezüglich Lösungen »aus einer Hand« zu bieten (vgl. Rigo/Schönherr 1999, S. 96). Somit erweist sich die Vorstellung, dass es eine *einzige* Adresse gibt, die das gesamte Unternehmenswissen inne hat, als Illusion. Komplexität und Vernetzungsbedürftigkeit des Wissens haben heute ein solches Ausmaß angenommen, dass ein zentrales Unternehmensgedächtnis auch für die Zukunft kaum vorstellbar ist.

Wie aber kann sonst die Nutzung der vorhandenen Wissensbestände gefördert werden? Davenport/Prusak (1999, S. 67 ff.; ähnlich North 1999, S. 231 ff.) schlagen vor, **Unternehmen als Wissensmärkte** mit Anbietern, Nachfragern und Maklern von Informationen zu begreifen. Diese Analogie zu realen Gütermärkten lässt sich auf viele Fragestellungen des Wissensmanagements anwenden – sie hätte z.B. auch auf die Pathologien in firmeninternen Wissensmärkten übertragen werden können, in denen Wissen bewusst knapp gehalten wird oder asymmetrisch verteilt ist. Die Vorstellung eines wirksamen Wissensmarktes bietet sich aber zur Gestaltung der Wissensnutzung an.

In diesem Zusammenhang sind ein Push- und ein Pull-Prinzip denkbar. Das **Push-Prinzip** folgt einem Top-Down-Ansatz, der traditionell in stark hierarchisierten Organisationen vorzufinden ist, in denen Wissen vor allem in Stäben entwickelt und danach den Zentralabteilungen zur Verfügung gestellt wird. Diese leiten die neuen Erkenntnisse in Form standardisierter Verfahren an untergeordnete Instanzen weiter und erzwingen die Wissensnutzung letztlich durch »Druck«. Technisch kann dieser Vorgang beispielsweise durch das Workflow-Management unterstützt werden, welches Geschäftsprozesse zwischen beteiligten Stellen nach einer festen Definition steuert (vgl. Mayer 1999, S. 59).

Der äußere Zwang zur Wissensanwendung erzeugt jedoch nicht selten *Akzeptanzprobleme*, die den Boden für Widerstände bereiten, da das Wissen nicht immer an den Bedürfnissen der entsprechenden Stellen ausgerichtet ist; aus Sicht der Wissensadressaten ist die Relevanz des »verordneten« Wissens oft nicht gegeben. Dieses Problem vermeidet das **Pull-Prinzip**, das nachfrageorientiert ist: Hier definieren die Unternehmensangehörigen selbst ihre Wissensziele und Informationsbedürfnisse und suchen sich anschließend selbst ihre Wissensquellen. Voraussetzung des Pull-Prinzips ist freilich eine ausreichende Wissenstransparenz sowie ein Mindestmaß an Fachkompetenz der jeweiligen Wissensnachfrager.

Aufgrund der jeweiligen Vor- und Nachteile beider Prinzipien erscheint es sinnvoll, Push- und Pull-Ansätze miteinander zu kombinieren. Zunächst sollte von der Angebotsseite her ein »Informations-Push« erfolgen, um z.B. durch die Veröffentlichung von Best-Practice-Resultaten oder indizierten Marktanteilsverlusten einen gewissen Veränderungsdruck zu schaffen. Zur Bewältigung derart motivierten Verbesserungsanstrengungen werden die Anwender sich dann idealerweise eigenmotiviert das erfolgskritische Wissen besorgen bzw. selbstständig entscheiden, welche Inhalte sie von welchen Wissensträgern nachfragen. Dieser Ansatz erscheint womöglich ein wenig naiv, erkennt jedoch eine fundamentale Einsicht des Wissensmanagements: Wissenserwerb ist keine Bring-, sondern eine Hol-Schuld!

Das Modell vom Wissensmarkt könnte sich deshalb als Erfolg versprechend erweisen, weil Probleme und Lösungen ausschließlich unter dem Aspekt der **Attraktivität für Anbieter wie Nachfrager** ins Blickfeld geraten. Die Wissensnachfrage regelt die relevanten Themen, sodass die Inhalte, die nicht interessieren, vom »Markt« verschwinden. In sozialen Systemen, die man sich auch als lose gekoppelte Arbeitsgemeinschaften vorstellen kann, bilden sich zudem rasch reziproke Strukturen von Anerkennung, Status und Nähe heraus (z.B. Anerkennung als »Experte«), die nicht unbedingt über den Mechanismus des materiellen Entgelts funktionieren. Die Unternehmensleitung sollte daher lediglich die Rahmenbedingungen abstecken und insbesondere Zeit und Dialogmöglichkeiten vorsehen, damit die Wissensnutzer ihre Lösungen individuell erarbeiten können (vgl. Soukop 2001, S. 272f.).

Wissensmärkte richten sich letztlich nach den Möglichkeiten der Wissensträger und nicht nach der Architektur einer offiziellen Informationsstruktur. Dennoch sind viele betriebliche Wissensmärkte immer noch wenig effizient. Dies ist u.a. auf diverse **Barrieren** zurückzuführen, die zum einen mit der Wissensteilung zusammenhängen, zum anderen aber auch die Wissensnutzung betreffen. Letzteres soll im Folgenden anhand eines **Praxisbeispiels** verdeutlicht werden (vgl. dazu Romhardt 1998, S. 226ff.).

Die BERTELSMANN FACHINFORMATION (BFI), Deutschlands größter Service für berufsbezogene Informationen, bietet seine Leistungen für spezielle Zielgruppen in allen Medienformaten an (Fachbücher, Newsletter, Seminare, Fernkurse, CD-ROMs, Online-Services etc.). Das Unternehmen ist nach einem dezentralen Profit-Center-Prinzip gegliedert. Der Austausch von Expertise zwischen diesen autonomen Organisationseinheiten war allerdings nur schwach ausgeprägt und die infrastrukturellen Kommunikationsmöglichkeiten gering. Deshalb entschied die BFI Mitte der 1990er Jahre, dass der Wissenstransfer durch ein Managementsystem unterstützt werden sollte, das den Austausch von Best Practices ermöglicht, die Kooperation zwischen den Profit-Centern fördert, die Informationen zentral bündelt und einen Überblick über einzelne Fähigkeiten bietet.

Auf der Grundlage von Interviews mit den Profit-Center-Leitern wurde eine »Fähigkeitendatenbank« errichtet, in der ca. 200 Kompetenzfelder (z.B. Werbung, Vertrieb/Logistik, Redaktion, Database Management) mit abgeleiteten Einzelfähigkeiten und den dazugehörigen Ansprechpartnern – aus Datenschutzgründen allerdings verschlüsselt – eingegeben wurden. Nach einigen Monaten wurde festgestellt, dass die Nutzung des Systems hinter den Erwartungen zurückblieb – es war offensichtlich zu wenig an den Bedürfnissen der Nutzer orientiert (u.a. Kontaktprobleme aufgrund der Anonymisierung der Experten, geringe Aktualität, abstrakte Formulierung und geringe Validierung der Fähigkeiten).

Anhand einer tieferen kritischen Bestandsaufnahme in Workshops, die zum Teil mit externen Beratern durchgeführt wurden, konnten typische Nutzungsbarrieren festgestellt werden, die weit über das Problem der Anwendungsqualität des Systems hinausgingen: so wurde das Wissen anderer offensichtlich zu wenig gewürdigt, was zugleich zu einer unterentwickelten Teilungskultur führte. Die Nutzung fremden Wissens wurde zudem durch eigene Routinen eingeschränkt: oft verließ man sich auf bislang erprobte Methoden bzw. die Kompetenzen innerhalb des eigenen Ressorts.

Über dieses Beispiel hinaus sind weitere, z.T. bereits angesprochene **Gründe** dafür ausschlaggebend, dass Managementinformationssysteme **nicht oder nicht ausreichend genutzt** werden (vgl. Romhardt 1998, S. 232 ff.; Lehner 2000, S. 157 f.; Lung 2000, S. 96 f.):

- Verbesserte Infrastrukturen führen auch zu einer Vermehrung von Nutzungsalternativen, was *komplexitätsbedingte Abwehrmechanismen* hervorrufen kann. Signifikant ist in diesem Zusammenhang die Äußerung eines Managers: »Wenn ich alles abfragen und anwenden würde, was ich nutzen müsste, dann würde ich nicht mehr zum Arbeiten kommen«.
- In jahrelang unveränderten Arbeitsprozessen kann eine »*Betriebsblindheit*« entstehen, welche die Bereitschaft, sich neue Verfahrensweisen anzueignen, sinken lässt. Die erprobte Nutzung bekannten Wissens geht einher mit einem mangelnden Vertrauen in neue Alternativen.
- Die Nutzung neuen Wissens wird auch dadurch blockiert, dass sich die potenziellen Anwender hierdurch selbst *vermeintliche Wissenslücken* attestieren und damit gegenüber der Organisation angreifbar erscheinen.
- Auch die *Art des Wissens* spielt eine Rolle: Explizites Wissen ist – wie oben bereits erwähnt – leichter und schematischer zu teilen oder zu nutzen. Die Nutzung impliziten Wissens setzt hingegen – vor allem wenn es von Dritten stammt – ein besonderes Maß an Vertrauen voraus. Der Wissenstyp wirkt sich zugleich auf die Geschwindigkeit der Wissensnutzung aus: explizites Wissen ist meistens unmittelbar anwendbar; implizites muss hingegen zunächst individuell »wachsen«.
- Bestehen *Eitelkeiten* oder *persönliches Bereichsdenken*, so werden Teilinteressen vor das Gesamtinteresse gestellt. In unseligem Verbund mit einem *übertriebenen Unabhängigkeitsstreben* führt dies dazu, dass die betref-

fenden Personen oder Abteilungen alles selbst erledigen wollen und organisationsinterne Spezialisten nicht in Anspruch nehmen.

Diese Nutzungsbarrieren erklären sich in erster Linie durch eine fehlende Bereitschaft zur Wissensanwendung. Um das entsprechende Wollen zu stärken, können finanzielle und soziale Anreize sowie diverse Maßnahmen der Personalentwicklung eingesetzt werden (vgl. Abschnitt 5).

Selbstverständlich lässt sich die unzureichende Nutzung bestehender Wissensbasen aber nicht allein auf Motivationsprobleme zurückführen. In der Praxis tauchen außerdem »objektive« Probleme auf, die insbesondere die Wissensnutzung zwischen verschiedenen Geschäftseinheiten oder Abteilungen betreffen. Die vorhandenen Informationen »kleben« – bildlich gesprochen – oft an ihren Trägern fest, weshalb sich hierfür der Begriff **Sticky Information** eingebürgert hat (vgl. von Hippel 1994). Im Grunde sind auch hier die Wissensbestände vorhanden, werden aber für die praktische Arbeit ignoriert.

»Why organizations do not know what they know?« – diese Frage war erkenntnisleitend für eine Untersuchung, die sich auf 122 Best-Practice-Transfers in acht US-Unternehmen bezog. Die Auswertung dieser Fälle widerlegt die bisherige Ansicht, wonach vor allem interne Rivalitäten bzw. eine grundsätzlich unterentwickelte Lernbereitschaft ursächlich seien. Stattdessen meint man nun zeigen zu können, dass sich das Problem der »feststeckenden« Informationen primär auf **kognitive Defizite** zurückführen lässt (vgl. Szulanski 1996, S. 30 ff.). Die wichtigste Nutzungsbarriere stellen demnach *Absorptionsprobleme* auf Seiten der Rezipienten dar. Analog zur Assimilations-Kontrast-Theorie fehlt dem Informationsempfänger oft das notwendige Grundwissen, um den Wert fremder Einsichten erkennen zu können.

Eine fast genauso wichtige Hürde ist die **kausale Ambiguität** von Best Practices: Worauf ist nun exakt ihr bisheriger Erfolg zurückzuführen? Insbesondere bei neuen Aufgaben ist im Vorfeld nicht erkennbar, welches Wissen konkret genutzt werden soll, um erfolgreiche Resultate zu erzielen; erst im Nachhinein wird dies den Akteuren klar. Und erst an dritter Stelle kommen die bekannten Motivationsdefizite ins Spiel: **schwierige Beziehungen zwischen Informationsquelle und Rezipient**. Diese Nutzungsbarriere wird insbesondere dann relevant, wenn es sich um die Übernahme impliziten Wissens handelt. In diesem Fall lassen persönliche

Antipathien die Erfahrungen Dritter für die eigene Situation wertlos erscheinen.

Zur Bewältigung dieser vornehmlich psychologischen Barrieren ist es hilfreich, das erfolgskritische Wissen zu kodifizieren. Die Überführung impliziten Wissens in explizites Wissen soll dessen Verständlichkeit, Objektivierung und letztlich Nutzung im gesamten Unternehmen dienen (vgl. Zack 1999, S. 47; von Krogh/Köhne 1998, S. 237). Das Problem der Ambiguität ist damit aber noch nicht beseitigt. Wenn Lösungen zur Nutzung nicht eindeutig sind bzw. nicht eindeutig sein können, dann bedarf es bezüglich der sich ständig verändernden Wissensinhalte letztlich eines Kompromisses zwischen Standardisierung und Flexibilität (vgl. Davenport/De Long/Beers 1998, S. 51 f.). Auch dies ist ein Grund dafür, dass in der Wissensökonomie zunehmend Teams fokussiert werden. Im Gegensatz zum hierarchiebetonten Expertenmodell scheinen diese den angesprochenen Kompromiss eher leisten zu können. Denn Teams verfügen über mehrere Wissensdimensionen: Sie integrieren *Fach-*, *Prozess-*, *Kontext-* und *Beziehungswissen*, welches insgesamt zugänglicher ist als jene im traditionellen Expertenmodell gespeicherten Inhalte; und dies, ohne dass deshalb jeder in der Gruppe alles wissen müsste (vgl. Freimuth/Hauck/Asbahr 2002, S. 97 ff.).

## 4.6 Wissensbewahrung

Wettbewerbsrelevantes Wissen zu entwickeln oder zu erwerben ist in der Regel langwierig und teuer. Von daher tritt als spiegelbildliche Funktion der Wissensgewinnung die Bewahrung der personellen und materiellen Wissensträger als weiterer Baustein des Wissensmanagements hinzu. Die Wissensbewahrung geht dabei über die bloße Speicherung der neuen Erkenntnisse und Erfahrungen hinaus. In folgendem Abschnitt befassen wir uns in erster Linie mit der Problematik des Verlustes relevanter Wissensbestandteile sowie mit Möglichkeiten der Erhaltung dieser erfolgskritischen Bestände. Aber auch die Sicherung von Wissen gegen unerwünschte Nutzung sowie die Entfernung von nicht mehr benötigtem Wissen werden eine Rolle spielen.

### 4.6.1 Bewahrung von relevantem Wissen

Zunächst ist zu unterscheiden, ob das Wissen von materiellen oder von persönlichen Wissensträgern bewahrt werden soll. Denn im Gegensatz zu letzteren stellen **materielle Wissensträger** gänzlich andere Anforderungen an den Wissenserhalt. So werden z.B. Maschinen, Softwareprogramme oder Zwischenprodukte dauerhaft erworben und gehen mit den ihnen inhärenten Wissenskomponenten in das Eigentum des Unternehmens über. Besondere Aufmerksamkeit verdienen dabei die elektronischen Wissensspeicher, die einer regelmäßigen Wartung bedürfen. Mehrfach gespeicherte Dateien oder die regelmäßige Übertragung der in den audiovisuellen oder computerbasierten Trägermedien enthaltenen Daten auf neue Wissensträger – z.B. in Form von »Backups« – sind heute eine Selbstverständlichkeit.

Wie bereits mehrfach erwähnt, befindet sich ein großer Teil des relevanten Wissens aber auch in den Köpfen der Mitarbeiter. Es handelt sich hierbei vor allem um Erfahrungs- und Expertenwissen, welches häufig von impliziter Natur ist und deshalb nur hilfsweise verfügbar gemacht werden kann. Natürlich kann jedes Unternehmen Teile davon wiederum in Datenbanken, Archiven, Akten und anderen materiellen Wissensträgern ablegen. Trotzdem wirkt sich der ungeplante **Weggang personeller Wissensträger** in aller Regel äußerst nachteilig aus.

Im Jahre 2000 verlor die Fonds- und Vermögensverwaltung der DEUTSCHEN BANK in den USA ihren wichtigsten Kunden: Der Pensionsfonds der Stadt New York zog den größten Teil seines Anlagekapitals von 44 Mrd. Dollar ab und wechselte zu BARCLAYS GLOBAL INVESTORS und zu MERILL LYNCH. Befragt nach dem Grund des Abzugs der Einlagen nannten Verantwortliche des Pensionsfonds, dass leitende Fondsmanager von der DEUTSCHEN BANK zu MERILL LYNCH gewechselt hätten (vgl. Knaese/Probst 2001, S. 35). Ähnlich drastisch sind die Konsequenzen oft in Branchen, in denen es um knappe kreative Talente geht – wie z.B. beim Film oder in Werbeagenturen (vgl. Sveiby 1998, S. 34; Probst/Raub/Romhardt 1999, S. 41).

Um solche und ähnliche Fälle zu vermeiden, sollte das Unternehmen zunächst seine *Schlüsselkräfte* identifizieren, also diejenigen Mitarbeiter, die über besonders kritisches oder im Extrem sogar unersetzliches Wissen verfügen. Dies kann anhand einer modifizierten Portfolio-Analyse –

einem **Wissensträgerportfolio** – geschehen (vgl. Ference/Stoner/Warren 1977). Das Portfolio kombiniert die Kriterien (Wissens-)Leistung und Wissenspotenzial.

Wissensschwache Mitarbeiter mit niedrigem Potenzial sind aus der Sicht der Wissensorganisation kaum von Bedeutung (»*Problemfälle*«). Es kann sich hierbei z.B. um un- oder angelernte Arbeiter handeln. Mitarbeiter, die zwar ein niedriges Potenzial, aber eine derzeit hohe (Wissens-)Leistung aufweisen (»*Arbeitstiere*«), sind zwar augenblicklich tragend, können bei Weggang jedoch ersetzt werden – jedenfalls leichter als diejenigen, die über ein hohes Lernpotenzial und über ein hohes Leistungsvermögen verfügen (»*Stars*«). Besonders wichtig ist die frühzeitige Ermittlung derjenigen Wissensträger, die zwar noch nicht »ausgelernt« haben bzw. im Verhältnis zu ihren Möglichkeiten noch nicht genug leisten, aber für die Zukunft ein hohes Potenzial versprechen. Dies betrifft in erster Linie Nachwuchskräfte oder auch hochqualifizierte Mitarbeiter, deren Leistung derzeit noch stark schwankt (»*Fragezeichen*«).

Da nach wie vor valide Messverfahren und eindeutige Lernindikatoren fehlen, ist die Einteilung des gesamten Personals in vier vermeintlich trennscharfe Quadranten etwas willkürlich; das Instrument sollte daher allenfalls zur groben Sondierung zu Rate gezogen werden. Trotz dieser Einschränkung leistet das Wissensträgerportfolio einen wichtigen Dienst: Es identifiziert bereits im Vorfeld wertvolle Wissensträger, die es im Folgenden dann **langfristig an das Unternehmen zu binden** gilt (vgl. Ulrich 1998, S. 18; Harvey/Lusch 1997, S. 373).

Damit das Unternehmen wertvolle Führungskräfte und Mitarbeiter langfristig erhalten kann, bieten sich zunächst die üblichen personalwirtschaftlichen Aktivitäten an: Berücksichtigung von fluktuationsmindernden Faktoren bei der Personalauswahl (z.B. hinsichtlich Geschlecht, Lebensalter, Familienstand), Sicherstellung einer angemessenen Personalführung, Schaffung eines inspirierenden Betriebsklimas oder Setzen attraktiver Anreize. Diese Maßnahmen sind im Weiteren durch etwas **speziellere Konzepte** zu ergänzen (vgl. Amelingmeyer 2002, S. 153ff.):

- Vermeidung einer unternehmensinduzierten Entlassung oder Frühpensionierung;
- den Wissensabfluss berücksichtigendes Vorgehen bei Verschlankungen und Rationalisierungen;

- allmähliche Übergänge in den Ruhestand bzw. zeitweise Doppelbeschäftigung von ausscheidenden und neuen Mitarbeitern bzw.
- Aufrechterhaltung eines engen Kontakts zu Ehemaligen, eventuell deren fallweiser Einsatz als Berater oder Trainer.

Knaese/Probst (2001, S. 36 ff.) entwickelten auf der Basis von Interviews und Fragebögen, die gleichermaßen an Vorgesetzte und Mitarbeiter adressiert und danach kausalanalytisch ausgewertet wurden, einen **Regelkreis zum wissensorientierten Fluktuationsmanagement**, der drei Phasen umfasst und in regelmäßigen Abständen durchlaufen wird.

1. Die erste Phase will **relevantes Wissen und zentrale Wissensträger identifizieren**; sie baut auf den o.g. Methoden der Wissensidentifikation auf. Besonderen Stellenwert besitzen Befragungen, in denen den Mitarbeitern zur Selbsteinschätzung ein Katalog von verschiedenen Wissensarten vorgelegt wird. Aus diesem sind die Wissensarten zu benennen, die sie sich selbst zuordnen (z.B. tätigkeitsbezogenes Wissen, Erfahrungswissen, kundenbezogenes Wissen, Sozial- oder Methodenkompetenz). Infolge dieser Erhebungstechnik ist nicht auszuschließen, dass sich einige Wissensträger überschätzen. Dennoch sind die wesentlichen Wissensträger erfasst, womit der Zweck der ersten Phase erreicht ist.

2. Die zweite Phase soll **Erkenntnisse über das Fluktuationsrisiko** erbringen. Auch hierzu wird auf Mitarbeiterbefragungen – und zwar solche hinsichtlich des Zugehörigkeitsgefühls zum Unternehmen – zurückgegriffen. Gefragt wird u. a. nach dem Grad der Identifikation mit dem Unternehmen, der individuellen Fluktuationsneigung (z.B. »ich denke, dass ich in zwei Jahren immer noch bei Unternehmen X arbeite«) sowie der generellen Leistungsbereitschaft.

   Nach der statistischen Auswertung lassen sich die Mitarbeiter in zwei Kategorien differenzieren: Mitarbeiter *»at risk«*, die sehr fluktuationsgeneigt sind, sowie Mitarbeiter *»not at risk«*, deren Fluktuationsneigung eher schwach ausgeprägt ist. Anschließend wird abgeglichen, welche Personen der Risikogruppe zugleich zur Gruppe der zentralen Wissensträger gehören. Zur Erforschung der Ursachen für die Fluktuationsneigung wird auf Grundlage der Fragebogen-Items eine Wirkungskette von Risikofaktoren ermittelt, die positiv bzw. negativ mit dem »Commitment« korrelieren (z.B. Anerkennung, Entwicklungsmöglichkeiten, Arbeitsinhalt und -volumen, Verantwortung, Vergütung etc.; vgl. auch Ulrich 1998, S. 21).

3. In der dritten Phase werden **Maßnahmen zur langfristigen Mitarbeiterbindung** abgeleitet. Die Einflüsse der Risikofaktoren lassen sich in ein Handlungsportfolio mit vier Feldern übertragen. Auf der Y-Achse wird die Bewertung einzelner Faktoren durch die Mitarbeiter und auf der X-Achse der Einfluss dieser Bewertung auf das Commitment bzw. die Fluktuationsneigung abgetragen. Daraus lassen sich vier – nach Dringlichkeit abgestufte – Handlungsbedarfe ermitteln. Der geringste Handlungsbedarf besteht bei Mitarbeitern, die die Risikofaktoren zwar als hoch bewerten, deren Fluktuationsneigung aber dennoch gering ist. Hier gilt es, das Niveau der Bindung zu *erhalten*.

   Schätzen Mitarbeiter die Risikofaktoren sowie ihre Fluktuationsneigung als gering ein, so sollte das *Bindungsniveau erhöht* werden. Im Hinblick auf die Zukunft ist nämlich zu berücksichtigen, dass Risikofaktoren möglicherweise irgendwann höher bewertet werden. Deshalb sollten diese Faktoren – gleichsam proaktiv – verbessert werden. Der größte Handlungsbedarf besteht, wenn die Risikofaktoren derzeit als gering bewertet werden, die individuelle Fluktuationsneigung aber trotzdem schon hoch ist. Hier müssen umgehend Ansätze zur *Reduzierung der Fluktuationsneigung* ergriffen werden. Die entsprechenden Aktivitäten sind u.a. durch eine Detailanalyse zu bestimmen, in der deutlich werden sollte, welche Erwartungen der Wissensträger »at risk« nicht ausreichend erfüllt wurden und welche Verbesserungsmaßnahmen sich diese Mitarbeiter vorstellen können.

Der beschriebene Regelkreis nimmt letztlich Formen eines **strategischen Frühwarnsystems** an, anhand dessen das Unternehmen gezielte Handlungsmöglichkeiten zur Reduzierung der Fluktuationstendenz seiner Mitarbeiter zu erarbeiten vermag. Ein ähnlicher Weg kann bei *kollektiven Wissensträgern* wie z.B. Teams, Projektgruppen oder Abteilungen eingeschlagen werden. Will man sich auch hier vor Wissensverlust bewahren, dann bieten sich vor allem die Förderung des Gruppenzusammenhalts sowie die Stärkung informeller Netzwerke und »Communities« an (vgl. Weinert 1998, S. 351 ff., 380).

## 4.6.2 Sicherung von Wissen gegenüber unerwünschter Nutzung

Möchte das Unternehmen sein Wissen gegen unerwünschte Nutzung sichern, so ist möglichst frühzeitig zu klären, wer intern oder extern über das entsprechende Wissen verfügt. Der Zugang zu diesen Wissensträgern ist zum Teil rechtlichen Regelungen unterworfen, sodass der Zugriff auf bestimmte Kenntnisse eingeschränkt sein kann; Nutzungseinschränkungen und -verbote gibt es z.B. in besonders sensiblen Gebieten wie der Gen- oder der Atomforschung.

In unserem Zusammenhang sind die Regelungen des **gewerblichen Rechtsschutzes** interessant, die bezwecken, den fairen Wettbewerb sowie den Schutz persönlicher Schöpfungen zu gewährleisten (z.B. das Gesetz gegen den unlauteren Wettbewerb sowie das Marken-, Patent-, Urheber- und Geschmacksmustergesetz). Wissen stellt in diesem Kontext ein Immaterialgut im privatrechtlichen Sinne dar (vgl. Fink 2000, S. 48f.). Durch das **Immaterialgüterrecht** wird das aus Patenten, Marken und Urheberleistungen abgeleitete »Informationseigentum« einzelnen Personen zugeordnet und geschützt. Ein vollkommenes Schutzrecht gewähren die angesprochenen Regelungen jedoch nicht (vgl. Wiebe 1997, S. 105ff.; Wirtz 2001, S. 48).

Für viele Unternehmen sind *Patentrechte*, die dem Erfinderschutz dienen, von besonderer Bedeutung, denn sie betreffen zukunftsfähiges Wissen. Werden Dritten keine Lizenzen überlassen, dann hat nur der geistige Vater das exklusive Nutzungsrecht an dem von ihm geschaffenen Wissen. Ähnlich ausgerichtet ist das *Urheberrecht*, durch welches Werke aus Literatur, Wissenschaft und Kunst geschützt werden. Die hieraus entstehenden Rechte sind allerdings häufig dem Arbeitgeber zugeordnet (vgl. Wiebe 1997, S. 110, S. 145). Würde beispielsweise ein Mitarbeiter der F&E-Abteilung eines Unternehmens zu bahnbrechenden Forschungsergebnissen kommen, so lägen demzufolge die Urheberrechte nicht bei dieser Person, sondern bei der beschäftigenden Firma.

Die Innovationen im Bereich der *modernen Softwaretechnik* stellen Patentämter und Gerichte vor neue Herausforderungen (vgl. Teufel 1997, S. 210; Büllesbach 2000, S. IX). Neue Computerprogramme werden z.T. durch das Patentrecht und z.T. durch das Urheberrecht erfasst (vgl. Wiebe

1997, S. 128). Datenbanken können nach § 4 Urhebergesetz als »Sammelwerke« geschützt werden, soweit die Auswahl oder Anordnung der Daten eine »eigene geistige Schöpfung« darstellt.

Selbst *Informationsdienste im Internet* können in bestimmten Fällen urheberrechtsfähig sein (vgl. ebenda, S. 132 ff.). Eine einheitliche patent- und urheberrechtliche Anwendung im Softwarebereich erscheint aber nicht zuletzt deshalb schwierig, weil offene, interaktive Rechnerstrukturen das rechtliche »Territorialprinzip« verblassen lassen. So stellt sich z. B. das Problem der Lokalisierbarkeit, wenn ein Informationsgegenstand auf mehreren Servern gespeichert ist (vgl. Büllesbach 2000, S. V ff.; Dreier 1997, S. 176). Gerade bei Digitalgütern wird also »die Reichweite der körperlichen und unkörperlichen Verwertungsrechte unklar« (Wiebe 1997, S. 138). Dies trifft letztlich auch auf Multimedia-Produkte zu. Sind diese als Datenbanken, Laufbilder, Sammelwerke oder Bildtonträger zu klassifizieren? Insgesamt erweist sich die eigentumsrechtliche Behandlung immaterieller (Wissens-)Güter als wesentlich problematischer als bei traditionellen Gütern.

Die rechtliche Verfügbarkeit **personeller Wissensträger** ist in erster Linie durch *Arbeitszeit- und Arbeitnehmerschutz* geregelt (vgl. Hentze/Kammel 2001, S. 144 f.). Eine eingeschränkte Weisungs- und Kontrollmöglichkeit besteht insbesondere bei Beziehungen gegenüber Mitarbeitern von Partnerunternehmen. Gegen die unberechtigte Weitergabe von Unternehmenswissen durch bestimmte Mitarbeiter kann sich der Arbeitgeber mit Hilfe des *Arbeitsrechts* schützen. So besteht bekanntlich eine Schweigepflicht gegenüber Dritten, die bis zu einem gewissen Grad selbst noch nach Beendigung des Arbeitsverhältnisses gilt.

Darüber hinaus haben die Mitarbeiter auch im Unternehmen sorgfältig mit erfolgskritischem Wissen umzugehen. In diesem Zusammenhang ist die aktive von der passiven Geheimhaltung zu unterscheiden (vgl. Amelingmeyer 2002, S. 154 f.). Die **aktive Geheimhaltung** soll die unerwünschte Herausgabe von Wissen durch die eigene Organisation unterbinden. Die wichtigsten Überlegungen und Maßnahmen sind hierbei:

- die Abwägung, welches Wissen im Rahmen von Fachtagungen, Interviews, Veröffentlichungen usw. preisgegeben werden soll;
- die Überprüfung, welches Wissen bei Angeboten und öffentlichen Aufträgen offen zu legen ist;

- explizite Geheimhaltungsvereinbarungen mit Geschäftspartnern (z.B. Kunden oder Lieferanten), die u.U. mit Vertragsstrafen abzusichern sind;
- die Verschleierung des Wissens, das Dritte aus den eigenen Produkten gewinnen könnten sowie
- die Überprüfung, welches Wissen im Rahmen von strategischen Partnerschaften preiszugeben ist (vgl. Abschnitt 4.3.3).

Die **passive Geheimhaltung** ist hingegen auf die Abwehr eventueller Spionageversuche gerichtet (ein nach wie vor dramatisch unterschätztes Problem!). Hierzu sind zunächst interne Regelungen erforderlich, die das Unternehmenswissen nach Wichtigkeit kategorisieren, wobei die bekannten Instrumente der Wissensidentifikation behilflich sein können (vgl. Abschnitt 4.2.1). Des Weiteren ist die interne Informationspolitik so auszugestalten, dass bestimmte Wissensinhalte nur einem begrenzten Personenkreis zugänglich sind. Und schließlich verhindern persönliche Zutrittskontrollen, biometrische Kontrollsysteme (die z.B. Fingerabdrücke oder Gesichtsformen zugangsberechtigter Personen »einscannen«) oder besondere Schutzmechanismen für das elektronisch abgespeicherte Wissen eine unerwünschte Wissensnutzung bzw. dämmen diese Gefahr zumindest ein.

### 4.6.3 Aufgabe von Wissen

Es mag unter der Überschrift »Wissensbewahrung« paradox anmuten, aber es soll an dieser Stelle noch einmal ausdrücklich darauf hingewiesen werden, dass nicht alle Wissensbestände der dauerhaften Bewahrung bedürfen, sondern das Unternehmen auch entlernen, d.h. sich von irrelevantem Wissen trennen muss. So sollte u.a. regelmäßig geprüft werden, ob ungenutzte Wissensrechte – z.B. nicht verwertbare Patente – existieren, die sich Erlös bringend veräußern lassen (zu einem interessanten Fallbeispiel vgl. Petrash 1996). Auch personelle Wissensträger werden sich jenes Wissens entledigen, das ihnen für ihre eigene Tätigkeit nicht mehr nützlich erscheint. Dies bezieht sich auf Fertigkeiten, die nicht mehr beherrscht, Fähigkeiten, die nicht mehr eingesetzt und Werte, die nicht mehr verinnerlicht zu werden brauchen.

Speziell bei den strukturellen Wissensbeständen bietet es sich an, bestimmte »Verfallsdaten« für obsolete Inhalte vorzumerken; die periodische Überprüfung organisatorischer Vorschriften kann z.B. ein wichtiger Beitrag zur betrieblichen Entbürokratisierung sein. Analog hierzu könnten computerbasierte Dateien (z.B. Preislisten) in bestimmten Zeitabständen auf ihre aktuelle Gültigkeit hin überprüft werden (vgl. Zacconi 1998, S. 52). Unter Bezugnahme auf das oben dargestellte Mitarbeiterportfolio lässt sich in manchen Fällen überdies die Kündigung bestimmter Arbeitsverträge nicht vermeiden, sodass sich das Unternehmen auch hier von Wissen trennt.

Vorsicht aber vor nur schwer revidierbaren **Outsourcing-Maßnahmen**: Eingespielte Teams oder solitäre Unternehmensfunktionen stellen kollektive Wissensträger dar, die insbesondere im Kontext der Kernkompetenzperspektive gern ausgelagert oder ausgegründet werden. Die als »Spinoffs« bezeichneten Ausgründungen sind dann sinnvoll, wenn deren Wissensbestände vom Mutterunternehmen nicht mehr in ausreichendem Maße absorbiert werden können, d.h. junge Ideen und Konzepte in neu gegründeten Unternehmen besser verwertet werden können (vgl. Quinn 1999, S. 10ff.). Allzu oft aber trennt man sich durch Stilllegung von Betriebsteilen oder Übertragung von Funktionen auf Dritte von Wissen, das später wieder sehr wertvoll für das Unternehmen werden kann.

In diesem Zusammenhang haben auch die noch vor kurzem so populären »Schlankheitskuren« und Reengineeringprogramme ihre unseligen Spuren hinterlassen (vgl. zu Beispielen Davenport/Prusak 1999, S. 15). Den Entscheidungen zur organisationalen Wissensbewahrung kommt somit auch eine zentrale strategische Bedeutung zu.

## 4.7 Wissenscontrolling

### 4.7.1 Generelle Problematik

Das Controlling der organisationalen Wissensbasis bezieht sich direkt auf die gesetzten Wissensziele, womit sich auf der Steuerungsebene der Regelkreis der Wissensbausteine schließt. Insofern meint Wissenscontrolling nicht allein die qualitative oder gar monetäre Bewertung des vorhandenen Wissens; mindestens ebenso zentral ist die Frage, inwieweit die normativen und strategischen Wissensziele in der Planungsperiode erreicht worden sind.

Um diese Beurteilung vornehmen zu können, sind **drei Schritte** erforderlich (vgl. Picot/Scheuble 2000, S. 26):

1. Ermittlung der den Unternehmenserfolg maßgeblich bestimmenden *Einflussfaktoren* (»Werttreiber«). Selbige sind vor allem von der gewählten Unternehmensstrategie abhängig.

2. Entwicklung von *Indikatoren* zur möglichst exakten Operationalisierung der ermittelten Werttreiber.

3. Übertragung der relevanten Größen in ein aussagefähiges *Berichtswesen*, welches dann regelmäßig zu aktualisieren ist.

Für die Evaluation der immateriellen Assets eines Unternehmens bringt ein **Blick in die Bilanzen** oft nur wenig. Dies trifft insbesondere auf wissensbasierte Organisationen zu: Traditionelle Bilanzposten bieten hier kaum Einsicht in die »wahren« Vermögenswerte oder gar Gewinnaussichten der Unternehmen (vgl. Edvinsson/Brüning 2000, S. 18; Probst/Raub/Romhardt 1999, S. 324 sowie etwas allgemeiner Kappler 1996). Quinns Fazit gilt noch heute: »Trotz des bedeutenden Beitrags von Wissen und Dienstleistungen zu Wertschöpfung und Wachstum moderner Unternehmen und Nationen, konzentrieren sich (...) unsere Management-Kontrollsysteme, unsere ökonomischen Modelle und unsere sozialen Messinstrumente auf physisches Vermögen und ihre physischen oder physisch meßbaren Outputs« (Quinn 1992, S. 243).

So herrscht z. B. Unklarheit über die Frage, wie vorhandene Kompetenzen zu bilanzieren sind oder wie sich die Wissensentwicklung in strategischen Partnerschaften bewerten lässt. Ferner bleibt Wichtiges ungemessen (z. B. persönliche Beiträge zum Wissenstransfer oder kollektives Beziehungswissen) bzw. wird mit falschem Maßstab gemessen (z. B. mit zu kurzem Zeithorizont oder ohne Bezugnahme auf entsprechende Wettbewerberfähigkeiten; vgl. North/Probst/Romhardt 1998, S. 158 f.). Buchhalterische Inkonsistenzen sind zudem eher die Regel als die Ausnahme: Investitionen in Maschinen werden bilanztechnisch z. B. anders behandelt als Investitionen in die Forschung oder Bildung (vgl. dazu ausführlich Sveiby 1997).

Diese Probleme hängen zum einen mit der immanenten **Subjektivität geistiger Besitzstände** zusammen, zum anderen mit der starken **Fixierung** rechtlicher Bewertungsvorschriften **auf dingliche oder wenigstens finanzwirtschaftlich definierte Objekte** (Maschinen, Grundstücke, Beteiligungen etc.). Die hiermit einhergehende systematische Verzerrung trifft vor allem Unternehmen, die einen hohen Anteil an immateriellen Vermögenswerten aufweisen, was zugleich die in Abschnitt 1.3 erwähnte Diskrepanz zwischen niedrigen Buchwerten und hohen Marktwerten bei bestimmten börsennotierten Unternehmen erklärt. Abb. 25 zeigt, wie die »tatsächliche« Bilanz eines solchen Unternehmens aussehen könnte.

Die immateriellen Vermögenswerte, die ihre Wurzeln zu einem großen Teil in der organisationalen Wissensbasis haben, wurden von uns – in Abgrenzung zum Finanzkapital – als das **intellektuelle Kapital** eines Unternehmens bezeichnet. Hinsichtlich seiner weiteren Unterteilung gibt es in der einschlägigen Literatur allenfalls graduelle Unterschiede: Edvinsson/Brüning (2000, S. 27 ff.) und Stewart (1998, S. 87 ff.) unterscheiden zwischen *Human-, Kunden-* und *Struktur(ellem) Kapital.* Roos et

| **Sichtbares Eigenkapital**<br>(Eigenkapitalwert) | **Immaterielle Vermögenswerte**<br>(Überschuss des Börsenkurswertes über das ausgewiesene Eigenkapital) | | |
|---|---|---|---|
| | **Externe Struktur** | **Interne Struktur** | **Kompetenz der Mitarbeiter** |
| Materielle Vermögenswerte abzüglich sichtbarer Verbindlichkeiten | • Marken<br>• Kundenbeziehungen<br>• Lieferantenbeziehungen | Organisation:<br>• Rechtsform<br>• Management<br>• Systeme<br>• Unternehmenskultur<br>• Forschung & Entwickl. (F&E)<br>• Software | • Ausbildung<br>• Erfahrung |

**Abb. 25:** Beispiel einer Wissensbilanz (Quelle: Sveiby 1998, S. 31)

al. (1998, S. 57) gliedern das intellektuelle Kapital lediglich in **Human-** und **Strukturkapital**. Schneider (2001, S. 100) schließlich ergänzt das Kundenkapital noch durch weitere Gruppen wie Lieferanten und Öffentlichkeit und führt zusätzlich den Begriff des Beziehungskapitals ein. Wir orientieren uns im Folgenden an der oben abgebildeten Terminologie von Sveiby.

Kategorisiert man dementsprechend das »unsichtbare« intellektuelle Kapital in **drei Segmente**, dann bietet das einen ersten Anhaltspunkt für die Aufspürung der jeweiligen Werttreiber. So ist offensichtlich, dass es in Beratungsunternehmen vor allem auf die Kompetenz der Mitarbeiter ankommt (= Humankapital). Einen fast ebenso wichtigen Aktivposten dürfte ferner das Kundenkapital darstellen. Im Konsumgüterbereich sind es hingegen häufig die über lange Zeit aufgebauten guten Beziehungen zum einschlägigen Fachhandel oder die reibungslose Logistik, welche als entscheidende Erfolgsfaktoren zu betrachten sind (= Strukturkapital).

Gerade bei immateriellen Werten sind die Erfolgsparameter jedoch nicht einfach zu ermitteln. Beispielsweise führte Fortune 500 im Jahre 1996 eine Bewertung des Softdrink-Giganten COCA-COLA durch. Der Marktwert (147 Mrd. US $) war dabei um fast zehn mal höher als der Buchwert (15,5 Mrd. US $; vgl. Reinhardt 1998, S. 146f.). Auf den ersten Blick mag diese Diskrepanz in der außergewöhnlichen Reputation dieses Unternehmens am Markt begründet liegen. Noch im Jahr 2001 gilt das Unternehmen aus Atlanta mit taxierten 69 Mrd. US $ als wertvollste Marke der Welt. Die Erfolgsursache könnte jedoch genauso gut in der einmaligen Vertriebsstruktur von COCA-COLA zu finden sein.

In Übereinstimmung mit der eingangs skizzierten Kernkompetenzperspektive wird einmal mehr deutlich, dass die Aufdeckung wichtiger Erfolgsfaktoren in das Problem der kausalen Ambiguität mündet, wonach das Erfolgsgeheimnis vieler Unternehmen gerade in der letztendlichen Nicht-Entschlüsselbarkeit ihrer Werttreiber liegt. Wissen lässt sich demnach tatsächlich nicht wie eine Bestandsgröße managen (vgl. Baecker 2000, S. 105; Romhardt 1998, S. 285).

Im Endeffekt erweist sich die **Unterscheidung** zwischen immateriellen und materiellen Vermögenswerten in vielen Fällen als **nicht mehr haltbar**. Wie bereits in Kapitel 1 illustriert, fließt heute eigentlich in alle Güter mehr oder minder viel Wissen ein. Wissen besitzt eben sowohl einen Objektcharakter (z.B. bei Produkten) als auch einen Prozesscharakter (z.B. in Form von prozeduralem Wissen in der F&E).

Ungeachtet dieser wohl unauflöslichen Problematik besteht seitens des Top-Managements und auch seitens der Investoren und Stakeholder ein starkes Interesse daran, z.B. den Wert einer Kunden- oder Lieferantenbeziehung genauso sichtbar zu machen wie den aktuellen Substanzwert des Maschinenparks. Trotz dieses Informationsbedürfnisses ist die systematische **Analyse immaterieller Unternehmenswerte** aber bislang **wenig verbreitet**, wofür vor allem folgende **Gründe** ursächlich sind (vgl. Sveiby 1998, S. 265 f.; Reinhardt 1998, S. 173; Probst/Raub/Romhardt 1999, S. 324 ff.):

- Viele Analysten können mit immateriellen Vermögensposten nichts anfangen; der Nutzen solcher Posten wird wegen der oft *fehlenden Quantifizierbarkeit* als gering eingeschätzt. Und was nicht zu messen ist – so die landläufige Meinung –, ist letztlich auch nicht zu managen.

- Nur wenige Firmen besitzen *Erfahrungen* beim Controlling immaterieller Größen.

- Gesetzliche *Vorschriften zur Berichterstattung* sind bislang unvollkommen oder »schief«. Überdies sind die nationalen Rechnungslegungsvorschriften uneinheitlich (vor allem was die Aktivierungsfähigkeit sowie die Abschreibungsmöglichkeiten von Wissensvermögen angeht).

- Die Bilanzierung immaterieller Werte kann bei Außerachtlassung des kaufmännischen Ehrlichkeits- und Vorsichtsprinzips *leicht missbraucht* werden. Den Stakeholdern fällt es schwer zu erkennen, wie und wo ihr eingesetztes Kapital tatsächlich investiert wurde.

- Wissensbewertung wird schließlich schnell zum *Politikum*. Wird die Expertise von Fachleuten durch unabhängige Evaluierungen möglicherweise in Frage gestellt, so ist schon im Vorfeld mit hartnäckigem Widerstand zu rechnen.

Trotz dieser Restriktionen kann mittlerweile auf eine Reihe von Ansätzen zur **Bewertung** von **immateriellem Vermögen** zurückgegriffen werden. Diese basieren teils auf finanziellen, teils auf nicht-finanziellen Kriterien und weisen jeweils spezielle Stärken und Schwächen auf. Im Folgenden sollen die wichtigsten Ansätze kurz beschrieben werden.

## 4.7.2 Deduktiv-summarische Ansätze

Die deduktiv-summarischen Ansätze gehen im Wesentlichen von der **Marktwert-Buchwert-Differenz** aus. Ihrer Logik nach »zerlegen« sie das gesamte Unternehmen in seine einzelnen Vermögenswerte, versuchen diese zu bewerten und die einzelnen Werte dann wieder zu einem neuen Gesamtwert zu addieren. Auf diese Weise lässt sich zwar der Wert des immateriellen Vermögens monetär ermitteln; die Interpretation dieser Differenz erfolgt jedoch nur teilweise oder gar nicht. Wenn also, wie im obigen Beispiel, ein Unternehmen wie COCA-COLA im Jahre 1996 einen Marktwert von 147 Mrd. US $ auswies, so könnte man annehmen, dass der nach Abzug des Buchwertes übrig bleibende Wert die organisatorische Wissensbasis beschreibt – ihr Wert betrüge demnach 131,5 Mrd. US $.

Eine solche Rechnung erweist sich aber aus mehreren Gründen als **vereinfachend** (vgl. Stewart 1998, S. 219f.; North 1999, S. 189). Zunächst unterliegt der Börsenkurs externen, durch die Unternehmenssituation nur begrenzt erklärbaren Veränderungen, die z.B. marktpsychologischer oder konjunktureller Natur sein können. Wenn also der Börsenkurs von COCA-COLA um 10% bei gleich bleibendem Buchwert sinkt, so bedeutet dies keineswegs, dass damit der Wert der Wissensbasis um 10% geschrumpft ist oder gar, dass die gesamte Organisation um 10% »dümmer« geworden ist.

Außerdem werden durch handels- und steuerrechtliche Bewertungsspielräume Abschreibungsmöglichkeiten realisiert, die den Buchwert niedriger erscheinen lassen als er tatsächlich ist. Die Aussagefähigkeit der Behauptung »das immaterielle Vermögen von COCA-COLA ist 131,5 Mrd. US $ wert«, ist dementsprechend gering. Das Top-Management und mögliche Investoren können daraus keine konkreten Erkenntnisse ableiten.

### a) Tobin's q

Von höherer Aussagekraft ist der sog. **Tobin's q**. Diese Größe vergleicht die Relation des Marktwertes eines Gutes mit seinen Wiederbeschaffungskosten. Der Quotient (Marktwert dividiert durch den Buchwert) wurde vom Nobelpreisträger für Ökonomie James Tobin entwickelt. Mit dieser finanziellen Kennzahl, die allerdings zunächst nicht speziell für intellektuelles Kapital konzipiert wurde, ist ein langfristiger branchenbezogener Unternehmensvergleich möglich. Wenn $q < 1$ ist, dann liegt der Marktwert eines Vermögensgegenstandes, z.B. einer Maschine oder auch eines Mitarbeiters, unter den Wiederbeschaffungskosten. Jedes Unternehmen wird daher versuchen, über möglichst wenig solcher Vermögensgegenstände zu verfügen. Umgekehrt lässt der Quotient q > 1 darauf schließen, dass der Marktwert des Vermögensgegenstandes über dessen Wiederbeschaffungswert liegt (vgl. Gehrke 1994, S. 15 ff.; Stewart 1998, S. 220 f.).

Es hat sich gezeigt, dass Unternehmen mit einem solchen Quotienten schnell wachsen und besonders wissensorientiert sind, da sie sich durch hohe Investitionen in die interne Struktur und in die Kompetenz der Mitarbeiter auszeichnen. Ein hohes »q« zeigt an, dass ein Unternehmen über eine Ressource verfügt, die andere Unternehmen nicht besitzen – eine treffende Definition für die im Immateriellen eingebundenen Vermögenswerte.

Einer aktuellen Untersuchung zufolge liegen die Tobin's-q-Werte selbst in traditionellen Branchen wie der Bauwirtschaft oder dem Maschinenbau bereits zwischen 1,7 und 2,4. Am Neuen Markt, einem Ort, an dem bekanntlich Unternehmen gehandelt werden, die vor allem wissensbasierte Produkte und Dienstleistungen herstellen, werden nicht selten hohe (zweistellige) Werte errechnet.
Die hohe Streuung dieser Werte relativiert allerdings die Annahme, dass allein der Tobin's q das Marktwachstum eines Unternehmens erklärt, denn die Veränderung strategischer Ziele kann damit nicht gedeutet werden (vgl. Burmann 2001, S. 169 f.). Im Gegensatz zur einfachen Marktwert-Buchwert-Relation werden durch den Tobin's q aber zumindest die verzerrenden Wirkungen einiger Abschreibungsmöglichkeiten behoben.

### b) Calculated Intangible Value (CIV)

Ein weiteres Bewertungsverfahren – der **Calculated Intangible Value (CIV)** – wurde an der Kellog School of Business an der Northwestern University entwickelt. Es soll der finanziellen Bewertung des immateriellen Vermögens unter dem Gesichtspunkt der externen Struktur, speziell anhand des Markenwertes, dienen. Der Ausgangspunkt ist die Überlegung, dass der Marktwert eines Unternehmens nicht nur Rückschlüsse auf die sachlichen Anlagewerte zulässt, sondern zusätzlich eine Komponente hat, die auf das immaterielle Vermögen hindeutet. Dieser, den »überschüssigen« Wert begründende Aktivposten soll aufgespürt werden. Voraussetzung hierfür ist allerdings, dass die Gesamtkapitalrendite des untersuchten Unternehmens über dem Branchendurchschnitt liegt (vgl. Edvinsson/Brüning 2000, S. 154; zur Berechnung vgl. Pulic 1996, S. 161 f.; Stewart 1998, S. 221 ff.).

Zusammenfassend ist es bei den deduktiv-summarischen Ansätzen möglich, dem immateriellen Vermögen auf Finanzdaten basierende (also vergleichsweise »harte«) Werte zuzuordnen. Es wird aber zu Recht kritisiert, dass solche Werte keine Aussage darüber erlauben, aufgrund welcher Ursachen oder Maßnahmen sich die organisatorische Wissensbasis verbessert oder verschlechtert hat (vgl. North/Probst/Romhardt 1998, S. 161). Insgesamt bleibt die zielgerichtete Steuerung und Beurteilung des Wissenskapitals also vage.

### 4.7.3 Induktiv-analytische Ansätze

Im Unterschied zu den deduktiv-summarischen Methoden beziehen induktiv-analytische Ansätze auch nicht-finanzielle Indikatoren ein und erlauben somit eine differenziertere Bewertung des Unternehmensvermögens. Sie fußen demgemäß nicht immer auf »harten« Zahlen, sondern arbeiten oft lediglich mit graphischen oder kategorisierenden Instrumenten. Darüber hinaus sind einige Ansätze bemüht, mehrere Größen zu einem mehrstufigen Indikatorsystem zu integrieren.

#### a) Intangible Assets Monitor

Der Intangible Assets Monitor basiert auf der o.g. Unterteilung des immateriellen Vermögens in externe und interne Struktur sowie der Kompetenz der Mitarbeiter. Speziell die Wissensbasis wird nach drei Aspekten beurteilt: *Wachstum/Erneuerung* (Indikatoren, die den positiven Wandel anzeigen, wie z.B. neu gewonnene Kunden oder Märkte), *Effizienz* (in der Regel quantitative Indikatoren wie Umsatz oder Wertschöpfung) und *Stabilität* (wiederum vor allem quantitative Indikatoren wie z.B. Zahl der Wiederholungsaufträge, Fluktuationsquoten).

Sveiby (1998, S. 223 ff.) hat diesen Bewertungsansatz auf das schwedische Unternehmen CELEMI übertragen. Dabei stehen insbesondere die **Kunden** im Mittelpunkt, da sie bei der Wissensgewinnung respektive Wissenserneuerung eine wichtige Rolle spielen (vgl. Abschnitt 4.3.2). Die Firma CELEMI hat dabei besonders »*imagefördernde Kunden*« der externen Struktur zugeordnet; denn es handelt sich um eine Kundengruppe, die es dem Unternehmen erleichtert, neue Kunden zu gewinnen und Marketingkosten zu verringern. Die Pflege langfristiger Geschäftsbeziehungen erweist sich hier als erfolgreich. »*Organisationsfördernde Kunden*« werden hingegen der internen Struktur zugeordnet. Sie erwarten von CELEMI maßgeschneiderte Lösungen und fördern dadurch die Produktentwicklung oder sogar die Reorganisation bestimmter Unternehmensteile (siehe die erwähnten Lead User oder Key-Accounts). »*Kompetenzfördernde Kunden*« schließlich tragen zum Aufbau der Mitarbeiterkompetenz bei, indem sie einen gemeinsamen Lernprozess anstoßen (vgl. North/Probst/Romhardt 1998, S. 161; North 1999, S. 193).

### b) Balanced Scorecard

Die vermutlich wichtigste Methode zur Kontrolle des intellektuellen Kapitals ist die Balanced Scorecard. Die Balanced Scorecard kann als ein Ansatz verstanden werden, in dem versucht wird, finanzielle und nichtfinanzielle Indikatoren der Wissensbewertung zu integrieren (vgl. Kaplan/Norton 1996, S. 75), wobei explizit auch die organisationale Lernfähigkeit einbezogen wird.

Dem geht – analog zu den Defiziten des herkömmlichen Berichtswesens – die **Kritik an den klassischen finanziellen Kennzahlensystemen** voraus. Diese Systeme sind zunächst weitgehend operativ und vergangenheitsbezogen, sodass die Verbindung zur Ebene des strategischen Managements fehlt (eine Rückkopplung der Kennzahlen mit dem Zielsystem des Managements findet z. B. häufig nicht statt). Darüber hinaus stehen die Zahlen der Bilanz bzw. der Gewinn- und Verlustrechnung im Mittelpunkt, nicht-monetäre Größen werden kaum erfasst (vgl. Luehrman 1997, S. 132 ff.). Im Endeffekt wird von den klassischen Kennzahlensystemen eher an Symptomen und weniger an Ursachen angesetzt sowie die ganzheitliche Unternehmenssteuerung vernachlässigt.

Die finanziellen Zielsetzungen des Unternehmens müssen aber mit den Leistungsperspektiven in Bezug auf *Kunden, interne Prozesse* sowie *Lernen/Wachstum* verbunden werden. Im Sinne einer optimalen Unternehmensleistung haben diese Perspektiven in einem ausgewogenen Verhältnis zu stehen, eben »balanciert« zu werden: »The scorecard gives managers a way of ensuring that all levels of the organization understand the long-term strategy and that both departmental and individual objectives are aligned with it« (Kaplan/Norton 1996, S. 76).

Die wichtigsten Leistungsziele sollen unternehmensweit transparent sein und auf alle Geschäftsbereiche, Abteilungen und Stelleninhaber »heruntergebrochen« werden. Aufgrund der hohen Zahl an Ursache/Wirkungs-Beziehungen ist es allerdings kaum möglich, die Wissensperspektive eines Unternehmens vollständig zu operationalisieren (vgl. North 1999, S. 196). Insofern ist also weniger von einem »fertigen« Planungssystem als vielmehr von einem Kommunikationsprozess zur Strategieformulierung und Strategieübersetzung in konkrete Aktivitäten auszugehen (vgl. Horváth 1998, S. 160). Kaplan und Norton diskutieren die Balanced Scorecard deshalb auch stark unter dem Aspekt des strategischen und operativen Lernens. Mit der Implementierung der Scorecard ist in der Praxis ein zeitaufwändiger Lernprozess verbunden, der bis zu eineinhalb Jahre in Anspruch nehmen kann.

### c) Skandia Navigator

Die Balanced Scorecard gilt zugleich als Ausgangspunkt für den sog. Skandia Navigator, den das gleichnamige schwedische Finanzdienstleistungs- und Versicherungsunternehmen unter Hinzufügung der Mitarbeiterperspektive entwickelt hat. Dieses ebenfalls indikatorbasierte System ist inzwischen sehr populär geworden, denn es spielte bei der Bewertung intellektuellen Kapitals eine Vorreiterrolle. Der Skandia Navigator sensibilisiert die verschiedenen Stakeholder nachhaltig für die besondere Wettbewerbsrelevanz der Ressource Wissen. Dieser Effekt wird seit 1992 durch die halbjährliche Veröffentlichung des *Balanced Report on Intellectual Capital* unterstrichen, der als Beilage zum regulären Geschäftsbericht erscheint.

SKANDIA kann somit als einer der Pioniere des Wissensmanagements angesehen werden; sein ehemaliger »Director of Intellectual Capital« – Leif Edvinsson – erlangte durch seine Innovationen im Bereich der Wissensmessung weltweite Bekanntheit. Allerdings ist fraglich, inwieweit sich mit diesem Indikatorenmix tatsächlich das Wissen von SKANDIA messen lässt. Insbesondere hinsichtlich des Mitarbeiterfokus treten **Interpretationsprobleme** auf (vgl. Probst/Raub/Romhardt 1999, S. 334 ff.; Romhardt

1998, S. 283). So verrät das ausgewiesene Durchschnittsalter der Mitarbeiter einem Außenstehenden natürlich nichts über das Durchschnittsniveau ihrer Fähigkeiten. Und die rein quantitative Erfassung der Weiterbildung lässt weder eine fundierte Schlussfolgerung über die Bildungsinhalte noch über den letztendlichen Bildungserfolg zu. Des Weiteren ist die fehlende Trennung der Indikatorklassen zu beanstanden: *Bestandsindikatoren* (»Woraus besteht die organisatorische Wissensbasis heute?«) werden mit *Interventionsindikatoren* (»Welche Eingriffe wurden in welchem Umfang durchgeführt?«) und *Übertragungsindikatoren* (»Welche Effekte lösten die vorgenommenen Eingriffe aus?«) vermischt (vgl. Romhardt 1998, S. 303).

Für Kritiker bleibt vor diesem Hintergrund fraglich, ob der Skandia Navigator überhaupt Wissen messen kann bzw. ob er nicht eher der transparenteren Erklärung des eigenen Börsenwertes oder der Verbesserung des Firmenimages dienen soll.

### d) Mehrstufige Indikatorsysteme

Die diffuse Verquickung unterschiedlicher Messgrößen vermag ein mehrstufiges Indikatorsystem teilweise zu vermeiden. In diesem Fall wird parallel zur Finanzbilanz eine Wissensbilanz erstellt, die für sich in Anspruch nimmt, die Erreichung der Unternehmensziele durch gezielte Interventionen in die organisationale Wissensbasis zu fördern und die Interventionsresultate messbar zu machen (vgl. Probst/Raub/Romhardt 1999, S. 337 f.; North/Probst/Romhardt 1998, S. 163 ff.). Die nachstehende Abb. 26 zeigt diesen Ansatz.

Finanziell messbare Ergebnisse werden bei dieser Methode nach wie vor in der herkömmlichen Bilanz erfasst, während die Veränderungen der organisationalen Wissensbasis der Wissensbilanz zugeschrieben werden. Als besonders vorteilhaft erweisen sich bei diesem Indikatormodell die höhere Differenzierungsfähigkeit sowie die Berücksichtigung der zeitlichen Entwicklung der organisationalen Wissensbasis.

In dieselbe Richtung weisen mittlerweile eine Reihe weiterer mehrstufiger Indikatorsysteme, so u. a. das **wissensorientierte Performance Measurement (WPMS)** (vgl. Schomann 2001, S. 253). Bezugspunkt ist hier der St. Galler Managementansatz. Nach dessen Denkmodell entzieht sich die Steuerung und Gestaltung von Unternehmensprozessen einer di-

| *Indikatorklasse* | *Begriffsbestimmung* | *Beispiele* |
|---|---|---|
| **Organisationale Wissensbasis (I)** | Beschreibt den Bestand organisationalen Wissens zum Zeitpunkt $t_0$ qualitativ und quantitativ | Qualifikation, Problemlösungs-Kompetenz der Mitarbeiter, Prozess-Know-how, Patente |
| **Interventionen (II)** | Beschreibt Prozesse und Inputs (Aufwand) zur Veränderung der organisationalen Wissensbasis | Ausbildungstage pro Mitarbeiter, Kundenseminare, Ratings der Beratungs- und Schulungsqualität |
| **Zwischenerfolge und Übertragungseffekte (III)** | Misst die direkten Ergebnisse der Interventionen (Outputs) zum Zeitpunkt $t_1$ | Beherrschung von Arbeitsprozessen, Antwortzeiten auf Kundenanfragen, Publikationen von Mitarbeitern |
| **Ergebnisse (Informationsverhalten)** | Misst Geschäftsergebnisse am Ende der Betrachtungsperiode (Quartal, Geschäftsjahr) | Veränderung der Kundenaufträge, Marktdurchdringung, Kundenzufriedenheit, RoI, Cashflow |

**Abb. 26:** Mehrdimensionale Indikatoren zur Wissensbewertung (nach North/Probst/Romhardt 1998, S. 165)

rekten Einwirkung. Stattdessen liegen – im Sinne positiver und negativer Rückkopplungen – Interdependenzen zwischen einzelnen Elementen vor, die im Sinne des »vernetzten Denkens« hilfsweise erfasst werden können (vgl. Gomez/Probst 1995, S. 25 f.; Hahmann 2000, S. 179 ff.).

Das WPMS basiert – wie eigentlich alle Performance Measurement-Systeme – teils auf der Balanced Scorecard, teils auf anderen Ansätzen zur Quantifizierung verschiedener betrieblicher Dimensionen wie beispielsweise Innovationsfähigkeit, Qualität, Kosten, Kundenzufriedenheit (vgl. Schomann 2001, S. 109 ff.). Es stellt damit ebenfalls ein integriertes Set von Maßgrößen zur Bewertung der Effizienz und Effektivität eines Unternehmens bereit. Das WPMS findet insbesondere bei Beratungsunternehmen

Anklang, hat sich in der Praxis aber noch nicht vollständig durchgesetzt. Entwicklungsbedarf besteht vor allem noch in Bezug auf die Kennzahlenauswahl sowie die Anwendungsobjekte.

### 4.7.4 Sonstige Ansätze und kritische Würdigung

Zur Analyse der organisationalen Wissensbasis kann ferner auf sog. *Reifestufenmodelle* zurückgegriffen werden: Bei der SIEMENS AG wurde beispielsweise das sog. **Knowledge Management Maturity Modell** (KMMM) entwickelt, das der Wissenskontrolle, aber auch der Wissensbewahrung dienen soll. Es wird mittlerweile als softwareunterstütztes Tool angeboten und kann auch von Consulting-Dienstleistern in Lizenz durchgeführt werden. Das KMMM liefert dem Nutzer eine Methodik zur Einschätzung und Entwicklung des unternehmensspezifischen Reifegrades im Wissensmanagement. Das Konzept selbst kombiniert ein Diagnose- mit einem Entwicklungsmodell.

Beim *Diagnosemodell* werden acht ausgewählte Gestaltungsfelder des Wissensmanagements (u.a. Wissensziele, Partnerschaften, Mitarbeiter, Zusammenarbeit/Kultur, Wissensstrukturen/Inhalte) anhand eines skalierten Bewertungsschemas in bestimmte Reifegrade unterteilt. Diese Diagnose bietet eine Orientierung zur Planung und Durchführung von Wissensmanagementaktivitäten. Das damit gekoppelte *Entwicklungsmodell* beinhaltet wichtige Informationen hinsichtlich der Erreichung der nächsten Reifestufe. Insgesamt gibt es fünf solcher Stufen, die das Unternehmen gegenüber dem Verlust bestimmter Wissensträger »immunisieren« sollen.

Die beiden untersten Stufen sind sehr anfällig gegen jede Form des Wissensverlustes – hier sind keine Immunisierungsstrategien möglich. Auf der dritten Stufe ist die Organisation immun gegen den Verlust einzelner Experten. Dies kann beispielsweise durch eine gezielte Kodifizierungsstrategie erreicht werden. In der vierten Stufe ist das Unternehmen sogar gegen den Abgang ganzer Experten-Teams gewappnet. Hierzu haben u.a. organisationsweite Wissensnetzwerke und Best-Practice-Transfers beigetragen (vgl. Abschnitt 4.4). In der fünften und höchsten Stufe ist das Wissensmanagement vollständig implementiert, sodass grundlegende Veränderungen – wie z.B. Umstrukturierungen oder Fusionen – die organisationale Wissensbasis nicht gefährden.

Ein Vorteil der Reifestufenmodelle ist die interorganisationale Vergleichbarkeit. Zwar können sich einem solchen Vergleich konkrete Maßnahmen anschließen; eine präzise Evaluation dieser Maßnahmen als Grundlage für die Unternehmenssteuerung bleibt allerdings vage. Nicht hilfreich sind derartige Modelle indes bei der Operationalisierung von Unternehmenszielen sowie bei der analytischen Aufdeckung von Ursache/Wirkungsbeziehungen (vgl. Schomann 2001, S. 181 f.).

Betrachtet man die deduktiv-summarischen und induktiv-analytischen Ansätze sowie die Reifestufenmodelle, so wird deutlich, dass diese allesamt einen mehr oder weniger starken ex-post-Charakter aufweisen. Die Bewertung diverser Aktivitäten des Wissensmanagements, die ja Fehlentwicklungen vermeiden soll, erschließt sich dem Top-Management oft allenfalls im Nachhinein. Diesem Defizit wird seit einiger Zeit durch verschiedene **computerbasierte Simulationsmethoden** entgegenzuwirken versucht, die bislang aber eher experimenteller Natur sind (vgl. ausführlicher Kuell/Staehly 1999).

Unseres Erachtens wird damit ein **grundsätzliches Problem des Wissenscontrollings** sichtbar: Die Wirkungszusammenhänge sind gerade in diesem Bereich von emergenter Qualität, d.h. sie treten auf, ohne eindeutig auf bestimmte Eigenschaften, Ereignisse und Beziehungen zurückgeführt werden zu können. Wissen entsteht letztlich als eigenständiger Verknüpfungszusammenhang und weist somit auf den unterschiedlichen Ebenen von Individuum, Gruppe, Organisation und Inter-Organisation verschiedene Qualitäten auf (vgl. hierzu genauer Türk 1987, S. 34; Hahmann 2000, S. 28 f.). An diesem Punkt scheint die objektive Wissensbewertung an ihre Grenzen zu stoßen.

Gleichgültig, ob quantitative oder qualitative Methoden zum Einsatz kommen: die Bewertung immaterieller Vermögenswerte weist unweigerlich **Unschärfen** auf. Damit soll keine destruktive Haltung gegenüber den Möglichkeiten des Wissenscontrollings zum Ausdruck gebracht werden. Es muss nur klar sein, dass das Bemühen um exakte Messung bei etwas so Persönlichem wie Wissen der Quadratur des Kreises ähnelt. Beim Wissenscontrolling kommt unweigerlich ein subjektives Moment ins Spiel. Unternehmen, die sich mit dem Management und der Kontrolle von Wissen befassen, können folglich nicht von einer generalisierbaren Realität ausgehen, sondern müssen organisationsspezifisch, d.h. nach Maßgabe ihrer Strategie, Vision und Tradition, ihre eigene Lösung konzipieren. Dieses Vorhaben beginnt nicht zuletzt mit der Schaffung einer gemeinsamen »Wissenssprache« (vgl. Grant 1996, S. 116).

Eine aktuelle Studie des Hernstein International Management Institute in Wien bestätigt diese Perspektive. Danach gehen nur 20% der Befragten im deutschsprachigen Raum davon aus, dass man das Unternehmenswissen tatsächlich messen kann (vgl. o.V. 2002, S. 26). Dies muss aber nicht entmutigen: Analog zur Balanced Scorecard ist die Wissensbewertung selbst mit einem wichtigen Lernprozess verbunden; die Entscheidung für ein systematisches Wissenscontrolling ist damit nur der Startpunkt.

## 4.8 Zusammenfassung

- Mit dem in St. Gallen entwickelten Konzept der Wissensbausteine lassen sich die wichtigsten Aufgaben des Wissensmanagements zwei unterschiedlichen Ebenen zuordnen. Auf der Steuerungsebene sind zunächst die Wissensziele des Unternehmens festzulegen. Anschließend ist deren Erreichung im Rahmen des Wissenscontrollings zu evaluieren. Auf der Gestaltungsebene müssen die maßgeblichen Wissensträger identifiziert werden. Hieran schließen sich die Teilprozesse der Wissensgewinnung, Wissensübertragung, Wissensnutzung und Wissensbewahrung an. Die Bausteine sind eng miteinander verbunden und wechselseitig aufeinander angewiesen.
- Durch die Identifizierung der organisationalen Wissensträger wird »Wissen über Wissen« gesammelt. Dieses bedarf sodann der weiteren Interpretation: Welche Fähigkeiten besitzt das Unternehmen im Vergleich zu den Wettbewerbern? Welchen Wert wird das vorhandene Wissen in Zukunft besitzen? Die Beantwortung dieser Fragen zeigt etwaige Wissenslücken auf und ist damit Ausgangspunkt für die weiteren Teilschritte. In der Praxis wird deutlich, dass viele Unternehmen keinen realistischen Überblick über die Qualität ihrer Wissensbestände haben.
- Die Wissensgewinnung stellt den praktischen Einstieg in das Wissensmanagement dar und ist eng mit dem Phänomen des organisationalen Lernens verknüpft. Neues Wissen kann aus internen Quellen selbst entwi-

ckelt, aber auch extern erworben werden. Für die zweite Option sind vor allem Kunden und Wettbewerber relevant. Eine weitere, zunehmend populäre Möglichkeit der Wissensgewinnung stellt der zwischenbetriebliche Austausch von Erfahrungen im Rahmen strategischer Kooperationen dar.

- Es genügt nicht, neues Wissen nur zu gewinnen; es muss auch kollektiviert, d.h. vom einzelnen Wissensträger auf größere Einheiten im Unternehmen übertragen werden, wodurch letztlich eine wichtige Hebelwirkung erzielt wird. In diesem Zusammenhang verlässt man sich nicht mehr allein auf elektronische Medien, sondern setzt verstärkt auch auf den persönlichen Dialog zwischen Wissensträgern. Besonders viel versprechend scheinen flexible Mensch/Maschine-Kombinationen (sog. hybride Systeme) zu sein.

- Die Untersuchung betrieblicher Verteilungspraktiken zeigt zwei unterschiedliche Grundmodelle: die Kodifizierungsstrategie, die auf der elektronischen Verteilung von primär explizitem Wissen basiert, und die Personalisierungsstrategie, die weitgehend durch »face-to-face«- Beziehungen gekennzeichnet ist. In beiden Fällen können quasi-pathologische Erscheinungen die Übertragungseffizienz beeinträchtigen.

- Oft ist es weniger der objektive Fundus an verfügbarem Wissen, der im Wettbewerb einen Unterschied macht, als vielmehr dessen effektivere Nutzung. Es ist noch keine Technologie erfunden worden, die sicherzustellen vermag, dass der Wissensarbeiter das ihm unterbreitete Informationsangebot auch tatsächlich annimmt. Die Unternehmen müssen aufpassen, dass sie ihr Personal nicht durch Überkomplexität abschrecken. Die Anwendung des Marktprinzips kann u.U. auch in diesem Bereich segensreich wirken und dazu beitragen, den Umgang mit Wissen weniger von der Angebots- als von der Nachfrageseite her zu betrachten.

- Aufwändig gewonnenes Wissen muss in der Regel bewahrt werden. Die Maßnahmen zum Schutz vor ungewolltem Abfluss wichtigen Wissens unterscheiden sich nach der Art des jeweiligen Wissensträgers: Das personelle Wissen wird vor allem durch eine systematische Mitarbeiterbindung erhalten; die Bewahrung des elektronisch abgespeicherten Wissens ist dagegen primär ein technisches Problem. Besonders schwierig ist die Wahrung von Immaterialgüterrechten.

- In der heutigen Wissensökonomie ist die systematische Kontrolle der eigenen Wissensbasis unverzichtbar. Aufgabe des Wissenscontrollings ist die »Bilanzierung« der aktuellen Wissensbestände sowie eine Kontrolle des Erreichungsgrades der gesetzten Wissensziele. Beides ist Voraussetzung für die planvolle Weiterentwicklung der Wissensbasis. Die exakte Quantifizierung des intellektuellen Unternehmenskapitals stößt allerdings schnell an praktische Grenzen. Dessen ungeachtet vermitteln verschiedene Ansätze einen wertvollen Einblick in die Wirksamkeit der bisherigen Aktivitäten.

## Vertiefungsliteratur zu Kapitel 4

*Davenport, T./Prusak, L.* (1999): Wenn Ihr Unternehmen wüsste, was es alles weiß, 2. Aufl., Landsberg a.L.

*Nonaka, I./Takeuchi, H.* (1997): Die Organisation des Wissens, Frankfurt a.M./New York; insbesondere Kap. 3 und 4.

*North, K.* (1999): Wissensorientierte Unternehmensführung, 2. Aufl., Wiesbaden.

*Pawlowsky, P.* (1998): Integratives Wissensmanagement, in: Ders. (Hrsg.): Wissensmanagement. Erfahrungen und Perspektiven, Wiesbaden, S. 9–45.

*Probst, G./Raub, S./Romhardt, K.* (1999): Wissen managen, 3. Auflage, Wiesbaden.

# 5 Implementierung des organisationalen Wissensmanagements

## 5.1 Gestaltungsfelder und Gestaltungsgrenzen

Der bereits zitierte Report des Hernstein International Management Instituts erbrachte ein weiteres interessantes Ergebnis: Demnach kennen und verstehen lediglich 57% der Manager im deutschsprachigen Raum den Begriff Wissensmanagement (vgl. o.V. 2001b, S. 30). Zieht man zusätzlich die weltweite Studie des Cambridge Information Network heran, so bestätigen zwar 85% der Chief Information Officer, dass Wissensmanagement einen Wettbewerbsvorteil bringt, aber nur 8% der Firmen sind aktiv mit der Umsetzung des Wissensmanagements beschäftigt; und für nur 7% der Chief Executive Officer hat dieses Thema Priorität (vgl. Zucker/Schmitz 2000, S. 7).

Eine natürliche Folge dieser Haltung ist die noch immer »erschreckend geringe Produktivität von Wissen und Wissensarbeitern« (Drucker 1998, S. 10). Der wachsende Druck des weltweiten Wettbewerbs wird die meisten Unternehmen aber schon bald dazu zwingen, sich verstärkt Gedanken über dieses Thema zu machen und sich dabei auch zu fragen, mit welchen Maßnahmen die Produktivität ihrer Wissensarbeit(er) gesteigert werden kann. Der Auftrag lautet also: einen Rahmen zu schaffen, in dem sich die knappe Ressource Wissen bestmöglich entfalten kann.

Dabei muss man sich eine **Besonderheit der Ressource Wissen** noch einmal ins Bewusstsein rufen: Die Unternehmen sind in der Wissensökonomie nicht länger die Eigentümer dieses Faktors – das sind ihre Mitarbeiter. Deren Expertise ist nicht nur ortsungebunden, sondern auch äußerst fragil und »zurückhaltbar«. Weder die unablässig nötige Wissensaktualisierung als auch die loyale Wissensweitergabe können erzwungen, ja bisweilen ernsthaft kontrolliert werden. Kann vor diesem Hintergrund überhaupt sinnvoll von »Wissensmanagement« gesprochen werden? In der Tat lässt sich die Ansicht vertreten, dass eigentlich weniger »das Wissen«, als vielmehr der menschliche Umgang damit gemanagt wird; also »die Arbeit mit dem Wissen und die Person, die sich damit beschäftigt« (Malik 2001, S. 404).

Talent und Intelligenz gedeihen nur in einem angst- und zwangfreien Umfeld, welches dem Einzelnen zugleich einen möglichst großen Freiraum verschafft. In diesem Sinne empfiehlt sich der Verzicht auf hierarchischen Druck und bürokratische Reglementierung. Darüber hinaus hat sich unter dem Lernaspekt das Vorhandensein von Redundanzen bewährt. Diese drei Elemente – **Autonomie**, **Enthierarchisierung** und **Vielfalt** – bilden den »Leitstern«, der alle wissensbezogenen Implementierungsaktivitäten überstrahlen sollte. Dementsprechend schließen sich direktive sowie allein an Kostenargumenten orientierte Vorstellungen aus. Stattdessen kommt ein Ansatz zum Tragen, der sich eher als indirekte »Kontextsteuerung« versteht, d. h. sich auf die **Gestaltung der Rahmenbedingungen** organisationaler Wissensarbeit konzentriert.

In diesem Sinne möchte das Top-Management die Kreativität und das unternehmerische Verhalten der Mitarbeiter oft lieber ganzheitlich fördern. Diesem Gedanken wird das **Intrapreneuring** gerecht (eine Zusammensetzung aus *Intra*corporate Entre*preneur*). Es bezeichnet nach Pinchot ein revolutionäres System, das die Durchführung von Innovationen in (Groß-)Unternehmen durch die Einbeziehung des unternehmerischen Talents und des Erfindungsreichtums der sog. Intrapreneure beschleunigt. Intrapreneuring ist als Bündel von personalen und organisatorischen Maßnahmen zu verstehen (vgl. Pinchot 1988, S. 10; von der Oelsnitz 2000a, S. 109). Angestrebt wird u.a. der Abbau von Regeln oder ein liberales Organisationsklima, das eigeninitiatives Denken fördert.

Die Ablehnung bürokratischer Reglementierung übersieht nicht, dass beim Umgang mit Wissen ein gewisses Maß an Disziplin erforderlich ist – z. B. müssen neue Erfahrungen systematisch dokumentiert und vorhandene Wissensbestände konsequent gepflegt werden. Das Implementierungsmanagement hat letztlich eine schwierige Gratwanderung zu absolvieren: es muss die Tätigkeit der operativen Wissensarbeiter effizienzfördernd kanalisieren und darf sie gleichzeitig nicht durch Überreglementierung ersticken. Somit gilt auch hier: so wenig Führung wie möglich, so viel Führung wie nötig.

Die Förderung der operativen Wissensarbeit liegt vor allem in der Verantwortung der **Wissensingenieure** und **Wissensverwalter**. Dieser Personenkreis ist ersichtlich weiter gezogen als die vielfach neu geschaffenen Positionen im Bereich des Wissensmanagements. Ein »Director Intellectual Capital«, ein »Chief Knowledge Management« oder ein »Intellectual Asset Manager« sind als vollamtlich tätige Führungskräfte zwar interne Repräsentanten der besonderen Stellung der intellektuellen Unternehmensressourcen, können allein jedoch weder Wissen schaffen noch dessen Austausch erzwingen. Wissensarbeit ist letzten Endes auf die Initiative des Einzelnen angewiesen. Wissensmanagement ist damit nicht die Aufgabe einiger weniger Spezialisten, sondern *aller* Unternehmensangehörigen.

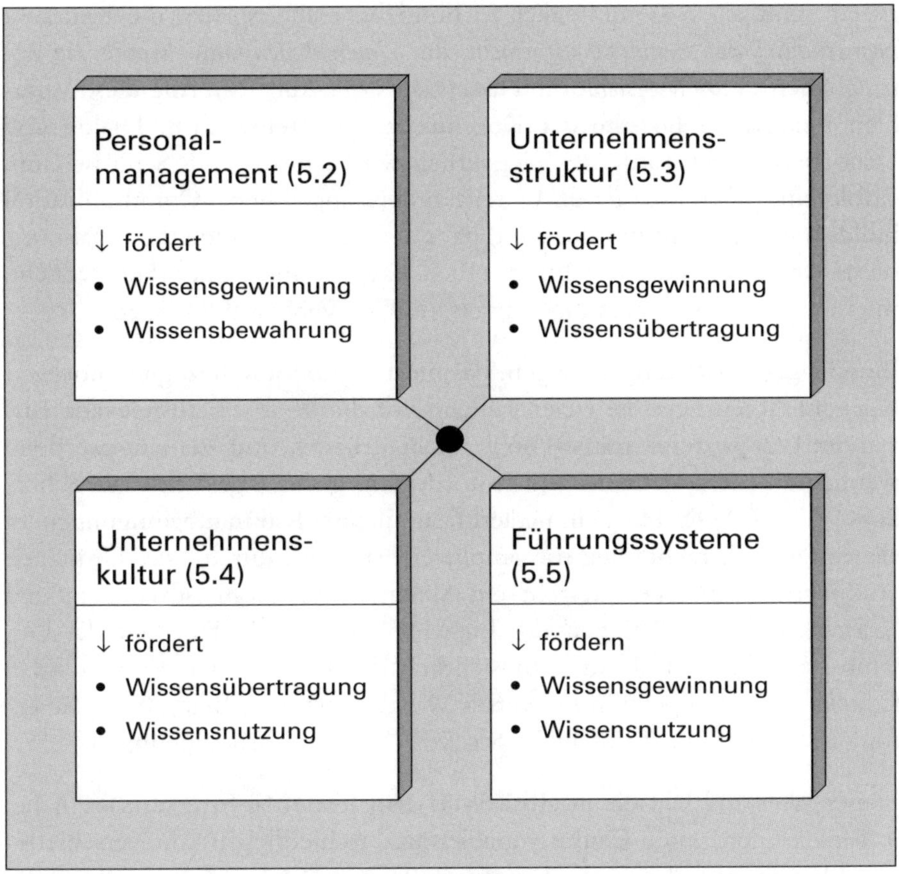


**Abb. 27:** Wirkungsschwerpunkte der Implementierungsvariablen

Dies führt jedoch nicht dazu, dass die Arbeit der o.g. Personen überflüssig wird. Mehr noch als dem »normalen« Mitarbeiter obliegt es ihnen, eine wissensfreundliche Infrastruktur im Unternehmen zu etablieren. Dazu müssen sie zunächst am Ausgangpunkt wissensbasierten Wirtschaftens ansetzen – am **Prozess des organisationalen Lernens**. Die Maßnahmen der Wissensingenieure und Wissensverwalter müssen sich daran messen lassen, inwieweit sie sowohl die Lernfähigkeit als auch die Lernbereitschaft des einzelnen Mitarbeiters verbessern. Darüber hinaus ist die organisationale Verknüpfung (Kollektivierung) der individuell gewonnenen Einsichten sicherzustellen, was, wie gezeigt, kein Automatismus ist. Das Endziel ist dabei stets die marktliche Kapitalisierung der Lernresultate.

Zur Erledigung dieser Aufgabe sind mehrere **Managementvariablen** zu einem schlüssigen Gesamtpaket zu bündeln. Dabei spielen die *Unternehmensstruktur*, das *Personalmanagement*, die *Unternehmenskultur* sowie die betrieblichen *Führungssysteme* die Hauptrolle (vgl. Abb. 27). Alle diese Variablen müssen im Dienste der Kommunikation stehen, d.h. Dialog und Dialogbereitschaft fördern. Gelegentlich wird dies sogar als Schlüssel zum Erfolg eines wissensbasierten Unternehmens angesehen: »Communication builds the important ties that bind people together – inside the organization as well as outside. (...) Put another way, the most important work in the new economy is creating conversations« (Webber 1993, S. 28).

Einschlägige Erfahrungen zeigen, dass in der Praxis diesbezüglich noch einiges im Argen liegt: In vielen Fällen wird die Wettbewerbsrelevanz effizienter Lernprozesse immer noch nicht erkannt und dementsprechend wenig für eine systematische Lernförderung getan (vgl. Schwaab/Scholz 2000, S. 357). Die Herstellung lernfreundlicher Rahmenbedingungen ist allerdings auch nicht ganz unkompliziert; sie wird durch zwei Umstände erschwert. Zum einen besteht ein Spannungsverhältnis sowohl auf der *Referenzebene* (Lernfähigkeit des Einzelnen versus Lernfähigkeit des Gesamtunternehmens) als auch hinsichtlich der jeweils zu unterstützenden *Lernphase* (Wissensgewinnung versus Wissensnutzung). Beide Bereiche erfordern oftmals unterschiedliche Struktur- und Kulturbedingungen.

Dieser Umstand legt einen **situativen Implementierungsansatz** nahe, in dem die genannten Einflussvariablen unterschiedlich auf die verschiedenen Ebenen und Phasen des Lernens einwirken. So kann eine strikte Formalisierung des Lernprozesses zwar die Verbreitung neuer Einsichten fördern, gleichzeitig aber deren Gewinnung hemmen. Das hiermit angesprochene Problem besitzt große Ähnlichkeit mit einem bekannten Dilemma des Innovationsmanagements. Auch hier verlangt die Ideenerzeugung andere Strukturen als die Ideenrealisierung (vgl. von der Oelsnitz 2000a, S. 106).

Die zweite Schwierigkeit besteht darin, dass sich der Prozess des organisationalen Lernens **nur bedingt steuern lässt**. So wie für ein Unternehmen nur bestimmte Teile seiner Wissensbasis zugänglich sind (vgl. Abschnitt 4.2.2), so ist von den Wissensmanagern auch immer nur ein bestimmter Ausschnitt des Mitarbeiterlernens beeinflussbar (z.B. bleiben alle externen, »lebensweltlichen« Lernvorgänge unberührt). Das Wissensmanagement kann sich von daher nur auf die *lenkbaren Lernprozesse* beziehen; es schwankt damit immer zwischen Emergenz und Design (vgl. Shrivastava 1983, S. 19; Walger/Schencking 2001, S. 28ff.). Gerade im Bereich intellektueller Ressourcen empfiehlt sich insofern ein gemäßigter Voluntarismus.

Demzufolge sind die wichtigsten **Implementierungsaufgaben**:

- die »richtigen« Personen einzustellen und adäquat weiterzubilden;
- eine Aufbaustruktur zu schaffen, die Wissensschöpfung genauso effizient stimuliert wie die Wissensteilung und -nutzung;
- eine Unternehmenskultur zu formen, die die personalwirtschaftlichen und organisatorischen Maßnahmen unterstützt sowie
- die betrieblichen Führungssysteme so einzurichten, dass möglichst alle wissensbezogenen Teilprozesse durch geeignete Informationen und Anreize unterstützt werden.

## 5.2 Wissensorientiertes Personalmanagement

In der Wissensökonomie wächst dem Humankapital eine Schlüsselstellung zu. Allerdings bedarf das Menschenbild, d.h. die impliziten Vorstellungen, die die Führungskräfte von ihren Mitarbeitern (aber auch von sich selbst) besitzen, hierzu oft eines mehr oder minder deutlichen Wandels. Der Beschäftigtentypus des Wissensarbeiters unterscheidet sich in einigen wesentlichen Punkten vom herkömmlichen Industrie- und Büromenschen. Diese Unterschiede machen insbesondere hinsichtlich des Personalmanagements eine Neuorientierung erforderlich. Davon betroffen sind vor allem die Personalauswahl, der Personaleinsatz, die Personalentwicklung sowie die Personalführung.

### 5.2.1 Wissensorientierte Personalauswahl

Wie wichtig vor allem die Rekrutierung von geeignetem Personal in wissensbasierten Organisationen ist, verdeutlichen die Beispiele von Unternehmen wie MICROSOFT, EPCOS oder IBM, die nicht selten Hunderte von Bewerbern für eine einzige Einstellung prüfen oder mit einem Kandidaten vorher bis zu achtmal sprechen (vgl. Hansen/Nohria/Tierney 1999, S. 90. Bezeichnenderweise tun dies auch die renommierten Business Schools).

Die Wahl fähiger Köpfe ist deshalb so wichtig, weil diese als entscheidender Hebel zur Verbesserung des intellektuellen Unternehmenskapitals gelten. *Ein* Grund dafür: Gute Leute ziehen weitere gute Leute an – »the best want to work with the best« (Quinn/Anderson/Finkelstein 1996a, S. 8). So wie Einstein nach seiner Emigration aus Deutschland an der Universität Princeton einen erlesenen Kreis hoch begabter Physiker um sich geschart und dadurch dieser Lehrstätte einen ganz neuen Status verschafft hat und Frank Sinatra die besten Komponisten und Texter seiner Zeit beschäftigte, so gewinnen in der Regel auch die besten Unternehmen die leistungsstärksten Absolventen für sich. Dieser **Agglomerations-Effekt** führt letzten Endes dazu, dass ein einmal entstandener Wissensvorsprung in der Regel leichter verteidigt bzw. noch weiter ausgebaut werden kann: »Once a firm obtains a knowledge-based competitive edge, it becomes ever harder for competitors to catch up« (ebenda).

Das Anwachsen des unternehmerischen Intellekts hängt allerdings ganz wesentlich davon ab, inwieweit es dem Unternehmen gelingt, die einzelnen Wissensträger miteinander zu verknüpfen (vgl. Abschnitt 5.3) und zur Wissensweitergabe anzureizen (vgl. Abschnitt 5.5.3). Dies ist angesichts der gestiegenen Komplexität heutiger Problemstellungen unausweichlich. Spezialisten verschiedener Disziplinen und Ressorts müssen mit- und voneinander lernen; problembezogenes Kooperieren wird zum Regelfall. So können im Pharmabereich wirklich neuartige Produkte nur noch entwickelt werden, wenn Experten aus den Bereichen Molkularbiologie, Biochemie, Physiologie, Molekularkinetik und Verfahrenstechnik eng zusammenarbeiten.

Die Nennung genereller **Einstellungskriterien** und **Suchprofile** für Wissensarbeiter ist aufgrund der Unterschiede in den verschiedenen Branchen und Aufgaben schwierig. Grundsätzlich sollte aber nicht allein auf formale Indikatoren wie Zeugnisnoten oder die benötigte Studienzeit geachtet werden; Kompetenz bedeutet nicht nur Fach- sondern auch Interaktionskompetenz, und Intelligenz besteht nicht nur in der Anhäufung deklarativen Wissens, sondern auch in emotionaler Qualität. Ein autistischer Einser-Absolvent wird womöglich nie in die Lage versetzt werden können, sein Wissen zu teilen und im kollegialen Verbund weiterzuentwickeln. Bei aller Bedeutung der strategischen Wissensziele darf daher nicht deren operative (in diesem Fall personalwirtschaftliche) Präzisierung aus den Augen verloren werden. Unscharfe Suchprofile werden später mit kostenintensiven Nachschulungen oder gar Neubesetzungen bezahlt.

Ein weiteres Desiderat besteht aus unserer Sicht in der **fortwährenden Evaluation** der bestehenden »Wissensmannschaft« inklusive einer gewissen **Fluktuation** (vgl. Nonaka/Takeuchi 1997, S. 93f.; Starbuck 1992, S. 725. Anderer Meinung sind Simon 1991, S. 127, und Levitt/March 1988, S. 328, die einen negativen Einfluss auf Innovationen bzw. Erfahrungslernen befürchten). Manch kleinere Consulting-Firma gibt den neu eingestellten Beratern exakt drei Monate, um das bis dahin gezahlte Gehalt wieder »einzuspielen«. Personalwechsel sind durch ein systematisches Job Rotation, aber auch durch die gezielte Freisetzung von Personal herbeizuführen. Wir sind uns der sozialen Problematik dieses Postulates durchaus bewusst. Aber ist es ein Zufall, dass MICROSOFT bemüht ist, sich jährlich von den schwächsten 5% seiner hochqualifizierten Talente zu trennen, oder das 90% der sorgsam ausgewählten Grundlagenforscher bei BELL LAB innerhalb von sieben Jahren das Unternehmen verlassen (vgl. Quinn/Anderson/Finkelstein 1996a, S. 10)?

Wissensbasierte Unternehmen leben vom ständigen Zufluss »frischen Blutes«. Überdies sind es die leistungsfähigsten Wissensarbeiter schon heute gewöhnt, den Arbeitsplatz häufiger als einmal zu wechseln und gehen in der Regel gar nicht mehr von einer lebenslangen Beschäftigung bei einem Arbeitgeber aus.

Damit sollen die Gefahren eines ungewollten Wissensverlustes nicht geleugnet werden. Selbstverständlich kann ein übertriebener Turnover zudem die Wissenslokalisierung erschweren. Und natürlich benötigt der Aufbau impliziten Wissens seine Zeit – wichtige Erfahrungen und gemeinsame Hintergründe entstehen erst nach einer längeren Betriebszugehörigkeit. (Konsequenterweise herrscht in den verstärkt auf implizites Wissen setzenden japanischen Unternehmen oft ein strenges Senioritätsprinzip.) Dennoch dürfte die rasante Weiterentwicklung des technischen, betriebswirtschaftlichen und naturwissenschaftlichen Wissens nur bedingt durch firmeneigene Weiterbildungsanstrengungen aufgefangen werden können. Neue Kräfte können dem Unternehmen aber nur dann zugeführt werden, wenn im Gegenzug andere Kräfte die Organisation verlassen.

## 5.2.2 Wissensorientierter Personaleinsatz

Der betriebliche Personaleinsatz betrifft »die Zuordnung der im Betrieb verfügbaren Personen zu den zu erfüllenden Aufgaben (bzw. Arbeitsplätzen) in quantitativer, qualitativer, zeitlicher und örtlicher Hinsicht« (Hentze/Kammel 2001, S. 425). Die besonderen Bedingungen der Wissensökonomie bringen auch in dieser Richtung einige Veränderungen mit sich.

So ist zu erwarten, dass sich die inhaltliche Flexibilität, die ein erfolgreicher Wissensarbeiter in vielen Fällen besitzen muss, auch in den betrieblichen **Arbeitszeitregelungen** niederschlägt. Insgesamt dürfte es wenig Sinn machen, beispielsweise Personen, die sich mit Innovationen oder Kunden in aller Welt befassen, in ein enges Zeitgerüst zu stecken. Vielmehr müssen und werden sich Arbeitszeiten flexibilisieren und individualisieren: Der Kopfarbeiter arbeitet folglich nicht mehr zwingend von 8 bis 17 Uhr. Die Tatsache, dass es bei wissensbasierten Tätigkeiten aber auf Vernetzung und Kombination ankommt, setzt einer vollständigen Individualisierung jedoch Grenzen.

Einen ähnlichen Effekt darf man in Bezug auf den **Arbeitsort** erwarten: Die Computerlastigkeit geistiger Tätigkeit wird der bis in die 1990er Jahre hinein eher zurückhaltend eingesetzten Tele- und Heimarbeit (vgl. Reichwald et al. 2000, S. 70 f.) einen neuen Schub geben. Bislang war Telearbeit meist auf vergleichsweise einfache Sekretariatsarbeit beschränkt

(z. B. die Eingabe von Kundenadressen oder das Bearbeiten von Anträgen; zu aktuellen Studien vgl. ebenda, S. 95 ff.). Diese z. T. geisttötenden Tätigkeiten werden heute – wo immer möglich – automatisiert; Telearbeit bzw. Telekooperation verlagert sich in Zukunft auf anspruchsvollere Verrichtungen (vgl. Dostal 1999). Wissensarbeiter sind überdies zunehmend in grenzüberschreitende Projekte integriert. Der bekannte Ausspruch von Charles Handy »Work is what you do, not where you go« gilt somit ganz besonders für Wissensunternehmen.

Und auch fachlich wird das neue »Kognitariat« anders eingesetzt werden. Hilfreich für die entsprechenden Festlegungen des strategischen Personalmanagements ist die in Abb. 28 dargestellte **Mitarbeiter-Matrix**. von Stewart (1998, S. 97 ff.). Die Matrix ordnet die Humanressourcen der Organisation danach ein, wie schwierig sie gegebenenfalls zu ersetzen wären und wie groß ihr Beitrag zur unternehmerischen Wertschöpfung ist. Durch eine einfache »hoch-niedrig«-Klassifikation ergeben sich vier Typen von Mitarbeitern. Das Interessante an Stewarts Portfolio ist die Tatsache, dass sie nicht nur kategorisiert, sondern im Weiteren auch spezielle *Normstrategien* nahe legt.

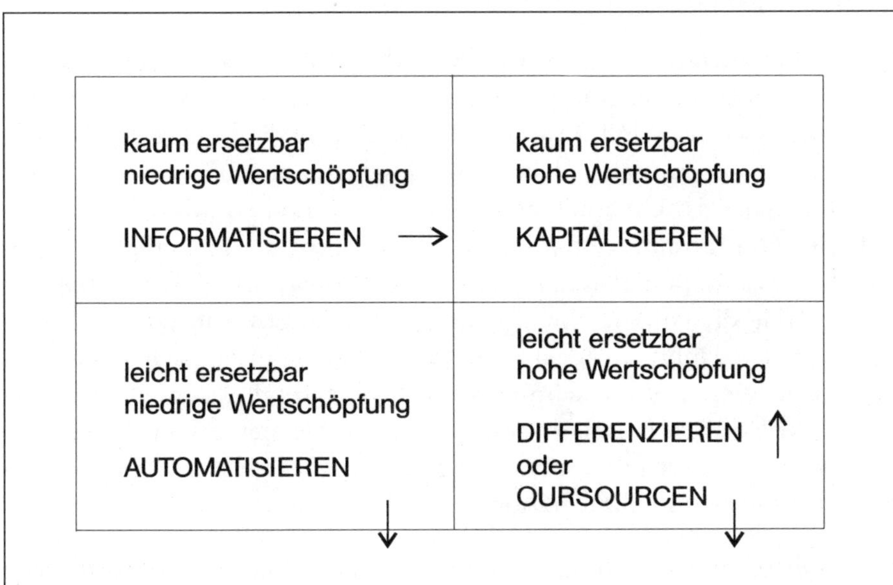


**Abb. 28:** Mitarbeiter-Matrix (Quelle: Stewart 1998, S. 98)

Im **linken unteren Quadranten** sind Mitarbeiter aufgeführt, auf die das Unternehmen zwar nicht verzichten kann, von denen es aber als Einzelperson nicht abhängt. Dies können ungelernte Bürokräfte sein, Reinigungspersonal oder Boten. Eine Stellenausschreibung würde Dutzende von möglichen Nachfolgern bringen. Sollte dies nicht aus technischen oder Kostengründen scheitern, sollte die Arbeit dieser Personen mittelfristig *automatisiert* werden.

Der **linke obere Quadrant** umfasst Mitarbeiter, die auch komplexeren Aufgaben gewachsen sind. Das Unternehmen braucht sie, würde aber gern auf sie verzichten, da sie nach außen kaum in Erscheinung treten und der Kunde nicht direkt für ihre Leistung zahlt. Dieser Mitarbeitertyp wird gemeinhin dem Gemeinkostenbereich zugeordnet. Zu ihm gehören z.B. juristisches Stabspersonal, Experten der Qualitätssicherung oder Mitarbeiter der internen Revision. Stewart empfiehlt, deren Arbeit durch *Informatisierung* aufzuwerten. Exemplarisch führt er das interne Controlling bei GENERAL ELECTRIC an, dessen Funktion sich durch die Übernahme anspruchsvollerer Aufgaben in den letzten Jahren wesentlich gewandelt hat: Aus dem einst gefürchteten »Kader reisender Kontrolleure« ist mittlerweile ein geschätzter Inhouse-Berater geworden, der u.a. Prozessverbesserungen zur Lageroptimierung erarbeitet.

Der **rechte untere Quadrant** enthält Mitarbeiter bzw. Funktionen, die trotz ihrer hohen Bedeutung für die unternehmerische Wertschöpfung relativ leicht ersetzbar sind. Das betriebliche Informationsmanagement oder der Versand zählen hierzu. Deren Austauschbarkeit eröffnet zwei Optionen: Entweder das Unternehmen *lagert sie aus* (und bewahrt sich so davor, in Fachkenntnisse zu investieren, die für das Kerngeschäft weniger wichtig sind), oder es wählt die Strategie der *Differenzierung*, d.h. findet Mittel und Wege, das in diesen Bereichen lagernde, relativ allgemeine Wissen zu spezifizieren. Dies führt im Ideal dazu, dass es nur vom eigenen Unternehmen kapitalisiert werden kann und auf dieser Grundlage zur Profilierung am Markt beiträgt. Beispielsweise könnte ein Hersteller von Computer-Hardware sein Verkaufspersonal so schulen, dass es gleichzeitig eine kundenindividuelle Systemintegration vornehmen kann.

Das »wahre« Humanvermögen schließlich findet sich im **rechten oberen Quadranten**. Es wird verkörpert durch die Gruppe von Mitarbeitern, die aufgrund ihrer Kenntnisse und Expertise kaum zu ersetzen sind. Sie sind –

wie z.B. erfahrene Berater in Consultingunternehmen oder auch vergötterte Filmstars – maßgeblich an der Erschaffung der Leistungen beteiligt, die die Kunden dauerhaft an das Unternehmen binden. Je höher der Anteil dieser Mitarbeiter an der Gesamtbelegschaft ist und je mehr Wissen sie besitzen, umso größer ist das Humanvermögen des Unternehmens und umso weniger ist es c.p. durch die Wettbewerber gefährdet. Für das Unternehmen kommt es folglich darauf an, diesen Asset nicht nur zu bewahren, sondern auch konsequent zu *kapitalisieren*.

Die Mitarbeiter-Matrix unterstreicht nochmals, wie eng der Zusammenhang zwischen Wissensidentifikation, Wissensbewertung und Wissensbewahrung ist. Sie zeigt ferner, welch vielfältige Implikationen von den Teilprozessen des Wissensmanagements ausgehen.

### 5.2.3 Wissensorientierte Personalentwicklung

Aufgabe der Personalentwicklung ist es, die Mitarbeiter in einem umfassenden Sinne zu qualifizieren, wobei **Qualifikation** allgemein als berufliche Handlungskompetenz verstanden werden kann. Hierzu gehört auch, das Personal in die Lage zu versetzen, das für seine Aufgabe benötigte Wissen selbst schöpfen bzw. eigenständig andernorts abrufen zu können. ARTHUR D. LITTLE erwartet z.B. von seinen Beratern, dass sie 25% ihrer Arbeitszeit für ihre Weiterbildung oder die Anbahnung neuer Geschäftskontakte aufwenden (vgl. Starbuck 1992, S. 725).

Da Qualifikation immer nur im Rahmen einer gegebenen Struktur denkbar ist, diese durch Lernen aber bei Bedarf auch verändert werden soll, wird die Personalentwicklung in der Praxis häufig mit diversen Reorganisationsmaßnahmen verknüpft. Gerade auch für die lernende Organisation ergibt sich somit das Erfordernis, Beschäftigungssysteme zu flexibilisieren und traditionelle Anreizmechanismen abzulösen (vgl. Lehner 2000, S. 307; Hanft 1998). Letzteres bezieht sich u.a auf die **Modifikation der betrieblichen Karrieremuster**. Die übliche vertikale Beförderung kann z.B. durch wissensbezogene Fachlaufbahnen oder Projektleitungen ergänzt werden (vgl. Krüger/Homp 1997, S. 299). »Karriere« ist dann weniger ein materieller Aufstieg als eine lebenslange Serie von Lernprozessen. Die Auflösung klassischer Beschäftigungsformen und der Trend zu hybriden Modellen zwischen Selbstständigkeit (= Marktlösung) und Festanstellung (= Organisationslösung) führt letztlich zu sog. *Portfolio-Laufbahnen* (vgl. dazu Sattelberger 1999, S. 287 f.).

Wie bei fast allen wissensschöpfenden Aktivitäten kommt es auch bei der Personalentwicklung darauf an, die ergriffenen Maßnahmen zu verstetigen. Einschlägige Untersuchungen zeigen, dass ein konstanter Zuschuss zur bestehenden Wissensbasis letztlich wesentlich effizienter ist als hektische Crash-Programme. Ein Grund hierfür ist die zeitlich nicht zu beschleunigende Entwicklung impliziten Wissens (sog. Time compression diseconomies; vgl. Dierickx/Cool 1989, S. 1507). Ein überproportionales Wissenswachstum verlangt deshalb nach Kontinuität, nicht nach Aktionismus.

Unter dem Stichwort **Management Development** erfuhren bislang vor allem Führungskräfte Aufmerksamkeit. Die zunehmenden Anforderungen der Wissensökonomie erzwingen jedoch eine Ausweitung der Schulungs- und Sozialisationsbemühungen auf weitere Mitarbeiterkreise. Dabei wird der Arbeitnehmer nicht mehr nur als reiner Funktionsträger gesehen, sondern mit seiner ganzen Persönlichkeit erfasst. Personalentwicklung bedeutet damit immer öfter auch Persönlichkeitsentwicklung (vgl. Sattelberger 1994, S. 16).

Hauptziel einer strategisch ausgerichteten Personalentwicklung ist es letztlich, die auf Unternehmensebene verfügbaren Qualifikationen auf den zukünftigen Qualifikationsbedarf abzustimmen (vgl. Pawlowsky 1992, S. 177). Hierzu bietet sich eine Fülle von Instrumenten an, die in vier Gruppen zu unterteilen sind (vgl. Sattelberger 1994, S. 17):

- Outdoor-Programme;
- Feedback-Prozesse;
- Unternehmensspiele und -simulationen sowie
- Lernen von und mit Kunden.

Während die letzte Gruppe weniger ein Instrument als eine potenzielle Lernquelle darstellt (vgl. auch Abschnitt 4.3.2), sind die ersten beiden Optionen heute personalwirtschaftliches Allgemeingut. Für Wissensunternehmen sind insbesondere **institutionalisierte Feedback-Prozesse** relevant. In ihnen sollen die Unternehmensmitglieder – oft mit methodischer Unterstützung externer Fachleute – ihre eigene Denk- und Arbeitsweise optimieren lernen. Vorstellbar wäre für ein wissensbasiertes Unternehmen z. B., dass persönliche Lernprozesse kritisch analysiert und mögliche Lernbarrieren aufgedeckt werden. Mit anderen Worten: der Mitarbeiter muss das Lernen lernen. Die Aneignung der entsprechenden Methodik wird deshalb immer wichtiger, weil in der Wissensökonomie in zunehmendem Maße klassische Führungsaufgaben an den Mitarbeiter delegiert werden. Der moderne Wissensarbeiter muss in der Lage sein, seinem Recht zur Autonomie auch zu entsprechen, d.h. sich ein inhaltliches Problem mitsamt des zugehörigen Spezialwissens eigenständig zu erschließen, ohne fremde Hilfe gezielt nach Informationen zu suchen, diese praktikabel abzuspeichern und sein Vorgehen insgesamt fachmännisch zu organisieren.

Darüber hinaus wird es immer wichtiger, das durch die wissenschaftliche Arbeitsteilung entstandene Spezialwissen *problembezogen* verknüpfen zu können. Hierfür ist ein beträchtliches Maß an **interdisziplinärem Systemwissen** erforderlich, welches nur auf der Basis einer guten Allgemeinbildung entsteht. Allgemein- und Spezialwissen sind demzufolge kein Gegensatz. Vielmehr besitzt ersteres eine direkte Funktionalität für den Einstieg in spezielle Disziplinen und die fachübergreifende Kommunikation mit Experten (vgl. Wolff 2000, S. 257 f.). Wenn gelegentlich befürchtet wird, dass immer mehr Menschen Opfer einer unüberschaubaren »Expertokratie« werden, dann deshalb, weil man angesichts der heutigen Informationsflut zusehends um die Verknüpfbarkeit von Einzelkenntnissen fürchtet. **Allgemeinwissen** – worunter auch die Beherrschung einschlägiger Kulturtechniken (Lesen, Schreiben, Informieren, Präsentieren) sowie die eben angesprochenen methodischen Kompetenzen fallen – wird somit »zur entscheidenden Klammer für die Wissensgesellschaft« (ebenda, S. 259). Die Personalentwicklung muss hierauf angemessen reagieren, d.h. sie sollte weniger die weitere Kumulation von Fakten als vielmehr die Entwicklung einer umfassenden personalen Handlungskompetenz anstreben.

Einer stetig wachsenden Beliebtheit erfreuen sich vor diesem Hintergrund **Unternehmensspiele**. Zahlreiche Unternehmen, so z.B. die DRESDNER BANK oder die ALLIANZ, führen inzwischen Seminarveranstaltungen durch, in denen auf spielerischem Wege über bestehende Probleme und zukünftige Strategien nachgedacht wird. Dabei wird unterstellt, dass Spiele nicht nur die Realität modellhaft abzubilden vermögen, sondern gleichzeitig kollektives Lernen erleichtern. Spielerisch erlebte Situationen sollen überdies besser im Gedächtnis haften bleiben als »schulmäßig« erworbene Kenntnisse (vgl. Müller-Stewens/Pautzke 1994, S. 198). Unternehmensspiele sind demnach nicht nur ein Zugeständnis an die Spaßgesellschaft, sondern – insbesondere wenn sie geschlossene *Mikrowelten* begründen – eine effektive Ergänzung der hergebrachten Schulungsmedien.

Die Einrichtung sog. **Corporate Universities**, wie sie hierzulande u.a. von BERTELSMANN, DAIMLERCHRYSLER, SAP oder LUFTHANSA initiiert wurden (vgl. Soukop 2001, S. 109ff.; Eggers/Ahlers 2000; Sattelberger/Heuser 1999; Deiser 1998) unterstreicht die gestiegene Sensibilität vieler Unternehmen für die wissensbasierte Personalentwicklung. In Deutschland hinkt man damit wieder einmal hinter der Entwicklung im angelsächsischen Raum hinterher: In den USA hatte GENERAL ELECTRIC bereits 1955 eine eigene Firmenuniversität gegründet. Heute gibt es in den USA mehr als 1.600 und in Großbritannien über 200 unternehmenseigene Universitäten und Akademien.

Obwohl es für Deutschland kaum verlässliche Zahlen über diese Art der Weiterbildungsinstitution gibt, sagen Schätzungen voraus, dass im Jahr 2010 mehr Menschen an firmeneigenen Bildungszentren i.w.S. studieren als an traditionellen Hochschulen (vgl. Hopfenbeck/Müller/Peisl 2001, S. 333). Von den 30 führenden Unternehmen in Deutschland haben jedenfalls bereits fast die Hälfte Corporate Universities gegründet; weitere sind in Vorbereitung (vgl. Eggers/Ahlers 2000, S. 272).

Ob der Begriff »Universität« hier nun angebracht ist oder nicht – offensichtlich meint man von Seiten der Unternehmen, die speziellen Anforderungen des eigenen Geschäftes in eigenen Bildungseinrichtungen besser vermitteln zu können. Der Vorteil mit Blick auf die spezielle Unternehmenssituation zusammengesetzter Lerngemeinschaften paart sich dabei mit der Kritik an der staatlich-universitären Ausbildung, die vielen Top-Managern zu praxisfern und akademisch erscheint. Die permanent verbesserten Möglichkeiten des *Tele-Teaching* bzw. *E-Learning* tun ihr Übriges zu dieser Entwicklung.

Unter dem Aspekt des Wissensmanagements erscheinen derartige Projekte vor allem als Versuch, eine eigenständige Lernkultur zu etablieren und das Unternehmen nicht nur symbolisch als Lerngemeinschaft zu formieren. Obwohl sich die meisten »Studiengänge« immer noch auf die Führungs- und Führungsnachwuchskräfte beschränken, ist die Tendenz unverkennbar: Die vielzitierte lernende Organisation, die meisten immer noch eher Anspruch als Realität ist, weitet sowohl ihre Bemühungen als auch ihren Adressatenkreis aus.

### 5.2.4 Wissensorientierte Personalführung

Die persönliche Führung durch Vorgesetzte ist ein Elementarfaktor jedweden Implementierungserfolges (vgl. Nerdinger/v. Rosenstiel 1995, S. 117). Denn der Mitarbeiter empfängt von der Führungskraft nicht nur offizielle Anweisungen, die seine Arbeit strukturieren und kanalisieren, sondern er beobachtet auch aufmerksam deren Verhalten, um hieraus Hinweise für das eigene Verhalten zu bekommen. Die Personalführung ist in den meisten Unternehmen Sache des *Middle-Managements*, dem damit eine Schlüsselrolle gerade auch bei der Lern- und Wissensförderung zuwächst (vgl. Nonaka 1988; Nonaka/Takeuchi 1997, S. 140ff.; Hedlund 1994, S. 83f.).

Es ist oft beschrieben worden, dass die formale Amtsautorität in der Wissensökonomie verblasst und es stattdessen immer mehr auf den persönlichen Informationsvorsprung des Vorgesetzten ankommt. Dieser erreicht demnach eher durch seine **fachliche Kompetenz** als durch offizielle Positionsmacht Gefolgschaft. Die betriebliche »Kommandowirtschaft«, die vor über hundert Jahren vom Militär übernommen und auf die betriebliche Sphäre übertragen wurde, ist damit Geschichte (vgl. Drucker 2000, S. 145).

Es ist ein verbreiteter Irrtum zu glauben, dass Wissensarbeit im 21. Jahrhundert nur von höchstqualifizierten Spezialisten getan wird. Diesen Personenkreis mag es durchaus geben – die Regel ist er jedoch nicht. Vielmehr sind die meisten Knowledge worker »Routinearbeiter«. Wie z.B. bei Steuerberatern, Ärzten, Lehrern oder Kraftwerksingenieuren besteht ihre Tätigkeit vorwiegend aus vergleichsweise standardisierten Verrichtungen. Von diesen Leuten wird weniger Kreativität, sondern eher Zuverlässigkeit erwartet (vgl. Quinn/Anderson/Finkelstein 1996b, S. 96). Vergleichbar dem Industriearbeiter des letzten Jahrhunderts müssen sie statt zuverlässig Handarbeit nun zuverlässig Kopfarbeit leisten. Wenn Wissensarbeit auf absolutem Spitzenniveau ausgenommen wird, ermöglicht dieser Umstand auch den Middle Managern den Aufbau und die Ausübung von Expertenmacht.

Dennoch muss sich in der Wissensökonomie die **Rolle des Vorgesetzten wandeln**: Er wirkt zukünftig primär als Mentor (»Lernhelfer«) seiner Untergebenen und verkörpert somit eher einen *Informationsmakler* als einen

Kontrolleur (vgl. Hedlund 1994, S. 85; Tobin 1993, S. 123 f.; Akin 1987, S. 47 f.). Der Middle-Manager der Zukunft dient überdies noch stärker der *internen Koordination*, denn die Wissensorganisation benötigt mehr Spezialisten als der maschinisierte Industriebetrieb. Allerdings bilden diese Spezialisten nicht mehr automatisch die Führungselite, sondern finden sich eher in den operativen Abläufen. In den wissensbasierten Unternehmen des 21. Jahrhunderts wird das wertschöpfende Wissen mehrheitlich an der Basis zu finden sein (womit letzten Endes der tayloristische Unternehmenstyp im wahrsten Sinn des Wortes »auf den Kopf gestellt« wird: dort war sämtliches Wissen in der Unternehmensspitze versammelt; vgl. Drucker 2000, S. 148). Um darüber hinaus als *Katalysator* von Neuerungen zu wirken, muss die Führungskraft gelegentlich auch scheinbare Gewissheiten in Frage stellen, konstruktive Gegenthesen formulieren und zur Selbstreflexion ermutigen (sog. »Reframing«; vgl. Burgheim 1996, S. 60).

Der beschriebene Rollenwandel beeinflusst natürlich auch den praktizierten **Führungsstil**. Da es in wissensbasierten Unternehmen auf einen möglichst breiten Informationsfluss ankommt, sollte dieser eher partizipativ als direktiv sein. Der im Durchschnitt hohe Qualifikations- und Bildungsgrad des Personals lässt die explizite Beteiligung der Geführten an wichtigen Entscheidungen ohnehin lohnenswert erscheinen. Darüber hinaus reduziert ein partizipativ-involvierender Führungsstil sowohl den Kommunikationsaufwand als auch die Schwierigkeiten der Entscheidungsdurchsetzung.

Führungskräfte sollten überdies den abteilungs- und unternehmensübergreifenden Informationsaustausch anregen. Da in der Wissensökonomie die Grenzen zwischen dem Unternehmen und seinen (externen wie internen) Wertschöpfungspartnern zusehends verschwimmen, müssen die Führungskräfte intensive Kontakte zu wichtigen Personen im Umfeld knüpfen und diese Offenheit ihren Mitarbeitern modellhaft vorleben. Dies ist auch deshalb wichtig, weil Befragungen von Top-Managern ergeben haben, dass diese nach eigenem Empfinden am meisten von ihren Pendants in anderen Unternehmen lernen (vgl. Berth 1991, S. 10 f.).

Der Führungsstil der Vorgesetzten prägt das gesamte Arbeitsklima. Die Führungskräfte sollten ihren Gefolgsleuten daher unbedingt **positive Emotionen und Vertrauen** entgegenbringen – untergründiges Misstrauen und Furcht vor der Blamage sind Ideenkiller und bringen letztendlich auch den kommunikativsten Mitarbeiter zum Verstummen (vgl. Webber 1993, S. 32). Wissensarbeiter bedürfen überdies einer **permanenten Herausforderung** durch anspruchsvolle Aufgaben und Ziele. Es scheint eines der Erfolgsgeheimnisse erfolgreicher Wissensunternehmen zu sein, die Anforderungen an das Personal stetig zu erhöhen: »Intellect grows most when challenged« (Quinn/Anderson/Finkelstein 1996a, S. 10).

In wichtigen Studien konnte nachgewiesen werden, dass das erzielte Leistungsniveau – bei Schulkindern genauso wie bei Verkäufern oder Beratern – in hohem Maße von den **Erwartungen der Führung** abhängt (vgl. dazu ausführlicher Livingston 1990; ähnlich Pawlowsky 1992, S. 230). Somit kommt es nicht selten zu einem *Pygmalioneffekt*: Die »Macht der Erwartungen« sorgt im Sinne einer selbsterfüllenden Prophezeiung dafür, dass dann gelernt wird, wenn von offizieller Seite Lernfähigkeit bei den Untergebenen einfach erwartet wird. Wo Führungskräfte sich als unfähig oder unwillig erweisen, hohe Leistungsstandards als realistische Vorgaben zu vermitteln, wird insgesamt weniger geleistet. Von besonderer Bedeutung ist dabei das *erste Jahr* eines neuen Mitarbeiters – »jene maßgebliche Periode des Lernens, in der Nachwuchskräfte wie niemals später bereit sind, sich nach den Erwartungen des Unternehmens zu entwickeln« (Livingston 1990, S. 96).

## 5.3 Wissensorientierte Unternehmensstruktur

### 5.3.1 Der Arbeitsplatz

Organisationales Lernen basiert auf der Adoption und Verknüpfung von Wissenszuwächsen, die ihre Quelle beim einzelnen Mitarbeiter haben. Damit wird die betriebliche Arbeitsplatzgestaltung zu einem weiteren Ansatzpunkt der lernenden Organisation. In diesem Zusammenhang zeigt sich mehr und mehr, dass Arbeiten und Lernen nicht voneinander zu trennen sind (vgl. Deiser 1995, S. 317 f.; van de Ven/Polley 1992). Dementsprechend ist am Arbeitsplatz nicht zuvorderst eng begriffene Funktionserfüllung zu erwarten, während Weiterqualifikation als Sache periodischer Schulungsveranstaltungen gesehen wird. Lernen ist in der

Wissensökonomie ein permanenter und zugleich zirkulärer Prozess, in dem Wissenserwerb und Wissensverwertung nicht mehr einem linearen Ablauf folgen (vgl. Wahren 2000, S. 281). Statt dessen gilt: Lernen *ist* Funktionserfüllung und Funktionserfüllung *ist* Lernen. Die Entstehung neuer Erfahrungen »on the job« sollte daher mit allen Mitteln gefördert werden.

Dieses Postulat ist zentrales Anliegen des sog. **Action Learning** (vgl. dazu Kammel 2001, S. 62 f.; Donnenberg 1999; Marquardt 1999; Pedler 1991) und läuft letzten Endes auf zwei Ansatzpunkte hinaus:

- das Experimentieren mit neuen Lösungen und
- die (Re)Kombination bereits verfügbarer Wissensbestände.

Um neue Lösungen am Arbeitsplatz zu stimulieren, sind zum einen **Freiräume**, zum anderen **Redundanzen** zu schaffen. Freiräume betreffen das experimentelle »Dürfen«, Redundanzen das persönliche »Können«. Wenn den Organisationsmitgliedern mehr Fähigkeiten und Informationen zur Verfügung stehen, als diese für die Bewältigung ihrer unmittelbaren Arbeitsaufgabe benötigen, dann lernen sie, mit Neuem umzugehen und können ihr Wissen zudem leichter mit anderen Personen kombinieren. Aus diesem Grund sollte jeder Arbeitsplatz ein ausreichendes Maß an Handlungs- und Informationsvielfalt beinhalten, was u. a. überspezialisierte Tätigkeiten ausschließt.

Diese Forderung scheint gerade im Bereich der Wissensarbeit überraschend, entsteht Expertentum doch erst durch die nachhaltige Konzentration auf ein bestimmtes Wissensgebiet. Darüber hinaus macht die rapide Zunahme des einschlägigen Fachwissens eine Spezialisierung oft unausweichlich (wie man z. B. an der immer feineren Differenzierung von Fachärzten oder akademischen Lehrstühlen sehen kann). Im Unternehmen kommt es im Gegensatz zum medizinischen oder universitären Bereich aber wesentlich stärker auf Konnektivität und mentale Anschlussfähigkeit an, denn fast alle Unternehmensprozesse erfordern heute die Zusammenarbeit unterschiedlichster Spezialisten. Auch hierbei ist Redundanz hilfreich: Je größer der Fundus gemeinsamen Wissens, umso reibungsloser gestaltet sich c.p. deren Kooperation.

Zur Vermeidung von manueller wie geistiger Überspezialisierung hat es sich bewährt, den Mitarbeitern nicht nur einzelne Aufgaben, sondern

**ganzheitliche Geschäftsvorfälle** zu übertragen. Im Rahmen einer prozessorientierten Organisation – das Denken in Geschäftsprozessen entspricht in besonderer Weise der integrativen Logik wissensbasierten Arbeitens – wird der einzelne Mitarbeiter damit zu einem eigenständigen »Case Manager«. Ein Versicherungsangestellter wäre in diesem Sinne nicht nur für Teilprozesse wie »Schadensermittlung« oder »finanzielle Vertragsabwicklung« zuständig, sondern würde den Versicherungskunden ganzheitlich betreuen und damit wesentlich mehr Informationen in seiner Tätigkeit bündeln. Abgesehen von der größeren Kundennähe dieser Verfahrensweise erhöht sie zugleich die Wahrscheinlichkeit der individuellen Wissensentwicklung.

Die nächste Stufe der wissensorientierten Arbeitsplatzgestaltung geht noch einen Schritt weiter und sieht ein generelles Empowerment der Humanressourcen vor. Unter **Empowerment** (»Ermächtigung«) versteht man die systematische Befreiung der Unternehmensmitglieder von organisationaler Fremdbestimmung (vgl. Weinert 1998, S. 181 f., 492 ff.; von der Oelsnitz 2000a, S. 89 f.). Zum Beispiel ermöglicht erst der Verzicht auf übergenaue Verfahrensvorschriften oder langwierige Abweichungsgenehmigungen Experimente mit neuen Lösungen und arbeitsplatzbezogene Selbstorganisation (vgl. zur Philosophie der Selbstorganisation ausführlich von der Oelsnitz 1995a). Damit geht Empowerment nicht nur über partizipative Führungsmodelle hinaus, sondern entspricht zugleich der besonderen Arbeitsauffassung moderner Wissensarbeiter.

### 5.3.2 Die Gruppe

Auf die Wichtigkeit des kollegialen Arbeitsumfeldes wurde bereits in Abschnitt 3.3 ausführlich eingegangen: Als Verbindungsglied zwischen der individuellen und der makrosozialen Organisationsebene erzeugen und transferieren Gruppen Wissen. Dabei legen wir den Gruppenbegriff nicht – wie die Soziologen – auf einen Personenkreis fest, dessen Mitgliedschaft man freiwillig sucht.

Wir verstehen unter einer **Gruppe** sowohl eine primärorganisatorische Arbeitsgruppe (z. B. eine teilautonome Fertigungsinsel) als auch ein temporär aufgabenbezogen zusammengestelltes Projektteam (wie z. B. *Quali-*

*tätszirkel*, *Lernstätten* oder *Technology Groups*; vgl. dazu ausführlicher Rehäuser/Krcmar 1996, S. 30 f.; North 1999, S. 112 ff.; Riegger 1983). In beiden Fällen können durch Imitation und Instruktion Lerneffekte erzeugt werden. Ein geschickt zusammengesetztes und gut aufeinander eingespieltes Team generiert obendrein Einsichten, die den Mitgliedern als Einzelpersonen verschlossen blieben. Somit sind Teams nicht nur für den Wissenstransfer, sondern auch für die Wissensentwicklung prädestiniert (vgl. Tissen/Andriessen/Deprez 2000, S. 151 ff.).

Es ist vor diesem Hintergrund kein Zufall, dass gerade japanische Unternehmen, die in besonderer Weise auf das Kollektiv setzen – man denke z. B. an das strikte Gruppenprinzip im Lean Management –, als besonders kreativ und innovationsstark gelten. Dies hängt nicht zuletzt auch mit dem **effizienten Feedback-Prozess** in Gruppen zusammen (vgl. Abschnitt 3.3). Feedback zielt, anders als reine Kontrolle, weniger auf disziplinarische Aspekte; im Vordergrund steht der »Lehrgehalt« rückkoppelnder Informationen. Und gerade Wissensarbeiter benötigen möglichst schnelle und detaillierte Informationen über die Ergebnisse ihres Tuns, um konkrete Verbesserungsmöglichkeiten erkennen zu können. Lernen ist insofern auch ein zutiefst sozialer Prozess.

Dies zeigt auch ein Phänomen, das in Wissenschaft wie Praxis zunehmende Beachtung findet: die **Communities of Practice** (vgl. Brown/Duguid 1991; Wenger/Snyder 2000; Kammel 2000b, S. 331 ff.). Hierunter sind Kultur- und Wissensgemeinschaften zu verstehen, die sich in der realen Arbeitswelt informal bilden und Menschen zusammenbinden, die dieselbe Expertise und dieselbe Leidenschaft für ein bestimmtes Sachproblem teilen. Durch identische Aufgaben – auch in unterschiedlichen Unternehmen – entstehen mit der Zeit gemeinsame Erfahrungen, gemeinsame Normen und gemeinsames Wissen.

Communities of Practice als eher virtuelle Gemeinschaften dürfen nicht mit formalen Arbeitsgruppen verwechselt werden. Sie kommunizieren vergleichsweise spontan und auf unpersönlichem Wege, oft über elektronische Medien. Communities of Practice werden in ihrer Bedeutung für wissensbasierte Unternehmen mehr und mehr erkannt. Sie bieten ein Forum, in dem Kenntnisse und Erfahrungen frei von bürokratischen Vorschriften ausgetauscht und kreativ miteinander kombiniert werden. Hierdurch sehen sich die formellen Bemühungen des Wissensmanagements keineswegs in Frage gestellt, sondern im Gegenteil sinnvoll ergänzt (vgl. Spender 1994; Wiegand 1996, S. 451 ff.).

Communities of Practice verdeutlichen die Verschränkung von individuellem und kollektivem Lernen sowie das ständige Nebeneinander von Planung und Emergenz. Lernen in Organisationen ist demnach ein fließender Prozess, der keinen klar definierbaren Anfangs- und Endpunkt hat. Für die Wissensmanager gilt es zu erkennen, dass nicht nur in formalen Schulungen gelernt wird, sondern auch und vor allem durch **tägliches Tun**: »The central issue in learning is *becoming* a practitioner not learning *about* practice« (Brown/Duguid 1991, S. 48).

Dem Wissensmanagement bleibt die Aufgabe, diesen Prozess durch eine geschickte Gruppenzusammensetzung und Netzwerkförderung zu unterstützen. Einem alten Organisationsprinzip zufolge empfehlen sich bei formalen Arbeitsgruppen Mehrfachmitgliedschaften, d.h. eine Person ist in mehreren Lern- und Arbeitsgemeinschaften aktiv (»Modell sich überlappender Gruppen«; vgl. Likert 1961). Durch diese Überlappung wird die Kommunikation verbessert und der Informationsfluss im gesamten Unternehmen genährt.

Dabei ist jedoch zu beachten, dass sowohl **Wissensinhalte** als auch **Lerngeschwindigkeiten interpersonell variieren**. Vereinfacht gesagt verfügen ältere Mitarbeiter über wertvolle Erfahrungen, wohingegen jüngere Unternehmensmitglieder eher neue Perspektiven und unkonventionelle Problemlösungen einbringen (vgl. Staffelbach/Bruggmann 2001, S. 77 ff.). Dies hat auch Auswirkungen auf die Art des neu gewonnenen Wissens, denn ältere Mitarbeiter sind eher Konformisten, d.h. tendieren zur Ausschöpfung bekannten Wissens, während neu eingestellte Personen Bestehendes tendenziell stärker in Frage stellen und daher Stärken bei der Exploration aufweisen. Ähnliche Effekte zeigen sich zwischen Personen mit hoher bzw. niedriger Lerngeschwindigkeit (vgl. March 1991, S. 76 f.). Folglich kommt es auf einen gesunden Mix von Erfahrenen und Neugierigen bzw. schnellen und langsamen Lernern an. Dies ist insbesondere auch bei der Bildung temporärer Teams zu berücksichtigen.

### 5.3.3 Die Aufbaukonfiguration

In vielen Unternehmen scheint sich Wissensmanagement zu professionalisieren. Sollte dieser Prozess zur Ausdifferenzierung dezidierter Subsysteme führen, besteht jedoch die Gefahr der Abtrennung vom Tagesgeschäft. Ist Wissensmanagement z.B einer einzelnen Stabsabteilung zugeordnet, ist die Wahrscheinlichkeit hoch, dass es Schnittstellenprobleme mit den für die operativen Aufgaben zuständigen Linienstellen gibt. Darüber hinaus ist zu befürchten, dass die Verantwortung für einen so entscheidenden Aspekt wie dem Aufbau und Verwerten von wettbewerbsrelevantem Wissen allein dem Stabspersonal zugeschoben wird (vgl. Schneider 2001, S. 61 ff.). Die Arbeit für und mit Wissen sollte jedoch auf möglichst viele Schultern verteilt werden.

Im Zuge dieser Einsicht treten in der wissensbasierten Organisation verstärkt heterarchische Elemente hervor. Die **Idee der Heterarchie** wurde aus dem Studium moderner Gesellschaften gewonnen: Entwickelte Gesellschaftsformen verfügen über vielfältigste, auf den unterschiedlichsten Ebenen angesiedelte Führungspotenziale, die eine zentrale Lenkung weder sinnvoll noch denkbar erscheinen lassen (vgl. Bühl 1987, S. 241 f.). Als sinnvolle Reaktion auf die polyzentrisch verteilten Wissensbestände sieht das Heterarchieprinzip eine konsequente Dezentralisierung von Kompetenzen und Verantwortlichkeiten vor, was letzten Endes auf die Ablösung der monozentrischen Unternehmenssteuerung hinausläuft (vgl. von der Oelsnitz 1995b).

Eine erste Konsequenz ist die Tatsache, dass keine situationsunabhängigen Zuständigkeitsbeziehungen mehr existieren; vielmehr verschieben sich die jeweiligen Verantwortungsbereiche je nach Unternehmenssituation und Arbeitsaufgabe. Anders gesagt: Während in der Hierarchie die Information zum Entscheidungsort gebracht wird, kommt in der Heterarchie die Entscheidung zum Wissensort. Hierdurch verändert sich zugleich die Richtung der Kommunikation: es bildet sich eine **intensivere laterale Kommunikation** heraus, die Grenzen überschreitet und sich weniger nach formalen als nach funktionalen Erfordernissen richtet. Laterale Interaktionen sind wesentlich besser als der »offizielle Dienstweg« in der Lage, verschiedene Einheiten miteinander zu verbinden.

Rückt man die Idee der Heterarchie in einen größeren Zusammenhang, dann wird sichtbar, dass es auch hier wieder um ein grundsätzliches Organisationsprinzip von Wissensunternehmen geht: **Kombination** und **Verknüpfung**. Hedlund ist der Ansicht, im Unterschied zur herkömmlichen Organisationslogik komme es in der Wissensökonomie weniger auf die Trennung von Aufgaben an, als auf deren Integration: »The challenge is not to divide a given task in a way ensuring maximally efficient performance. Rather, it is to position the company so that new tasks can be initiated, often on the basis of a combination of separate knowledge pieces from different organizational units« (Hedlund 1994, S. 87).

Diese Ansicht kann mit der Notwendigkeit der Generierung neuer Geschäftsfelder oder mit dem Trend zum Angebot von Kunden-Komplettlösungen begründet werden. Um die notwendige (Re)Kombination von Wissen zu gewährleisten, müssen letztlich möglichst viele Menschen in immer wieder neuen Formen zusammengebracht werden. Diesem Desiderat ist am besten in **netzwerkartigen Strukturen** zu entprechen (zu deren Haupteigenschaften vgl. Mueller 1988, S. 218; Neumann 2000, S. 356). Während hierarchisch geprägte Organisationen ihre Stärken eher in statisch-stabilen Umwelten haben, wirken externe wie interne Netzwerke aufgrund ihrer Flexibilität und ihrer wesentlich niedrigeren Informationskosten vor allem dann vorteilhaft, wenn Umwelt wie Unternehmensaufgabe komplex sind und sich fortwährend verändern.

Sydow/van Well (1996, S. 194) nennen die Bedingungen, unter denen Unternehmensnetzwerke zu **wissensintensiven Netzwerken** werden:

- ihre zentrale Ressource ist Wissen,
- ihnen gelingt es, durch den Einsatz ihrer Ressourcen die Arbeit Dritter zu strukturieren, und
- sie können ihre Wissensressourcen durch interorganisationale Praktiken in exklusiver Weise dauerhaft steigern.

Als Beispiel nennen die Autoren den bösennotierten Finanzdienstleister MLP – ein Netzwerk, in dem mehr als 700 rechtlich selbstständige, wirtschaftlich jedoch weitgehend abhängige »Berater« in ca. 60 Geschäftsstellen in Deutschland unter einer einheitlichen strategischen Führung zusammenarbeiten. Was typisch für Netzwerke ist, zeigt sich auch hier: Zwischen den Mitgliedern bestehen engere persönliche Kontakte, und es existiert eine partnerschaftliche Gruppenstruktur, die untereinander gleichrangige Fachleute effizient zusammenbindet (vgl. Abb. 29).

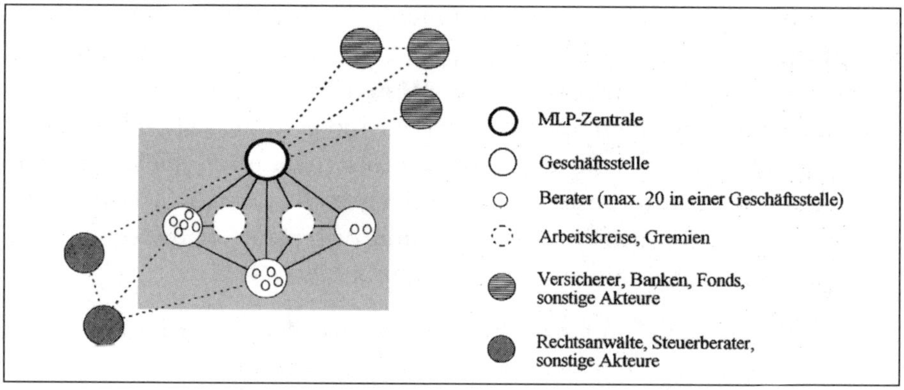


**Abb. 29:** Die Grundstruktur des MLP-Netzwerkes (Quelle: Sydow/van Well 1996, S. 196)

Die Mitglieder – nahezu ausnahmslos Akademiker – greifen auf wertvolle Ressourcen der Zentrale zu (z. B. Fachvorträge, gemeinsame Arbeitskreise und Schulungen, bereitgestellte Geschäftsräume, Werbematerial). Auf diese Weise nehmen sie nicht nur am Wissenstransfer teil, sondern werden zugleich mit der Vision und den Grundwerten des Unternehmens konfrontiert. Die sternenförmige Ausdehnung dieses Wissensnetzwerkes ergibt sich aus dem Zwang zur Ausgründung einer neuen Geschäftsstelle, wenn bestimmte Grenzwerte erreicht sind (maximal 400 Kunden pro Berater; maximal 20 Berater pro Geschäftsstelle). Durch diese Vorgaben bleibt der Kreis der Wissensträger überschaubar, die gemeinsame Schöpfung neuen Wissens wird begünstigt.

In eine ähnliche Richtung weist eine interessante Metapher von Nonaka/Takeuchi (1997, S. 188 ff.): die **Hypertext-Organisation**. Auch hier wird auf miteinander vernetzte Kollektivstrukturen gesetzt. Allerdings trägt die Hypertext-Organisation ausdrücklicher der Tatsache Rechnung, dass es letzten Endes nicht möglich ist, Unternehmen allein heterarchisch zu führen. Eher kommt es in der Praxis auf eine geschickte Mixtur aus zentral/fixen und dezentral/temporären Strukturelementen an. Denn hierarchische Organisationsformen hätten nicht über Jahrhunderte das Rückgrat einer Vielzahl sozialer Gemeinschaften gebildet, wenn sie nicht spezielle Vorteile besäßen. Demgemäß sehen nicht wenige Managementforscher die Hierarchie gerade in der Wissensökonomie als natürliche Antwort auf die Erfordernisse komplexer Informationprozesse, die einer zentralen Steuerung bedürfen. Diesen Experten erscheint die Hierachie als »an optimal break-down of knowledge and consequent specialization« (Hedlund 1994, S. 87).

Die Hypertext-Organisation **kombiniert die formale Hierarchie mit informaler Selbstorganisation**. Auf diese Weise wird versucht, Effizienz auf der Unternehmensebene mit lokaler Flexibilität zu vereinen. Wie ein Hypertext-Dokument besteht die Hypertext-Organisation aus mehreren miteinander verbundenen Schichten (ein herkömmlicher Text kennt dagegen nur eine Ebene – sich selbst). Diese Schichten schaffen – je nach Zusammenstellung – unterschiedliche Kontexte, durch die sich die Mitarbeiter hindurchnavigieren können. Insgesamt verfügt die Hypertext-Organisation über **drei Ebenen** (vgl. Abb. 30):

1. *Die Projektteam-Ebene*: In dieser Schicht wird auf der Basis von Projekten gearbeitet; mehrere Projektteams sind hier mit der Wissensschaffung, wie z. B. der Neuproduktentwicklung, befasst.

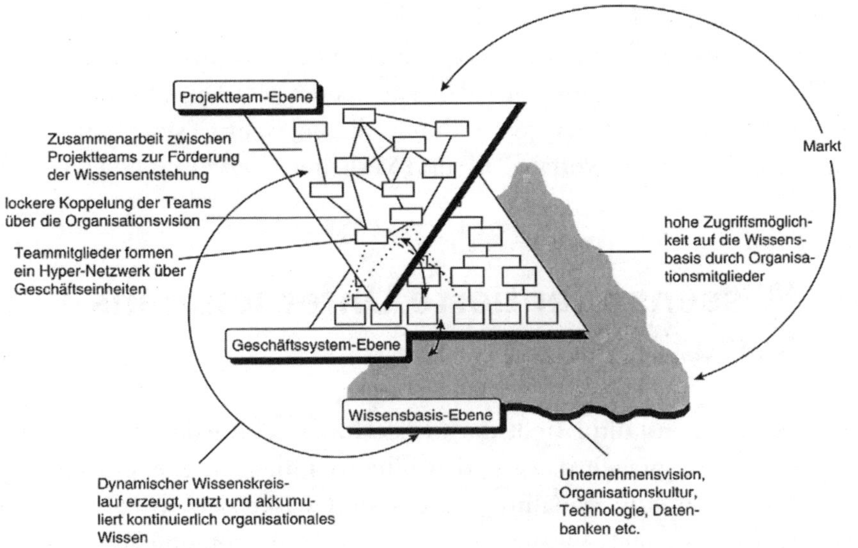


**Abb. 30:** Die Hypertext-Organisation (Quelle: Nonaka/Takeuchi 1997, S. 191)

2. *Die Geschäftssystem-Ebene*: Auf dieser Schicht wird das operationale Geschäft geführt. Aufgrund seines Routinecharakters eignet sich eine bürokratische Grundstruktur, die ein effizientes Arbeiten gestattet.

3. *Die eigentliche Wissensbasis*: Aufgabe dieser untersten Schicht ist die Klassifizierung und Einordnung des neu geschaffenen Wissens. Sie existiert nicht als tatsächliche organisatorische Einheit, sondern eher virtuell als Vision, Kultur oder Technologie des Unternehmens.

Der Clou dieser Organisationsform ist die synergetische **Koexistenz verschiedener Lernkontexte**. Wissen wird in einem ständigen Kreislauf systematisch erzeugt und in die betrieblichen Prozesse eingespeist (vgl. analog die Wissensspirale in Abschnitt 4.3). Die zentrale Schicht ist dabei das Geschäftssystem – man könnte auch sagen: die »normalen« Funktionseinheiten –, aus dem immer wieder bestimmte Mitglieder für die diversen Projektteams abgestellt werden. Hier verbleiben sie bis zum Abschluss des Projektes, z.B. bis zur Serienreife eines neu entwickelten Automodells, und sind dabei ausschließlich für das Projekt tätig. Ihre reguläre Linienfunktion ruht während dieser Zeit, was Doppelbelastungen, zeitliche Kompromisse und mentale Halbheiten vermeidet.

Bevor die Mitarbeiter nach Projektabschluss ihre normale Tätigkeit wieder aufnehmen, also auf die Geschäftssystem-Ebene zurückkehren, begeben sie sich auf die Ebene der Wissensbasis. Dieser »Umweg« stellt sicher, dass Erfahrungen (»Lessons learned«) festgehalten werden und nichts »versickert«. Das neue Wissen wird durch diesen Schritt systematisch gespeichert bzw. in neue Verfahrens- und Verhaltensweisen umgesetzt.

## 5.4 Wissensorientierte Unternehmenskultur

Die Unternehmenskultur stellt die soziale Infrastruktur des Wissensmanagements dar. Sie spiegelt die von den Unternehmensmitgliedern vertretenen Werte und Grundannahmen wider und wirkt sich sowohl auf den Wissenserwerb als auch auf die Wissensteilung und -nutzung aus. Das Lernen in Organisationen wird dann begünstigt, wenn die Kultur eine positive Einstellung gegenüber dem Lernen entwickelt, d.h. Offenheit gegenüber Neuem propagiert und zur intellektuellen Neugierde ermutigt. Eine solche Haltung ist z.B. für politische Nachrichtenmagazine mit investigativen Journalisten selbstverständlich. Aber auch in industriellen oder beratenden Unternehmen müssen der Erwerb und der Austausch neuer Informationen positiv gewürdigt werden (vgl. Davenport/Prusak 1999, S. 293f.; Wiegand 1996, S. 498ff.; Shrivastava 1983, S. 22). Hierzu kann u.a. die Entwicklung eines dezidierten **Wissensleitbildes** beitragen, das grundsätzliche Wissensziele nennt und deren alltägliche Handlungsrelevanz verdeutlicht (vgl. Probst/Raub/Romhardt 1999, S. 75).

Die Werte und Normen eines Unternehmens werden über das **Verhalten der Führungskräfte** sowie über sichtbare **Symbole** vermittelt (z.B. Leitbilder, Begrüßungsformen, Architektur, Firmengeschichten). Diese Artefakte entfalten neben ihrer äußerlichen Wirkung ganz handfeste Effekte. Beispielsweise symbolisiert und stimuliert der japanische Multikonzern KAO die Wichtigkeit eines möglichst ungebremsten Informationsaustausches durch eine besondere Form der Gebäudeeinrichtung: Im 10. Stock des Hauptgebäudes, in dem die Geschäftsführung ihre Büros hat, besitzt der Flur eher den Charakter eines offenen Versammlungsraumes; überall stehen Konferenztische, Sitzecken und Overhead-Projektoren. Jeder, der den Flur passiert, kann sich dort hinsetzen und mit jedem – inklusive dem Vorstandsvorsitzenden Yoshio Maruta – ein Gespräch über nahezu jeden dienstlichen Sachverhalt führen (was in der Tat häufig getan wird).

Eine ähnliche Einrichtung findet sich auf den anderen Stockwerken, in denen zugleich frei zugängliche Computerterminals stehen, die es jedem, auch dem »normalen Arbeiter« gestatten, z.B. die neuesten Umsatzzahlen sämtlicher Auslandsfilialen von KAO oder die neuesten hauseigenen Forschungsergebnisse abzufragen (vgl. Ghoshal/Bartlett 1995, S. 148f.). Auf diese Weise wird die Philosophie des Unternehmens – »free access of everyone to all information« – nicht nur deklamiert, sondern tatsächlich gelebt.

Viele japanische Firmen sind diesem Beispiel gefolgt. Bei DAI-ICHI-PHARMACEUTICALS finden sich z.B. die Forscher zu halbstündigen Gesprächen in eigens dafür geschaffenen »Talk-Rooms« ein (vgl. Davenport/Prusak 1999, S. 103). Eine Vielzahl vergleichbarer Einrichtungen in anderen Unternehmen kündet davon, dass das Management den eher zufälligen Austausch in der Kantine oder am Kaffeeautomaten durch eine systematische Kommunikation ersetzen will.

Neue Ideen können jedoch nur dann entstehen, wenn von Vorgesetzten und Kollegen **Toleranz gegenüber Irrtümern** geübt wird. Die deutsche MOBILCOM hat z.B. den »Fehler des Monats« kreiert und verspricht demjenigen Mitarbeiter eine Prämie, der diesen aufdeckt. Wurde der Fehler nicht absichtlich begangen, darf der Mitarbeiter auch seinen eigenen Irrtum anzeigen. Die Abkehr von eingespielten Verhaltensweisen, die in vielen Fällen Auslöser von Lernprozessen ist, verliert auf diese Weise den Makel des Verbotenen. Eine ähnliche Anekdote kursiert von IBM-Gründer Tom Watson. Ein leitender Mitarbeiter fragte Watson, ob ein anderer Mitarbeiter, der gerade ein 5-Millionen-Dollar-Projekt in den Sand gesetzt hatte, gefeuert werden solle. Watsons legendäre Antwort: »Sind Sie verrückt? Jetzt, wo ich gerade sein Lehrgeld bezahlt habe?«. Die Kultur der lernenden Organisation sollte Arbeiten in diesem Sinne als schrittweises Annähern an die Bestlösung begreifen. Sie sollte sich »als Perspektivenfundus und Diskussionsforum statt als Reservat von Dogmen und Ideologien« verstehen (Gebert/Boerner 1997, S. 246).

Eine derartige Grundhaltung strahlt auch auf die **Rollendefinitionen** aus, die auf Seiten des einzelnen Mitarbeiters bzw. seiner Kollegen bestehen. Die Praxis zeigt, dass die *Gewinnung* neuen Wissens oftmals durch ein eingeschränktes Selbstverständnis erschwert wird. Viele Mitarbeiter erwarten von ihrem Vorgesetzten klare Anweisungen, weil sie selbst nur schwer mit Autonomie und Mehrdeutigkeit umgehen können. Sie sehen sich als ausführendes Subjekt ohne Eigenverantwortung. Derartige Personen streben danach, sich an Bekanntes zu halten und Risiken so weit wie möglich zu vermeiden. Von diesen Kräften gehen daher nur selten Anstösse für betriebliche Neuerungen aus.

Die Rollenerwartungen der Kollegen wirken sich vor allem auf den *Austausch* sowie die *Nutzung* neuen Wissens aus (vgl. Sorg 1982, S. 176ff.). Der Einzelne erzielt nicht selten Lernfortschritte am Arbeitsplatz, findet z.B. ein Procedere, mit dem er eine bestimmte Verrichtung schneller ausführen kann, »darf« dieses Procedere aber wegen der kollektiven Ablehnung seiner Arbeitskollegen nicht anwenden (z.B. weil er damit das Arbeitstempo oder den Leistungsstandard der gesamten Gruppe forcieren würde). Keineswegs selten ist auch ein selbst verordneter »Maulkorb«: Die

Weitergabe von Informationen an andere Abteilungen oder Vorgesetzte wird von der Arbeitsgruppe nicht selten als Geheimnisverrat aufgefasst und sozial bestraft. Das **soziale Dürfen** ist letzten Endes ein wichtiger Bestandteil der Unternehmenskultur und als solcher für das tatsächliche Arbeitsverhalten oftmals ausschlaggebender als die offiziellen Führungsanweisungen.

In engem Zusammenhang hiermit steht das **Ausmaß der Politisierung** einer Organisation. Da Informationen neben der rein sachlichen Aufgabenerfüllung auch politisch, d.h. zur Durchsetzung egoistischer Interessen, eingesetzt werden können (vgl. Mintzberg 1983, S. 183f. sowie Abschnitt 4.4.4), werden sie oft wie ein privater Schatz gehütet. Derjenige, der eine wertvolle Information preisgibt, beraubt sich dadurch unweigerlich seiner Exklusivität. Insofern prallen letztlich zwei unterschiedliche Logiken aufeinander: die des kollektiven Gesamtwohls und die des partikularen Eigenwohls. Die besondere Eigenschaft von Wissen als Ressource, die sich durch Teilung in ihrem Wert vermehren lässt, gilt nur auf der Gesamtsystemebene. Fraglich ist, inwieweit die Normen der Unternehmenskultur den Einzelnen dazu veranlassen können, zugunsten einer offenen Informationsweitergabe auf den exklusiven Besitz von Informationen zu verzichten. Ähnliches trifft auf den Tatbestand der bewussten Informationsverfälschung zu. Die Unternehmenskultur sollte daher auf das bestehende Anreizsystem, das die Gewinnung und Weitergabe (auch kritischer) Informationen belohnt, abgestimmt sein.

Wegen der zunehmenden Bedeutung von Lernpartnerschaften muss sich eine grundsätzliche **Kooperationskultur** sowohl inner- als auch zwischenbetrieblich entfalten. Hierzu gehört zuvorderst eine vertrauensvolle Arbeitsatmosphäre. Ohne gegenseitiges Vertrauen ist jede Wissensinitiative zum Scheitern verurteilt, unabhängig davon, wie gründlich sie technologisch oder rhetorisch untermauert wird (vgl. Webber 1993, S. 28; Davenport/Prusak 1999, S. 83; Frey 2000, S. 81).

Soll grenzüberschreitend Wissen erworben oder ausgetauscht werden, dann ist nicht nur die interkulturelle Sensibilität gegenüber internationalen Allianzpartnern wichtig, sondern auch die Bereitschaft, vom anderen tatsächlich lernen zu *wollen*. Dass dies keineswegs selbstverständlich ist, zeigen die z.T. sehr unterschiedlichen Lernerfolge japanischer und westlicher Unternehmen in gemeinsamen Joint Ventures. Insbesondere US-amerikanischen Unternehmen wird nicht selten eine gewisse Arroganz vorgeworfen – sie begegnen ihren Partnern gern als allwissende Lehrer, die lieber Wissen preisgeben als aufnehmen (vgl. Hamel/Doz/Prahalad 1989, S. 93). Als Folge jahrzehntelanger marktlicher Vorherrschaft erschließt sich vielen westlichen Unternehmen der Wert eigener Lernbereitschaft bis heute nur unvollständig. Für ein effektives Lernen von den Kooperationspartnern ist aber nicht nur deren Offenheit (»Transparency«) wichtig, sondern in mindestens gleichem Maße der eigene Lernwillen (»Intent«).

# 5.5 Wissensorientierte Führungssysteme

## 5.5.1 Informationssystem

Auf den besonderen Stellenwert der betrieblichen Informationstechnologie in und für Wissensorganisationen wurde bereits ausführlich eingegangen (vgl. Abschnitte 4.2, 4.3 und 4.4), sodass hier nur noch einige Ausführungen zur allgemeinen Informationsphilosophie notwendig sind.

Grundsätzlich sollten wissensbasierte Organisationen intern an einem möglichst freien Fluss von Informationen interessiert sein. Dies bedeutet aber eine Abkehr von monopolistischen Besitzständen. In der Anfangszeit wurden Computer in Betrieben und Verwaltungen vor allem für Routineaufgaben (wie etwa die Lohnbuchhaltung) eingesetzt – dies hat sich ersichtlich geändert. Die ersten Datenbanken und Informationssysteme waren überdies weitgehend hierarchisch aufgebaut. Sie entsprachen damit der bürokratischen Grundstruktur, für deren Unterstützung – und zugleich machtpolitischen Konservierung – sie gedacht waren (vgl. Toffler 1991, S. 217).

Der mittlerweile omnipräsente Personalcomputer revolutionierte diese Philosophie: Daten oder Informationen sind längst nicht mehr ein eifersüchtig zu hütender Schatz – jedenfalls nicht in computerisierter Form. Im Endergebnis **wirkt der PC**, im Verbund mit der modernen Telekommunikation, in hohem Maße **dezentralisierend**. Die Konsequenzen dieser Entwicklung reichen nach Meinung des Zukunftsforschers Alvin Toffler weit über den betriebswirtschaftlichen Kontext hinaus. Es wird zukünftig nicht nur viel mehr kleine Firmen geben und die Warenproduktion über die ganze Welt verteilt sein, sondern es wird auch zu neuen Politik-, Lebens- und Lernformen kommen. Toffler prognostiziert wegen der dezentralisierenden Wirkung des Computers z.B. eine Stärkung von Heim und Familie, einen Prozess der Deurbanisierung sowie das Ende der »fabrikähnlichen Massenschule« (vgl. Toffler 1995, S. 60 ff.).

Die bereits mehrfach angesprochene Komplexitätszunahme der betrieblichen Aufgaben fordert eine multidisziplinäre Expertise, d.h. ein wechselseitiges Lernen und Zusammenarbeiten der unterschiedlichsten Spezialisten. Deren Wissensgrundlagen werden nach wie vor dezentral entwickelt, bedürfen aber immer stärker der **inhaltlichen Integration**. Moderne Informationssysteme müssen diese Verknüpfung leisten; ihre zukünftige Hauptaufgabe ist die Synthese von Differenzierung und Integration (vgl. Tenkasi/Boland 1996, S. 79 ff.).

Die Struktur der Informationssysteme sollte vor diesem Hintergrund weniger – wie in der Industriegesellschaft üblich – einem **Baum** als vielmehr einem **Spinnennetz** gleichen. Um an verschiedene, in Datenbanken oder Archiven abgelegte Informationen zu gelangen, musste man noch vor wenigen Jahren, bildlich gesprochen, von einem Blatt an einem Zweig zurück zum Baumstamm, um von dort aus einen neuen Zweig mit neuen Blättern zu erklimmen. In der modernen Wissensorganisation sollte das nicht mehr nötig sein. Vielfältigste Verknüpfungen bilden stattdessen ein Spinnennetz, auf dem man sehr schnell auch entlegene Punkte erreichen kann.

Gemessen an den technischen Möglichkeiten ist eigentlich schon heute jeder Wissensarbeiter in der Lage, sich ohne größere Formalitäten weltweit Daten zu beschaffen und auf seinem PC in Sekundenschnelle bedarfsgemäß miteinander zu verknüpfen. Klug genutzt, wird der »Cyberspace« der menschlichen Kreativität weiter Auftrieb geben und so die betrieblichen Innovationsraten zusätzlich beschleunigen.

### 5.5.2 Planungssystem

Vom ehemaligen US-Präsidenten und Weltkriegsgeneral Eisenhower ist der schöne Spruch überliefert: »Plans are nothing, *planning* is everything«. In diesem Sinne kann bereits der Planungsprozess als solcher der Gewinnung neuer Einsichten dienen. Dazu ist allerdings in zweierlei Weise ein Umdenken nötig. Zum Ersten darf der betriebliche Planungsakt nicht nur das Ergebnis des Planens fokussieren, sondern muss explizit auch den **Planungsvorgang gestalten**. Management wurde lange als »plandeterminierte Unternehmensführung« begriffen, d.h. beschäftigte sich nur mit »hartem« Output – der Formulierung von Zielen, der Analyse von Stärken und Schwächen oder der Definition von Strategien. Weiche Faktoren wurden grundsätzlich aus der Planung verbannt; quantitative Planungstechniken suggerierten Seriosität und Objektivität. Dementsprechend wurden primär Resultate in den Mittelpunkt gestellt, aber kaum prozessbezogene Sachverhalte wie die Förderung von Planakzeptanz, die Erzeugung von Veränderungsenergie oder die Einbeziehung persönlicher Intuition.

Die betriebliche Planung muss *Mehrdeutigkeit* akzeptieren und darf nicht versuchen, die reale Welt eindimensional abzubilden (selbst wenn dies von den betrieblichen Entscheidungsträgern oft erwartet wird). Die Unternehmensplanung sollte daher in Alternativen denken und inhaltliche Widersprüche zulassen; insbesondere die Szenariotechnik ist hierzu in der Lage (zum Lernen in und durch Szenarien vgl. insbesondere de Geus 1988, S. 71 f.; Minx/Roehl 1998). Das Denken in Alternativen ist eine wichtige Stimulanz für das strategische Lernen.

Zum Zweiten sollte die **Planungsbasis** in personeller Hinsicht verbreitert werden. Insbesondere die strategische Planung war lange Zeit Aufgabe einiger weniger Spitzenkräfte bzw. eines professionellen Stabes. Als Lernmöglichkeit vermag die Planung jedoch nur dann zu dienen, wenn sich auch das untere Management und bestimmte Teile der Belegschaft mit Planungsfragen befassen. Dies nutzt den analytisch schwer fassbaren Erfahrungsschatz der rangniederen Einheiten und erschließt dem Unternehmen die gesamte »Weisheit« der Organisation. Daneben wird, quasi nebenbei, ein wichtiger *Sozialisationseffekt* erzielt: Im Rahmen der gemeinsamen Planungsarbeit legen die Unternehmensmitglieder unwillkürlich ihre mentalen Modelle offen (vgl. de Geus 1988, S. 70). Dies fördert so manch verdeckten Dissens zutage und ist gleichzeitig Beginn einer offenen Diskussion der jeweiligen Handlungsprämissen.

Die erweiterte Planungsverantwortung zwingt die operativen Einheiten überdies dazu, unternehmerische Sachverhalte systematisch zu durchdenken und begünstigt somit eigene Einsichten sowie das Erkennen von Zusammenhängen. In diesem Sinne hat GENERAL ELECTRIC – früher Verfechter der formal-zentralisierten Planung – bereits vor Jahren sein zentrales Planungsteam zugunsten eines liniengetriebenen Planungsansatzes um zwei Drittel verringert (vgl. Sattelberger 1994, S. 25).

Durch die vorgeschlagenen Maßnahmen verbessert sich nicht nur die Qualität der Planungsresultate, sondern im Ideal auch der Informationsstand der Mitarbeiter sowie das allgemeine Kommunikationsklima. In einem erweiterten Sinn wird das Planen sogar zu einem **Instrument der unternehmerischen Flexibilitätssicherung**: »So the real purpose of effective planning is not to make plans but to change the microcosm, the mental models that these decision makers carry in their heads« (de Geus 1988, S. 71). Eisenhower lässt grüßen.

### 5.5.3 Anreizsystem

Zum betrieblichen Anreizsystem zählen neben geldlichen Zuwendungen und immateriellen Anreizen, wie z.B. formelle Belobigungen, vor allem hierarchische Belohnungen, d.h. Beförderungen. Ähnlich den anderen Führungssystemen besitzt auch das Anreizsystem sowohl eine symbolische als auch eine sachliche Dimension. Mit seiner Hilfe werden zum einen die materiellen und sozialen Bedürfnisse der Arbeitnehmer befriedigt und zum anderen die Erwartungen verdeutlicht, die das Unternehmen an die Mitarbeiter stellt.

Um diese Funktionen erfüllen zu können, muss das betriebliche Anreizsystem transparent sein. Die bereits angesprochene Interpretation von **Unternehmen als Wissensmärkten** mit Verkäufern, Käufern und Maklern von Informationen (vgl. Abschnitt 4.5) enthält hilfreiche Ansatzpunkte zur Gestaltung eines wissensorientierten Anreizsystems. In diesem Sinne sollten Mitarbeiter, die Wissensbeiträge für das Unternehmen leisten, materiell wie sozial belohnt werden. Problematisch ist hierbei, dass weder ein echtes Preissystem etabliert noch im Regelfall das erworbene oder ausgetauschte Wissen quantitativ bewertet werden kann. Die soziale Belohnung, die vor allem im Rahmen der organisationskulturellen Anerkennung erfolgt, ist daher für viele Unternehmen nicht nur billiger, sondern auch praktikabler.

Dennoch sollten zumindest ansatzweise nachvollziehbare **Belohnungsverfahren** für erfolgreiche Wissensarbeiter entwickelt werden. Hiermit wird unterstrichen, dass Wissen ein wertvolles Gut ist und das Management nicht mehr von der etwas blauäugigen Annahme ausgeht, Wissen fließe in jedem Fall uneigennützig und ohne extrinsischen Antrieb zwischen den Unternehmensangehörigen frei hin und her. Eine Möglichkeit wäre, die Mitarbeit in (über-)betrieblichen Wissensprojekten oder die Übernahme von Schulungskursen oder Mentorenfunktionen ausdrücklich in den Kriterienkatalog zur persönlichen Leistungsbeurteilung aufzunehmen.

**10 Gebote für ein (in)effizientes Wissensmanagement**

- Ignoriere, wenn sich jemand um neues Wissen bemüht hat – besonders, wenn der Anwendungsbezug heute noch nicht klar ist.
- Sorge dafür, dass stets genug Arbeit für alle vorhanden ist, damit niemand Zeit für dumme Gedanken hat.
- Wissenszuwachs kann man nicht messen. Damit erübrigt sich auch die Planung von Wissenszielen.
- Ein dichtes Netz formaler Regeln und Vorschriften vermeidet Unsicherheit – die Mitarbeiter schätzen das.
- Gespräche, die nichts mit der Aufgabe zu tun haben, sind zu unterbinden. Klatsch und Tratsch gehören nicht ins Büro.
- Wer kritische Informationen an Dritte (Vorgesetzte, Kunden etc.) weitergibt, ist ein Nestbeschmutzer.
- Die Untergebenen sollten konsequent an Bewährtem festhalten und bei Zweifel unbedingt die ausdrückliche Erlaubnis des Vorgesetzten einholen.
- Das Informationssystem sollte die angeforderten Informationen nach fachlicher Zuständigkeit gestaffelt zur Verfügung stellen.
- Erfahrungen Dritter sollten gut gesichert sein. Wer sie wirklich benötigt, wird sie auch geduldig suchen. Dasselbe gilt für Wissensexperten: Sie müssen vor zuviel Nachfragern geschützt werden.
- Vorgesetzte sollten sich auf keinen Fall in die Karten schauen lassen. Wie sie ihren Job tun, geht keinen etwas an.

**Abb. 31:** Zehn Gebote für ein (in)effizientes Wissensmanagement

Ein Paradebeispiel in dieser Beziehung ist das **Unternehmen 3M**. Das in St. Paul, Minnesota ansässige Unternehmen gilt als »Innovationsweltmeister«. Es verfügt mittlerweile über 50.000 verschiedene Produkte in ca. 50 Divisionen. Jeder kennt sie: den Post-It-Zettel, das Scotch-Life-Abdeckband oder den Reinigungsschwamm Scotch-Britt. Darüber hinaus ist 3M Anbieter von Textilien, Reflexstreifen und Glasfasertechnik. In nahezu idealtypischer Weise verbinden die Amerikaner beinahe alle in diesem Kapitel angesprochenen Maßnahmen zu einem schlüssigen Gesamtpaket: Sie verfügen über ein klares Wissensleitbild, eine offene und wissensbasierte Kultur, eine flache und durchlässige Hierarchie, einen lernfördernden Managementstil sowie eine wissensorientierte Personalpolitik (für Details vgl. u.a. Davenport/Prusak 1999, S. 208ff.; Nonaka/Takeuchi 1997, S. 153ff.; Peters/Waterman 1990, S. 261ff.).

Abb. 31 fasst die Ausführungen dieses Abschnittes im Sinne einer *Negativrezeptur* noch einmal pointiert zusammen.

## 5.6 Zusammenfassung

- Effizientes Lernen erfordert eine bestimmte Infrastruktur. Zu dieser Infrastruktur gehören das Personalmanagement, die Führungssysteme sowie die Struktur und Kultur des Unternehmens. Mit Hilfe dieser Variablen ist Lernen stimulierbar und inhaltlich auf die Unternehmensziele auszurichten. Es sind jedoch auch die Grenzen einer derartigen Kontextsteuerung zu sehen. Ein übertriebener Gestaltungsoptimismus verbietet sich.

- Hinsichtlich der Personalgewinnung zeigt sich ein Agglomerationseffekt: den Besten bieten die Besten eben auch die besten Lernmöglichkeiten. Im Rahmen von Development-Programmen werden nicht nur lernbezogene Kompetenzen vermittelt, sondern gegebenenfalls auch persönliche Werte verändert. Dabei steht die Entwicklung von Fähigkeiten im Vordergrund, die das Lernen auf einer höheren Ebene fördern (»Lernen zu lernen«).

- Die Unternehmenskultur bildet den »weichen« Teil der organisationalen Infrastruktur. Durch sie werden Verhaltenserwartungen vorgeprägt,

Arbeitsrollen zugewiesen und das innenpolitische Klima bestimmt. Lernfördernd ist die Unternehmenskultur dann, wenn sie die Aufnahme, Teilung und Verwertung neuen Wissens fördert und fordert.

- Verhalten folgt Strukturen. Eine wissensorientierte Organisation muss daher sowohl den Gesamtaufbau als auch die betrieblichen Arbeitsplätze gestalten. Von besonderer Bedeutung sind Gruppenkonzepte, denn Teams kollektivieren Wissen und bieten Möglichkeiten der Instruktion sowie des modellgestützten Lernens. Schlagwortartig verkürzt lautet die Grundidee einer wissensbasierten Organisationsstruktur: dezentral, temporär, kommunikativ, offen und vernetzt.
- Die personellen, kulturellen und strukturellen Maßnahmen des Wissensmanagements kommen dann am besten zur Geltung, wenn sie durch das vorhandene Planungs-, Informations- und Anreizsystem sinnvoll abgerundet werden. Auch die betrieblichen Führungssysteme müssen letztlich die wesentlichen Prinzipien der lernenden Organisation beherzigen: Enthierarchisierung, Vielfalt und Autonomie.

## Vertiefungsliteratur zu Kapitel 5

*Davenport, T./Prusak, L.* (1999): Wenn Ihr Unternehmen wüsste, was es alles weiß, 2. Aufl., Landsberg a.L.; insbesondere Kap. 2 und 8.

*Hedlund, H.G.* (1994): A Model of Knowledge Management and the N-Form Corporation, in: Strategic Management Journal, 15. Jg. (1994), S. 73–90.

*Pawlowsky, P.* (1992): Betriebliche Qualifikationsstrategien und organisationales Lernen, in: Staehle, W.H./Conrad, P. (Hrsg.): Managementforschung 2, Berlin, S. 177–237.

*Quinn, J.B./Anderson, P./Finkelstein, S.* (1996b): Das Potenzial in den Köpfen gewinnbringender nutzen, in: Harvard Business Manager, 18. Jg. (1996) 3, S. 95–104.

*Sattelberger, T.* (1994): Die lernende Organisation im Spannungsfeld von Strategie, Struktur und Kultur, in Sattelberger, T. (Hrsg.): Die lernende Organisation, 2. Aufl., Wiesbaden, S. 11–55.

# 6 Bedeutet »Wissen« das Ende von »Arbeit« und »Kapital«?

Zum Ende dieses Buches möchten wir die einzelwirtschaftliche Perspektive wieder hinter eine grundsätzlichere Frage zurückstellen: Ist das Unternehmen der Zukunft tatsächlich nur noch eine virtuelle Fiktion; nur noch »eine gedankliche Spur von langen Bitinformationen in weltweiten Datennetzen« (Pawlowsky 1998, S. 12)? Und sind Wissensgesellschaft und Wissensökonomie bereits Realität? Ihre ökonomischen und infrastrukturellen Vorbedingungen – Globalisierung, Digitalisierung und Vernetzung – sind jedenfalls schon vorhanden.

In Anlehnung an die einschlägigen Indikatoren wurde in Kapitel 1 mit dem Bedeutungsverlust der klassischen Produktionsfaktoren Boden, Arbeit und Kapital argumentiert. Natürlich hängt deren Niedergang mit dem Aufstieg des Produktionsfaktors Wissen zusammen, denn Information und Wissen substituieren zu einem guten Teil die althergebrachten Produktionsfaktoren. Von dieser **Substitution** sind keineswegs nur High-Tech-Unternehmen oder die moderne New Economy betroffen. Folgende Beispiele traditioneller Wirtschaftsbereiche illustrieren das:

- Große **Kaufhäuser** mit Tausenden von Artikeln in den Regalen müssen ihr mögliches Nichtwissen über die Kundenwünsche mit hohen Lagerbeständen – also mit einer hohen Kapitalbindung – »bezahlen«. Demgegenüber können kleinere **Fachgeschäfte** mit sorgsam ausgewähltem Sortiment, individueller Kundenbetreuung und qualifiziertem Personal ihr Kapitalbindungsrisiko minimieren. Elektronische Versandhäuser verfügen über gar keine Lagerbestände mehr: Kundenbestellungen werden schriftlich, telefonisch oder per Mausklick übermittelt und direkt an die Hersteller weitergeleitet, die die Waren dann an den Bestellkunden versenden. Wissen ersetzt Lager und Umlaufvermögen.
- Nicht mehr palastartige Gebäude mit Edelmetallvorräten und großen Geldmengen, sondern Geldautomaten und elektronische Zahlungssysteme prägen bereits heute das Bild im **Bankenwesen**. Durch die informationstechnische Vernetzung werden reale Geldscheine zunehmend

durch virtuelles Geld ersetzt; benutzerfreundliche Informationsangebote »im Netz« beantworten viele Fragen der Kunden bereits im Vorfeld. Mit beidem ist nicht selten eine erhebliche Reduzierung von Geschäftsstellen verbunden, was bedeutet, dass sich die Investitionen in materielle Vermögenswerte verringern. Wissen ersetzt Papier, Personal und Standorte.

- Auch die **Landwirtschaft** hat sich durch den wachsenden Einfluss von Know-how verändert: die Erkenntnisse eines Gregor Mendel sind heute die Grundlage gezielter Eingriffe in die DNA-Struktur von Pflanzen. Entsprechende Fortschritte des Bio-Engineering bzw. der Gentechnik gestatten die Züchtung von Getreidesorten, die weitgehend schädlingsresistent sind. Früher musste man für identische Erträge außerdem wesentlich mehr Hektar Land und Arbeitsstunden einsetzen. Eine analoge (wenn auch z.T. höchst ungesunde) Entwicklung findet sich bei der Nutztierhaltung. Dennoch gilt auch hier: Wissen ersetzt Getreidemaschinen und Anbauflächen bzw. Futtermengen und Stallfläche.

Trotz dieses vermeintlich eindeutigen Ergebnisses sei vor einem vorschnellen Fehlschluss gewarnt: Vor allem der industrielle Sektor verliert durch den Aufstieg der Wissensökonomie keineswegs seine Bedeutung. Der Übergang zur Wissensgesellschaft vollzieht sich vielmehr graduell bzw. evolutionär (vgl. Stehr 1994, S. 39f., S. 523), d.h. viele Menschen werden nach wie vor in klassischen Produktionsbetrieben beschäftigt sein, und viele Produkte werden, wie bisher, industriell gefertigt werden.

Was sich ändert, ist aber der **intellektuelle Anspruch** dieser Tätigkeiten (vgl. auch Soukop 2001, S. 49; Toffler 1991, S. 258ff.). Dies ist zurzeit nirgendwo besser zu beobachten als in der jüngst von VOLKSWAGEN in Dresden eröffneten Gläsernen Fabrik, in der wenige Arbeitskräfte ganze Fertigungsstraßen überwachen und »normales« Fertigungspersonal eine breite Palette industrienaher Dienstleistungen – wie die Wartung, Programmierung oder Qualitätssicherung hochkomplizierter Maschinen – erbringt. Vor diesem Hintergrund relativiert sich das exklusive »Entweder-oder« zwischen Industrie- und Wissensgesellschaft: **Hand- und Kopfarbeit verschmelzen miteinander**. Ebenso verschwimmt zusehends die Grenze zwischen materiellen und immateriellen Gütern.

Ein professionelles Wissensmanagement wird dafür sorgen, dass industriell geprägte Güter und Verfahren weiter optimiert werden. Die zukünftige

Entwicklung könnte ähnlich verlaufen wie bei den noch vor wenigen Monaten so populären Emerging Markets mit ihren viel versprechenden E-Commerce-Optionen: In der ersten Euphorie wurde bereits das Ende traditioneller Branchen und Geschäftssysteme (Buchhandel, Mode-Einzelhandel, Reisebüros) verkündet. Heute zeigt sich, dass nur wenige wirklich neue Branchen entstanden sind und die Möglichkeiten des E-Commerce von den etablierten Anbietern stattdessen geschickt in die bestehenden Geschäftsmodelle integriert wurden. Die METRO-Gruppe, KARSTADT oder QUELLE verfügen heute z.B. allesamt über internetbasierte Leistungsangebote, während BUCH.DE, AMAZON und LETSBUYIT.COM bis heute kaum einen Cent verdient haben.

Und noch eine wesentliche Neuerung bringt die Wissensökonomie mit sich: der **Mensch rückt endgültig in den Mittelpunkt** der Unternehmensführung. Die kognitiv-kreativen Fähigkeiten der Mitarbeiter werden letztlich für das ökonomische Wohlergehen von Unternehmen wie Volkswirtschaften entscheidend sein. Geld kann »arbeiten«, aber es denkt nicht; Maschinen können unangenehme Arbeit verrichten, aber sie erfinden nichts. Noch so wertvolle Bodenschätze, ein noch so großes Heer an Arbeitskräften und noch so fortschrittliche Technologien werden auf Dauer das vom Menschen geschaffene Wissen nicht kompensieren können.

Daraus folgt schlicht: »Die für entwickelte Gesellschaften relevante Form der Arbeit wird Wissensarbeit« sein (Willke 2001, S. 298). Und der für diese Gesellschaften relevante Beschäftigtentypus ist naturgemäß der Wissensarbeiter. Auf dieser Grundlage werden **drei Hauptzüge die Ökonomie der Zukunft** kennzeichnen:

- Für den größten Teil der Menschen werden sich Inhalt und Rahmenbedingungen der Arbeit verändern. »Einfache« Arbeit wird in den hochindustrialisierten Ländern mehr und mehr von Maschinen erledigt oder weiter in Länder mit niedrigeren Löhnen und Sozialstandards abwandern. Die in den Hochlohnländern verbleibende manuelle Arbeit wird durch zunehmende Wissensbasierung optimiert und zugleich auf eine höhere Stufe gehoben.

  Die meisten Wissensarbeiter bleiben nach wie vor auf die Organisation, in der sie beschäftigt sind und die ihnen die notwendigen Verbindungen und Kontakte bereitstellt, angewiesen. Ihre Tätigkeit ist gleichwohl wesentlich **voraussetzungsvoller** geworden und ihre **organisatorische**

**Einbindung** eine andere. Arbeit in der Wissensökonomie betont eher die Expertenmacht als die Hierarchie und basiert weniger auf festen Primärstrukturen als auf fluiden Sekundärstrukturen (wie z. B. in Projekten oder ad hoc zusammengesetzten Problemlösungsteams). Die lebenslange lineare Karriere spaltet sich in eine Vielfalt von Laufbahnmustern auf (vgl. Sattelberger 1999, S. 284 ff.). Überdies nehmen die Anforderungen an die Selbstorganisationsfähigkeit des Personals zu. In der Industriegesellschaft hat »der Job den Menschen organisiert« – die Technologie bestimmte, was man wie zu tun hatte. »In der Wissensgesellschaft muss jedoch der Mensch den Job organisieren« (Malik 2001, S. 404).

Daneben wird sich immer deutlicher eine **neue Kaste von Wissensarbeitern** herausbilden – Personen, die kraft ihres Expertenstatus sehr selbstständig agieren und aufgrund der inhärenten Standortlosigkeit von Kopfarbeit zugleich extrem mobil sind. Dieser Personenkreis macht sich die Tatsache zunutze, dass Arbeit und Leistung im Bereich des Wissens nicht »von oben« verordnet werden können, d. h. sich letztlich einer direkten Regulierung entziehen. Dieser neue Typ, den heute am ehesten Unternehmensberater verkörpern, wird sich seines Wertes zunehmend bewusst werden und seine exponierte Stellung in außerordentliche Honorare umsetzen. Ähnlich dem »normalen« Wissensarbeiter identifiziert er sich stärker mit seinem Wissensgebiet als mit seinem Arbeitgeber (vgl. Berchtold 1999). Im Gegensatz zum Normalfall ordnet er sich jedoch nur noch temporär einem formalen Beschäftigungsverhältnis unter.

Dieser neue Typus wird an Zahl wie Bedeutung zunehmen. Vielleicht verwirklicht sich durch ihn doch noch die alte sozialistische Utopie, nach der sich die wesentlichen Produktionsmittel allein in den Händen der Arbeiter befinden (vgl. Ridderstråle/Nordström 2000, S. 17; Toffler 1991, S. 268). Die Zukunft könnte Marx' Traum erfüllen – wenngleich ganz anders als von diesem erwartet.

- Alle gemeinhin mit Kognition in Verbindung gebrachten Konstrukte – Wissen, Information, Expertise, Intelligenz, Erfahrung – unterliegen einem beschleunigten Alterungsprozess. Dies ist nicht zuletzt das Ergebnis der weltweit rapide zunehmenden Zahl der Wissensarbeiter. Damit wird die **ständige Innovation** zum Dreh- und Angelpunkt erfolgreichen Wirtschaftens.

Dieser Umstand markiert zugleich den entscheidenden Unterschied zu früheren Wissensstrategien. Während kundige Personen – Theologen, Künstler, Lehrer oder Alchimisten – ihr Wissen früher ein Leben lang mühsam aufgebaut, bewahrt und schließlich mit sich ins Grab genommen oder wahlweise an wenige ausgewählte Schüler weitergegeben haben, hat das im Expertentum verkörperte Wissen heute im Mittel nur noch eine Halbwertzeit von wenigen Jahren und (auch deshalb) dann den größten Nutzen, wenn es möglichst umfänglich ausgetauscht wird. Das berühmte »3L« (= long life learning) ist keine leere Floskel mehr, und der schöne Spruch »Lernen ist wie Rudern gegen den Strom – wer aufhört, treibt zurück« spricht für sich. Lebenslanges Lernen meint aber auch lebenslanges Verlernen und Umlernen. Die fortwährende Infragestellung mühsam erworbener Kenntnisse hat zudem einen nicht zu unterschätzenden psychologischen Effekt: bleibende Sicherheiten und intellektuelle Besitzstände gibt es in der Welt des Wissens nicht mehr.

- Und schließlich bleibt auch der **Produktionsfaktor Kapital** von diesem »Machtbeben« (Toffler 1991) nicht verschont. Um intellektuelles Kapital umsetzen zu können, ist natürlich auch weiterhin ein gewisses Maß an Sach- und Finanzkapital notwendig; Kapital wird folglich weiter zur Wertschöpfung beitragen. Aber seine Rolle wird zukünftig eher darin bestehen, den Prozess der Umsetzung von Wissen in Leistung effektiv zu unterstützen. Das Kapital wird Unternehmen wie Volkswirtschaften bei ihrer Aufgabe eher dienen, statt diese zu dominieren (vgl. Drucker 1993, S. 118). Also: So wenig »Arbeit« in den kommenden Jahren als manuelle oder ausführende Tätigkeit zu begreifen ist, so wenig erscheint »Kapital« zukünftig allein als materielle Kategorie.

In der Folge wird sich unsere Vorstellung von Wirtschaft und Wertschöpfung weiter verändern. »Wenn man heute vor dem Haupteingang der wissensintensiven Dienstleistungs-, Software- oder Medienunternehmen steht, dann sind die zentralen Produktionsfaktoren nicht mehr zu sehen. Es sind nicht mehr die Werkhallen, die Spindelbänke, die Hochöfen, die Rotationspressen oder die automatisierten Fließbänder, die den Reichtum des Unternehmens ausmachen, sondern die Ideen, die Kreativität, das Image, die Problemlösefähigkeit der Mitarbeiter (...), die Geschwindigkeit der F&E-Prozesse und die kontinuierliche Lernfähigkeit, die die zentralen Erfolgsfaktoren der Unternehmung darstellen« (Pawlowsky 1998, S. 11 f.).

Im Extremfall ist ein Unternehmen tatsächlich nur noch eine virtuelle Realität. In dieser Logik wird die geistige Potenz einzelner Unternehmen, Regionen oder Nationen zum entscheidenden Parameter. Aus dieser Erkenntnis folgt die **Notwendigkeit intensiver Aus- und Weiterbildungsanstrengungen** sowohl im schulischen als auch im beruflichen Bereich. Diese Aufgabe besitzt zunächst eine qualitative Dimension. Die für Deutschland geradezu niederschmetternden Ergebnisse der sog. *PISA-Studie* (= Programme for International Student Assessment) verdeutlichen in erschreckendem Maße, welch gravierende Folgen eine uneinige und halbherzige Bildungspolitik haben kann. Wie aber soll Arbeit mit und an Wissen geleistet werden, wenn bereits die Lesekompetenz fehlt?

Deutschland beklagt überdies schon heute das Fehlen von über einer Million Facharbeitern und anspruchsvoll ausgebildetem Personal – und dies keineswegs nur im IT-Bereich. Auch zahlreiche andere Branchen haben Schwierigkeiten bei der Suche nach geeignetem Personal. Weitere Studien der OECD diagnostizieren für Westeuropa eine **wachsende Lücke** zwischen dem Bedarf und dem Angebot an Akademikern und attestieren speziell Deutschland eine im europäischen Maßstab unterdurchschnittliche Zahl sowohl an Studienanfängern als auch an erfolgreichen Absolventen. Sollte keine Hilfe »von außen« kommen (Stichwort: Zuwanderung), dann werden die Folgen dieser Entwicklung nicht mehr lange auf sich warten lassen (vgl. grundsätzlicher Graff 2000; Zwick 2000).

Der weiter steigende Bedarf an gut ausgebildeten Kopfarbeitern wirft auch in **globaler Perspektive** ein Problem auf. Peter Drucker weist in diesem Zusammenhang auf die ungünstigen demographischen Entwicklungen in eigentlich allen westlichen Nationen hin. So wird z.B. die Bevölkerungszahl Italiens in den kommenden 50 Jahren um mehr als ein Drittel – von heute 60 Millionen auf unter 40 Millionen – zurückgehen. Das Problem bestehe demnach weniger in der Überbevölkerung der Welt als vielmehr in der »*Unter*bevölkerung der entwickelten Länder« (Drucker 1998, S. 9). Wenngleich diese Meinung mit Blick auf ökologische Aspekte nur bedingt nachvollziehbar ist – aus dem Blickwinkel nationaler Wettbewerbsvorteile ist Druckers Besorgnis zu teilen.

Die Ausbildungsmethoden, die während der beiden Weltkriege vor allem in den USA und in Westeuropa konzipiert wurden, ermöglichten es einstmals rückständigen Ländern wie Japan und Südkorea, die Produktivität ihrer ungelernten Arbeiter in sehr kurzer Zeit auf ein akzeptables Niveau anzuheben. Heute vollzieht sich derselbe Prozess in Chile oder Vietnam. Des Weiteren wirkt sich aus, dass moderne Technik heute eigentlich überall auf der Welt zu erschwinglichen Preisen zur Verfügung steht. Nur bei **Wissensarbeitern** haben die entwickelten Länder noch einen Vorsprung (wobei dieser wiederum vor allem quantitativ ist. So gibt es – laut Drucker – in ganz China gerade einmal drei Millionen Studenten. Zum Vergleich: Die USA haben bei einem Viertel der chinesischen Bevölkerung etwa zwölf Millionen Studenten.) Die Eliten sind in Südafrika und Singapur also genauso leistungsfähig wie in Schweden oder Frankreich – nur eben nicht so zahlreich.

Diesen bestandsmäßigen Vorteil bei hochqualifiziertem Personal weiterhin in einen Wissensvorteil zu verwandeln, ist auch für Deutschland die einzige Möglichkeit, sich im weltweiten Wettbewerb zu behaupten. Hierzu bedarf es jedoch nicht nur einer geschärften Sensibilität für die Bedeutung des Produktionsfaktors Wissen, sondern auch eines veränderten unternehmerischen Selbstverständnisses. Darüber hinaus müssen die Instrumente zur Bewirtschaftung des intellektuellen Kapitals weiter verbessert werden. Der in diesem Buch aufgezeigte Weg wird von vielen Unternehmen bereits beschritten; dennoch bleibt noch vieles zu tun. Ein professionelles Wissensmanagement ist längst keine Ausnahme mehr. Aber auch noch lange nicht die Regel.

# Literaturverzeichnis


*Aebi, R.* (2000): Kundenorientiertes Knowledge Management. Erfolg durch Wissen über Markt und Unternehmen, München.

*Akin, G.* (1987): Varieties of Managerial Learning, in: Organizational Dynamics, 15. Jg. (1987) 4, S. 36–48.

*Amelingmeyer, J.* (2002): Wissensmanagement, 2. Aufl., Wiesbaden.

*Amelingmeyer, J./Specht, G.* (2000): Wissensorientierte Kooperationskompetenz, in: Hammann, P./Freiling, J. (Hrsg.): Die Ressourcen- und Kompetenzperspektive des Strategischen Managements, Wiesbaden, S. 313–335.

*Amit, R./Schoemaker, P.J.H.* (1993): Strategic Assets and Organizational Rent, in: Strategic Management Journal, 14. Jg. (1993), S. 33–46.

*Argyris, C.* (1991): Wenn Experten wieder lernen müssen, in: Harvard Manager, 13. Jg. (1991) 4, S. 95–107.

*Argyris, C.* (1994): Good Communication that Blocks Learning, in: Harvard Business Review, 72. Jg. (1994) 4, S. 77–85.

*Argyris, C./Schön, D.A.* (1978): Organizational Learning: A Theory of Action Perspective, Reading/Mass.

*Aulinger, A./Pfriem, R./Fischer, D.* (2001): Wissen managen – ein weiterer Beitrag zum Mythos des Wissens? Oder: Emotionale Intelligenz und Intuition im Wissensmanagement, in: Schreyögg, G. (Hrsg.): Wissen in Unternehmen, Berlin, S. 69–84.

*Backhaus, K./Plinke, W.* (1990): Strategische Allianzen als Antwort auf veränderte Wettbewerbsstrukturen, in: Backhaus, K./Piltz, K. (Hrsg.): Strategische Allianzen, ZfbF-Sonderheft Nr. 27, Düsseldorf (Verlagsgruppe Handelsblatt), S. 21–33.

*Badaracco, J.L.* (1991): Strategische Allianzen. Wie Unternehmen durch Know-how-Austausch Wettbewerbsvorteile erzielen, Wien.

*Baecker, D.* (2000): Die »andere Seite« des Wissensmanagements, in: Götz, K. (Hrsg.): Wissensmanagement zwischen Wissen und Nichtwissen, 3. Aufl., München, S. 99–111.

*Balling, R.* (1998): Kooperation, 2. Aufl., Frankfurt a.M.

*Bamberger, I./Wrona, T.* (1996): Der Ressourcenansatz und seine Bedeutung für die Strategische Unternehmensführung, in: Zeitschrift für betriebswirtschaftliche Forschung, 48. Jg. (1996) 2, S. 130–153.

*Barnes, J.H.* (1984): Cognitive Biases and Their Impact on Strategic Planning, in: Strategic Management Journal, 5. Jg. (1984), S. 129–137.

*Barney, J.B.* (1991): Firm Resources and Sustained Competitive Advantage, in: Journal of Management, 17. Jg. (1991), S. 99–120.

*Bateson, G.* (1972): Steps to an Ecology of Mind, New York (deutsch: Ökologie des Geistes).

*Baumgartner, P.* (1993): Der Hintergrund des Wissens. Vorarbeiten zu einer Kritik der programmierbaren Vernunft, Klagenfurt.

*Bell, D.* (1975): Die nachindustrielle Gesellschaft, Frankfurt am Main/New York.

*Berchtold, W.* (1999): Wie die Informationsgesellschaft die Arbeitswelt verändert, in: Office Management, 47. Jg. (1999) 2, S. 3.

*Berth, R.* (1991): Sind Topmanager noch lernfähig?, in: Harvard Business Manager, 13. Jg. (1991) 4, S. 9–13.

*Bode, J.* (1997): Der Informationsbegriff in der Betriebswirtschaftslehre, in: Zeitschrift für betriebswirtschaftliche Forschung, 49. Jg. (1997) 5, S. 449–468.

*Bode, U.* (1997): Die Informationsrevolution. Wegweiser für Führungskräfte, Wiesbaden.

*Bosetzky, H.* (1995): Mikropolitik und Führung, in: Kieser, A./Reber, G./Wunderer R. (Hrsg.): Handwörterbuch der Führung, 2. Aufl., Stuttgart, Sp. 1517–1526.

*Brown, J.S./Duguid, P.* (1991): Organizational Learning and Communities-of-Pratice: Toward a Unified View of Working, Learning, and Innovation, in: Organization Science, 2. Jg. (1991) 1, S. 40–57.

*Bruhn, M.* (1987): Der Informationswert von Beschwerden für Marketingentscheidungen, in: Hansen, U./Schoenheit, I. (Hrsg.): Verbraucherzufriedenheit und Beschwerdeverhalten, Frankfurt/New York, S. 123–140.

*Brunner, F.* (1992): Produktplanung mit Quality Function Deployment, in: io Management Zeitschrift, 61. Jg. (1992), S. 42–46.

*Brunsson, N.* (1982): The Irrationality of Action and Action Rationality: Decisions, Ideologies, and Organizational Actions, in: Journal of Management Studies, 19. Jg. (1982), S. 29–44.

*Bühl, W.* (1987): Grenzen der Autopoiesis, in: Kölner Zeitschrift für Soziologie und Sozialpsychologie, 39. Jg. (1987), S. 225–254.

*Büllesbach, A.* (2000): Einführung, in: Büllesbach, A./Heymann,T. (Hrsg.): Informationsrecht 2000. Perspektiven für das nächste Jahrzehnt, Köln, S. V-IX.

*Bullinger, H.-J./Prieto, J.* (1998): Wissensmanagement: Paradigma des intelligenten Wachstums – Ergebnisse einer Unternehmensstudie in Deutschland, in: Pawlowsky, P. (Hrsg.): Wissensmanagement, Wiesbaden, S. 87–118.

*Bürgel, H.D./Zeller, A.* (1998): Forschung&Entwicklung als Wissenscenter, in: Bürgel, H.D. (Hrsg.): Wissensmanagement, Berlin u. a., S. 53–65.

*Burgheim, W.* (1996): Acht Lernpfade für das lernende Unternehmen, in: Harvard Business Manager, 18. Jg. (1996) 3, S. 53–61.

*Burmann, C.* (2001): Strategische Flexibilität und Strategiewechsel in turbulenten Märkten, in: Die Betriebswirtschaft, 61. Jg. (2001) 2, S. 169–188.

*Burmann, C.* (2002): Immaterielle Unternehmensfähigkeiten als Komponenten des Unternehmenswertes: Operationalisierung und empirische Messung, in: Die Unternehmung, 56. Jg. (2002) 4, S. 227–245.

*Burr, W.* (1998): Organisation durch Regeln, in: Die Betriebswirtschaft, 58. Jg. (1998) 3, S. 312–331.

*Camp, R.* (1994): Benchmarking, München/Wien.

*Carland, J.C. et al.* (1994): The Implications of Cognition and Learning Styles for Management Education, in: Management Learning, 25. Jg. (1994) 3, S. 413–431.

*Chamoni, P./Gluchowski, P.* (1999): Analytische Informationssysteme. Data Warehouse, On-Line Analytical Processing, Data Mining, 2. Aufl., Berlin u. a.

*Christensen, C./Bower, J.* (1996): Customer Power, Strategic Investment, and the Failure of Leading Firms, in: Strategic Management Journal, 17. Jg. (1996) 3, S. 197–218.

*Ciborra, C.U.* (1991): Alliances as Learning Experiments, in: Mytelka, L. (Hrsg.): Strategic Partnerships, States, Firms, and International Competition, London, S. 51–77.

*Cohen, W.M./Levinthal, D.* (1990): Absorptive Capacity: A New Perspective on Learning and Innovation, in: Administrative Science Quarterly, 35. Jg. (1990), S. 128-152.

*Collis, D.J./Montgomery, C.* (1998): Corporate Strategy. A Resourced-Based Approach, Boston.

*Coopey, J.* (1995): The Learning Organization: Power, Politics and Ideology, in: Management Learning, 26. Jg. (1995) 2, S. 193–213.

*Cyert, R.M./March, J.G.* (1963): A Behavioral Theory of the Firm, Englewood Cliffs.

*Czarniawska-Joerges, B.* (1997): Symbolism and Organization Studies, in: Ortmann, G./Sydow, J./Türk, K. (Hrsg.): Theorien der Organisation, Opladen, S. 360–384.

*Daft, R.L./Huber, G.P.* (1987): How Organizations Learn: A Communications Framework, in: DiTomaso, N./Bacharach, S. (Eds.): Research in the Sociology of Organizations, Greenwich, S. 1–36.

*D'Aveni, R.A.* (1995): Hyperwettbewerb, Frankfurt/M.

*Davenport, T.* (1997): Ten Principles of Knowledge Management and Four Case Studies, in: Knowledge and Process Management, 4. Jg. (1997) 3, S. 187–208.

*Davenport, T./De Long, D./Beers, M.C.* (1998): Successful Knowledge Management Projects, in: Sloan Management Review, 39. Jg. (1998) 2, S. 43–57.

*Davenport, T./Eccles, R./Prusak, L.* (1992): Information Politics, in: Sloan Management Review, 33. Jg. (1992) 3, S. 53–65.

*Davenport, T./Prusak, L.* (1999): Wenn Ihr Unternehmen wüsste, was es alles weiß, 2. Aufl., Landsberg a.L.

*Day, G.S.* (1994a): Continous Learning about Markets, in: California Management Review, 36. Jg. (1994), S. 9–31.

*Day, G.S.* (1994b): The Capabilities of Market-Driven Organizations, in: Journal of Marketing, 58. Jg. (1994) 4, S. 37–52.

*Dean, J./Sharfman, M.* (1993): Procedural Rationality in the Strategic Decision Making Process, in: Journal of Management Studies, 30. Jg. (1993), S. 587–610.

*Deckstein, D./Felixberger, P.* (2000): Arbeit neu denken. Wie wir die Chancen der New Economy nutzen können, Frankfurt/New York.

*Degler, H.-D.* (1993): Wissenszwerge unter Druck, in: Der Spiegel, o.J. (1993) 14, S. 150–158.

*Deiser, R.* (1995): Architektur des Wandels – Designprinzipien für lernende Organisationen, in: Geißler, H. (Hrsg.): Organisationslernen und Weiterbildung, München, S. 308–325.

*Deiser, R.* (1998): Corporate Universities – Modeerscheinung oder Strategischer Erfolgsfaktor?, in: Organisationsentwicklung, 17. Jg. (1998) 1, S. 36–49.

*Dierickx, P./Cool, K.* (1989): Asset Stock Accumulation and Sustainability of Competitive Advantage, in: Management Science, 35. Jg. (1989) 12, S. 1504–1511.

*Diller, H.* (1995b): Kundenmanagement, in: Tietz, B. et al. (Hrsg.): Handwörterbuch des Marketing, 2. Aufl., Stuttgart 1995, Sp. 1363-1376.

*Dixon, N.* (1994): Organizational Learning Cycle. How We Can Learn Collectively?, Maidenhead/Berkshire.

*Dodgson, M.* (1993): Organizational Learning: A Review of Some Literatures, in: Organization Studies, 14. Jg. (1993), S. 375–394.

*Donnenberg, O.* (1999): Action Learning. Ein Handbuch, Stuttgart.

*Dostal, W.* (1999): Telearbeit in der Informationsgesellschaft. Zur Realisierung offener Arbeitsstrukturen in Betrieb und Gesellschaft, Göttingen.

*Dreier, T.* (1997): Digitaltechnik und Urheberrecht, in: Fiedler, H./Ulrich, H. (Hrsg.): Information als Wirtschaftsgut, Köln, S. 155–179.

*Drucker, P.* (1972): Die Zukunft bewältigen. Aufgaben und Chancen im Zeitalter der Ungewissheit, Düsseldorf.

*Drucker, P.* (1993): Die postkapitalistische Gesellschaft, Düsseldorf.

*Drucker, P.* (1998): Wissen – die Trumpfkarte der entwickelten Länder, in: Harvard Business Manager, 20. Jg. (1998) 4, S. 9–11.

*Drucker, P.* (2000): Das Entstehen der neuen Organisation, in: Ders.: Die Kunst des Managements, München, S. 145–161.

*Duncan, R.B./Weiss, A.* (1979): Organizational Learning: Implications for Organizational Design, in: Staw, B.M. (Ed.): Research in Organizational Behavior, Vol. 1, Greenwich, S. 75–123.

*Dussauge, P./Garrette, B./Mitchell, W.* (2000): Learning from Competing Partners: Outcomes and Durations of Scale and Link Alliances in Europe, North America and Asia, in: Strategic Management Journal, 21. Jg. (2000) 2, S. 99–126.

*Eberl, P.* (1996): Die Idee des organisationalen Lernens, Bern/Stuttgart.

*Eberl, P.* (2001): Die Generierung des organisationalen Wissens aus konstruktivistischer Perspektive, in: Schreyögg, G. (Hrsg.): Wissen in Unternehmen, Berlin, S. 41–66.

*Eck, C.* (1997): Wissen – ein neues Paradigma des Managements, in: Die Unternehmung, 55. Jg. (1997) 3, S. 155–179.

*Edvinsson, L./Brüning, G.* (2000): Aktivposten Wissenskapital. Unsichtbare Werte bilanzierbar machen, Wiesbaden.

*Eggers, B./Ahlers, F.* (2000): »Corporate University«, in: Steinle, C. et al. (Hrsg.): Vitalisierung. Das Management der neuen Lebendigkeit, Frankfurt a.M., S. 261–276.

*Eppler, M.* (1995): Persönliche Informations-Portfolios. Ein integriertes Konzept für die individuelle Informationsbewirtschaftung, St. Gallen.

*Etzioni, A.* (1975): Die aktive Gesellschaft, Opladen.

*Ference, T.P./Stoner, J.A.F./Warren, E.K.* (1977): Managing the Career Plateau, in: Academy of Management Review, 2. Jg. (1977) 2, S. 602–612.

*Fink, A./Schlake, O./Siebe, A.* (2000): Szenariogestützte Strategieentwicklung, in: Zeitschrift für Planung, 11. Jg. (2000) 1, S. 41–59.

*Fink, K.* (2000): Know-how-Management, München/Wien.

*Fiol, C.M.* (1994): Consensus, Diversity, and Learning in Organizations, in: Organization Science, 5. Jg. (1994) 3, S. 403–420.

*Fiol, C.M./Lyles, M.A.* (1985): Organizational Learning, in: Academy of Management Review, 10. Jg. (1985) 4, S. 803–813.

*Freiling, J.* (2000): Entwicklungslinien und Perspektiven des Strategischen Kompetenz-Managements, in: Hammann, P./Freiling, J. (Hrsg.): Die Ressourcen- und Kompetenzperspektive des Strategischen Managements, Wiesbaden, S. 12–45.

*Freimuth, J./Hauck, O./Asbahr, T.* (2002): Organizational Memory und betriebliche Wissensstrukturen, in: Zeitschrift Führung und Organisation, 71. Jg. (2002) 2, S. 96–104.

*Frey, D.* (2000): Kommunikations- und Kooperationskultur aus sozialpsychologischer Sicht, in: Mandl, H./Reinmann-Rothmeier, G. (Hrsg.): Wissensmanagement, München/Wien, S. 73–92.

*Fritz, W./ Oelsnitz, D. von der* (2001): Marketing, 3. Aufl., Stuttgart.

*Gabriel, R./Beier, D.* (2003): Informationsmanagement in Organisationen, Stuttgart; im Druck.

*Garvin, D.A.* (1993): Building a Learning Organization, in: Harvard Business Review, 71. Jg. (1993) 4, S. 78–91.

*Gates, B.* (1999): Digitales Business. Wettbewerb im Informationszeitalter, München.

*Gattermeyer, W.* (1997): Wettbewerbsvorteile durch Wissensmanagement bei Anderson Consulting, in: Hill, H. (Hrsg.): Wissensmanagement, Köln, S. 49–55.

*Gebert, D./Boerner, S.* (1997): Mentale Lernbarrieren in Organisationen und Ansätze zu ihrer Überwindung, in: Wieselhuber & Partner (Hrsg.): Handbuch Lernende Organisation, Wiesbaden, S. 237–248.

*Gehle, M./Mülder, W.* (2001): Wissensmanagement in der Praxis, Frechen.

*Gehrke, N.* (1994): Tobins q. Die Beziehung zwischen Buch- und Marktwerten deutscher Aktiengesellschaften, Wiesbaden.

*Gentsch, P.* (1999): Wissen managen mit innovativer Informationstechnologie, Wiesbaden.

*Gerpott, T.* (1994): Lernprozesse im Zeitwettbewerb, in: Simon, H./Schwuchow, K. (Hrsg.): Management-Lernen und Strategie, Stuttgart, S. 57–77.

*Geus, A. de* (1988): Planning as Learning, in: Harvard Business Review, 66. Jg. (1988) 2, S. 70–74.

*Ghoshal, S./Bartlett, C.A.* (1995): Building the Entrepreneurial Corporation: New Organisational Processes, New Managerial Tasks, in: European Management Journal, 13. Jg. (1995) 2, S. 139–155.

*Giddens, A.* (1988): Die Konstitution der Gesellschaft. Grundzüge einer Theorie der Strukturierung, Frankfurt/M.

*Gomez, P./Probst, G.* (1995): Die Praxis des ganzheitlichen Problemlösens, Bern u. a.

*Goodman, P.S./Darr, E.* (1996): Exchanging Best Practices Through Computer-aided Systems, in: The Academy of Management Executive, 10. Jg. (1996) 2, S. 7–18.

*Graff, M.* (2000): Bildungsinvestitionen als Determinanten wirtschaftlicher Entwicklung, in: Boos, M./Goldschmidt, N. (Hrsg.): WissensWert!? Ökonomische Perspektiven der Wissensgesellschaft, Baden-Baden, S. 59–77.

*Grant, R.* (1991): The Resource-based Theory of Competitve Advantage: Implications for Strategy Formulation, in: California Management Review, 33. Jg. (1991), S. 114–135.

*Grant, R.* (1996): Toward a Knowledge-based Theory of the Firm, in: Strategic Management Journal, 17. Jg. (1996), Special Issue Winter, S. 109–122.

*Gretzinger, S./Matiaske, W./Weber, W.* (2002): Kooperation und Konflikt in strategischen Netzwerken, in: Zeitschrift für Führung und Organisation, 71. Jg. (2002) 1, S. 22–25.

*Grün, O.* (1993): Lerntheorien und Betriebswirtschaftslehre, in: Wittmann, W. et al. (Hrsg.): Handwörterbuch der Betriebswirtschaft, 5. Aufl., Stuttgart, Sp. 2594–2608.

*Güldenberg, S.* (2001): Wissensmanagement und Wissenscontrolling in lernenden Organisationen, 3. Aufl., Wiesbaden.

*Güldenberg, S./Eschenbach, R.* (1996): Organisatorisches Wissen und Lernen – erste Ergebnisse einer qualitativ-empirischen Erhebung, in: Zeitschrift für Führung und Organisation, 65. Jg. (1996) 1, S. 4–9.

*Hahmann, M.* (2000): Komplementäre Managementdiskurse, Wiesbaden.

*Hamel, G.* (1991): Competition for Competence and Inter-Partner-Learning within International Strategic Alliances, in: Strategic Management Journal, 12. Jg. (1991), Summer Special Issue, S. 83–103.

*Hamel, G./Doz Y./Prahalad, C.K.* (1989): Mit Marktrivalen zusammenarbeiten – und dabei gewinnen, in: Harvard Business Manager, 11. Jg. (1989) 3, S. 87–95.

*Hamel, G./Prahalad, C.K.* (1991): Corporate Imagination and Expeditionary Marketing, in: Harvard Business Review, 69. Jg. (1991) 4, S. 81–92.

*Hamel, G./Prahalad, C.K.* (1997): Wettlauf um die Zukunft, 2. Aufl., Wien.

*Hammes, W.* (1994): Strategische Allianzen als Instrument der Strategischen Unternehmensführung, Wiesbaden.

*Hanft, A.* (1996): Organisationales Lernen und Macht – Über den Zusammenhang von Wissen, Lernen, Macht und Struktur, in: Schreyögg, G./Conrad, P. (Hrsg.): Managementforschung 6: Wissensmanagement, Berlin, S. 133–162.

*Hanft, A.* (1998): Personalentwicklung zwischen Weiterbildung und »organisationalem Lernen«, 2. Aufl., München.

*Hansen, M./Nohria, N./Thierney, T.* (1999): Wie managen Sie das Wissen in Ihrem Unternehmen?, in: Harvard Business Manager, 21. Jg. (1999) 5, S. 85–96.

*Hansen, M./Oetinger, B.* von (2001): Ein besonderer Typ von Wissensmanager, in: Harvard Business Manager, 23. Jg. (2001) 5, S. 82–93.

*Harvey, M./Lusch, R.* (1997): Protecting the Core Competencies of a Company: Intangible Asset Security, in: European Management Journal, 15. Jg. (1997) 4, S. 370–380.

*Hauser, J. R./Clausing, D.* (1988): Wenn die Stimme des Kunden bis in die Produktion vordringen soll, in: Harvard Manager, 10. Jg. (1988) 4, S. 57–70.

*Hedberg, B.* (1981): How Organizations Learn and Unlearn, in: Nystrom, P./Starbuck, W. (Eds.): Handbook of Organizational Design, Band 1, New York, S. 3–37.

*Hedlund, H.G.* (1994): A Model of Knowledge Management and the N-Form Corporation, in: Strategic Management Journal, 15. Jg. (1994), S. 73–90.

*Heisig, P./Vorbeck, J.* (2001): Benchmark Survey Results, in: Mertins, K./Heisig, P./Vorbeck, J. (Hrsg.): Knowledge Management. Best Practices in Europe, Berlin u. a., S. 97–126.

*Helmstädter, E.* (1999): Kompetitive und kooperative Wissensteilung, in: Brödner P./Hamburg, I./Schmidtke, T. (Hrsg.): Strategische Wissensnetzwerke, Gelsenkirchen, S. 20–26.

*Henning, D./Stobbe, L.* (1999): Intranet als organisationales Gedächtnis, in: Brödner, P./Hamburg, I./Schmidtke, T. (Hrsg.): Strategische Wissensnetzwerke, Gelsenkirchen, S. 46–54.

*Hentze, J./Kammel, A.* (2001): Personalwirtschaftslehre 1, 7. Aufl., Bern.

*Herbst, D.* (2000): Erfolgsfaktor Wissensmanagement, Berlin.

*Hichert, R./Moritz, M.* (Hrsg.) (1995): Management-Informationssysteme, 2. Aufl., Berlin u. a.

*Higgins, J.M./Wiese, G.* (1996): Innovationsmanagement, Berlin.

*Hippel, E. von* (1988): The Sources of Innovation, New York.

*Hippel, E. von* (1994): »Sticky Information« and the Locus of Problem Solving: Implications for Innovation, in: Management Science, 40. Jg. (1994) 4, S. 429–439.

*Hoffman, I.* (2001): Knowledge Management Tools, in: Mertins, K./Heisig, P./Vorbeck, J. (Hrsg.): Knowledge Management. Best Practices in Europe, Berlin u. a., S. 74–94.

*Hopfenbeck, W./Müller, M./Peisl, T.* (2001): Wissensbasiertes Management, Landsberg a. L.

*Horibe, F.* (1999): Managing Knowledge Workers, Toronto.

*Horváth, P.* (1998): Wissensmanagement mit Balanced Scorecard, in: Bürgel, H.D. (Hrsg.): Wissensmanagement, Berlin u. a., S. 153–162.

*Huber, G.P.* (1982): Organizational Information Systems: Determinants of their Performance and Behavior, in: Management Science, 28. Jg. (1982) 1, S. 138–155.

*Huber, G.P.* (1991): Organizational Learning: The Contributing Processes and the Literatures, in: Organization Science, 2. Jg. (1991) 1, S. 88–115.

*Huber, G.P./Daft, R.L.* (1987): The Information Environments of Organizations, in: Jablin, F. et al. (Hrsg.): Handbook of Organizational Communication, Beverly Hills, S. 120–164.

*Hungenberg, H.* (1994): Managerial Obsolescence und Lernen, in: Simon, H./Schwuchow, K. (Hrsg.): Management-Lernen und Strategie, Stuttgart, S. 131–146.

*Hungenberg, H.* (2001): Strategisches Management in Unternehmen, 2. Aufl., Wiesbaden.

*Itami, H.* (1987): Mobilizing Invisible Assets, Cambridge.

*Janis, I.L.* (1972): Victims of Groupthink. A Psychological Study of Foreign Policy Decisions and Fiascoes, Boston.

*Jenner, T.* (1999): Ressourcenorientierte Unternehmensführung und Marketing, in: Das Wirtschaftsstudium, 28. Jg. (1999) 11, S. 1494–1499.

*Jenner, T.* (2001): Beharrungstendenzen in der strategischen Unternehmensplanung, in: Das Wirtschaftsstudium, 30. Jg. (2001) 5, S. 695–700.

*Johannesson, R.* (1991): Informationstheorie – Grundlagen der (Tele-) Kommunikation, Lund.

*Johnson, B.* (1977): Communication. The Process of Organizing, Boston.

*Johnson-Laird, P.* (1983): Mental Models, Cambridge.

*Kale, P./Singh, H./Perlmutter, H.* (2000): Learning and Protection of Proprietary Assets in Strategic Alliances – Building Relational Capital, in: Strategic Management Journal, 21. Jg. (2000) 3, S. 217–237.

*Kammel, A.* (2000a): »Competing on Capabilities«: Kernkompetenzen als Chance und Barriere des Markteintritts, in: Oelsnitz, D. von der (Hrsg.): Markteintritts-Management, Stuttgart, S. 161–176.

*Kammel, A.* (2000b): Strategischer Wandel und Management Development, Frankfurt/M. u. a.

*Kammel, A.* (2001): Kompetenzvermittlung für Führungskräfte: Entwicklungstendenzen im Management Development, in: Oelsnitz, D. von der/Kammel, A. (Hrsg.): Kompetenzen moderner Unternehmensführung, Bern, S. 47–68.

*Kanter, R.M.* (1983): The Change Masters, New York.

*Kaplan, R.S./Norton, D.P.* (1996): Using the Balanced Scorecard as a Strategic Management System, in: Harvard Business Review, 74 Jg. (1996) 1, S. 75–85.

*Kappler, E.* (1996): Zur Verflüchtigung des Wissensbegriffs. Kann in pluralistisch-transitorischen Gesellschaften überhaupt noch »gewußt« werden?, in: Schneider, U. (Hrsg.): Wissensmanagement, Frankfurt a.M., S. 181–203.

*Karagiannis, D./Telesko, R.* (2001): Wissensmanagement. Konzepte der Künstlichen Intelligenz und des Softcomputing, München u. a.

*Karlöf, B./Östblom, S.* (1994): Das Benchmarking Konzept, München.

*Katzenbach, J.R./Smith, D.K.* (1993): Teams. Der Schlüssel zur Hochleistungsorganisation, Wien.

*Khanna, T./Gulati, R./Nohria, N.* (1998): The Dynamics of Learning Alliances: Competition, Cooperation, and Relative Scope, in: Strategic Management Journal, 19. Jg. (1998), S. 193–210.

*Kieser, A./Koch, U./Woywode, M.* (1999): Wie man Bürokratien das Lernen beibringt, in: Zeitschrift für Führung und Organisation, 68. Jg. (1999) 3, S. 128–133.

*Kiesler, S./Sproull, L.* (1982): Managerial Response to Changing Environments: Perspectives on Problem Sensing from Social Cognition, in: Administrative Science Quarterly, 27. Jg. (1982), S. 548–570.

*Kim, D.H.* (1993): The Link between Individual and Organizational Learning, in: Sloan Management Review, 35. Jg. (1993) 1, S. 37–50.

*Klimecki, R./Probst, G./Eberl, P.* (1991): Systementwicklung als Managementproblem, in: Staehle, W.H./Sydow, J. (Hrsg.): Managementforschung 1, Berlin/New York, S. 103–162.

*Knaese, B./Probst, G.* (2001): Wissensorientiertes Management der Mitarbeiterfluktuation, in: Zeitschrift für Führung und Organisation, 70. Jg. (2001) 1, S. 35–41.

*Knyphausen-Aufsess, D. zu* (1993): »Why are Firms Different?« Der »Ressourcenorientierte Ansatz« im Mittelpunkt einer aktuellen Kontroverse im strategischen Management, in: Die Betriebswirtschaft, 53. Jg. (1993) 6, S. 771–792.

*Krcmar, H.* (2000): Informationsmanagement, 2. Auflage, Berlin u. a.

*Krebs, M./Rock, R.* (1994): Unternehmensnetzwerke – eine intermediäre oder eigenständige Organisationsform?, in: Sydow, J./Windeler, A. (Hrsg.): Management Interorganisationaler Beziehungen, Opladen, S. 322–345.

*Kreibich, R.* (1986): Die Wissenschaftsgesellschaft, Frankfurt a.M.

*Kriegel, H.-P.* (2000): Datenbanktechniken zur Unterstützung des Wissenserwerbs, in: Mandl, H./Reinmann-Rothmeier, G. (Hrsg.): Wissensmanagement, München/Wien, S. 47–71.

*Krogh, G. von/Köhne, M.* (1998): Der Wissenstransfer in Unternehmen, in: Die Unternehmung, 52. Jg. (1998) 5/6, S. 235–252.

*Krogh, G. von/Roos, J.* (1995): A Perspective on Knowledge, Competence and Strategy, in: Personnel Review, 24. Jg. (1995) 3, S. 56–76.

*Krogh, G. von/Roos, J.* (1996): Five Claims on Knowing, in: European Management Journal, 14. Jg. (1996) 4, S. 423–426.

*Krogh, G. von/Venzin, M.* (1995): Anhaltende Wettbewerbsvorteile durch Wissensmanagement, in: Die Unternehmung, 49. Jg. (1995) 6, S. 417–436.

*Krück, C.P.* (2001): Wissensarbeit in Unternehmenskooperationen. Das Beispiel der Halbleiterindustrie, in: Willke, H.: Systemisches Wissensmanagement, 2. Aufl., Stuttgart, S. 268–288.

*Krüger, W./Bach, N.* (1997): Lernen als Instrument des Unternehmungswandels, in: Wieselhuber & Partner (Hrsg.): Handbuch Lernende Organisation, Wiesbaden 1997, S. 23-31.

*Krüger, W./Homp, C.* (1997): Kernkompetenz-Management, Wiesbaden.

*Krystek, U.* (1997): Vertrauen als Basis erfolgreicher strategischer Unternehmungsführung, in: Hahn, D./Taylor, B. (Hrsg.): Strategische Unternehmensplanung – strategische Unternehmensführung, 7. Aufl., Heidelberg, S. 266–288.

*Kuell, R./Staehly, P.* (1999): Zur Planung und effizienten Abwicklung von Simulationsexperimenten, in: Biethahn, J. (Hrsg.): Simulation als betriebliche Entscheidungshilfe, Heidelberg, S. 1–21.

*Küpper, W./Ortmann, G.* (1992) (Hrsg.): Mikropolitik, 2. Aufl., Opladen.

*Kurke, L.B./Aldrich, H.E.* (1983): Mintzberg was Right! A Replication and Extension of the Nature of Managerial Work, in: Management Science, 29. Jg. (1983) 8, S. 975–984.

*Lane, P./Lubatkin, M.* (1998): Relative Absorptive Capacity and Interorganizational Learning, in: Strategic Management Journal, 19. Jg. (1998) 5, S. 461–477.

*Lant, T.K./Milliken, F.J./Batra, B.* (1992): The Role of Managerial Learning and Interpretation in Strategic Persistence and Reorientation: An Empirical Exploration, in: Strategic Management Journal, 13. Jg. (1992), S. 585–608.

*Lee, S./Courtney, J.F./O'Keefe, R.M.* (1992): A System for Organizational Learning Using Cognitive Maps, in: International Journal of Management Science, 20. Jg. (1992) 1, S. 23–36.

*Lehner, F. (2000):* Organisational Memory, München.

*Lehner, F. (2001):* Computergestütztes Wissensmanagement – Fortschritt durch Erkenntnisse über das organisatorische Gedächtnis, in: Schreyögg, G. (Hrsg.): Wissen in Unternehmen, Berlin, S. 223–247.

*Lehner, J.* (1996): »Cognitive Mapping«: Kognitive Karten vom Management, in: Schreyögg, G./Conrad, P. (Hrsg.): Managementforschung 6: Wissensmanagement, Berlin, S. 83–132.

*Leonard, D./Rayport, J.* (1997): Spark Innovation through Emphatic Design, in: Harvard Business Review, 75. Jg. (1997) 6, S. 102–113.

*Leonard-Barton, D.* (1992): Core Capabilities and Core Rigidities: A Paradox in Managing New Product Development, in: Strategic Management Journal, 13. Jg. (1992), Special Issue Summer, S. 111–125.

*Leonard-Barton, D.* (1995): Wellsprings of Knowledge. Building and Sustaining the Sources of Innovation, Boston.

*Levinthal, D.A./March, J.G.* (1993): The Myopia of Learning, in: Strategic Management Journal, 14. Jg. (1993), S. 96–112.

*Levitt, B./March, J.G.* (1988): Organizational Learning, in: Annual Review of Sociology, 14. Jg. (1988), S. 319–340.

*Lewin, K.* (1963): Feldtheorie in den Sozialwissenschaften. Ausgewählte theoretische Schriften, Bern/Stuttgart.

*Likert, R.* (1961): New Patterns of Management, New York.

*Livingston, J.S.* (1990): Motivation: Pygmalions Gesetz, in: Harvard Manager, 12. Jg. (1990) 1, S. 90–99.

*Lounamaa, P.H./March, J.* (1987): Adaptive Coordination of a Learning Team, in: Management Science, 33. Jg. (1987) 1, S. 107–123.

*Luehrman, T.A.* (1997): What's it worth? A General Manager's Guide to Valuation, in: Harvard Business Review, 75. Jg. (1997) 2, S. 132–142.

*Luger, G. F.* (2001): Künstliche Intelligenz, München.

*Luhmann, N.* (1989): Vertrauen. Ein Mechanismus der Reduktion sozialer Komplexität, 3. Aufl., Stuttgart.

*Luhmann, N.* (1994): Die Wirtschaft der Gesellschaft, Frankfurt/M.

*Lullies, V./Bollinger, H./Weltz, F.* (1993): Wissenslogistik. Über den betrieblichen Umgang mit Wissen bei Entwicklungsvorhaben, Frankfurt/M.

*Lundberg, C.* (1995): Learning in and by Organizations: Three Conceptual Issues, in: International Journal of Organizational Analysis, 3. Jg. (1995) 1, S. 10–23.

*Lung, M.* (2000): Kommunikation und Kooperation im Unternehmen, in: Mandl, H./Reinmann-Rothmeier, G. (Hrsg.): Wissensmanagement: Informationszuwachs – Wissensschwund?, München/Wien, S. 93–98.

*Machlup, F.* (1962): The Production and Distribution of Knowledge in the United States, Princeton.

*Maier, G./Rosenstiel, L. von* (1997): Lernende Organisationen und der Umgang mit Fehlern, in: Wieselhuber & Partner (Hrsg.): Handbuch Lernende Organisation, Wiesbaden, S. 101–107.

*Mainzer, K.* (1999): Computernetze und virtuelle Realität, Berlin u. a.

*Malik, F.* (1989): Strategie des Managements komplexer Systeme. Ein Beitrag zur Management-Kybernetik evolutionärer Systeme, 3. Aufl., Bern/Stuttgart.

*Malik, F.* (2001): Manager müssen dazulernen: Daten, Infos, Kopfarbeiter, in: Das Wirtschaftsstudium, 30. Jg. (2001) 4, S. 402–404.

*Maltz, E./Kohli, A.K.* (1996): Market Intelligence Dissemination Across Functional Boundaries, in: Journal of Marketing Research, 33. Jg. (1996) 1, S. 47–61.

*Manz, C.C./Sims, H.P.* (1981): Vicarious Learning, in: Academy of Management Review, 6. Jg. (1981) 1, S. 105–113.

*March, J.G.* (1990): Beschränkte Rationalität, Ungewissheit und die Technik der Auswahl, in: March, J. (Hrsg.): Entscheidung und Organisation, Wiesbaden, S. 297–328.

*March, J.G.* (1991): Exploration and Exploitation in Organizational Learning, in: Organization Science, 2. Jg. (1991) 1, S. 71–87.

*March, J.G./Olsen, J.P.* (1979): Ambiguity and Choice in Organizations, 2. Aufl., Bergen.

*March, J.G./Olsen, J.P.* (1990): Die Unsicherheit der Vergangenheit: Organisatorisches Lernen unter Ungewißheit, in: March, J. (Hrsg.): Entscheidung und Organisation, Wiesbaden, S. 373–398.

*Marquardt, M.J.* (1999): Action Learning in Action: Transforming Problems and People for World Class Organizational Learning, Palo Alto.

*Mayer, R.* (1999): Work-Management: Wichtige Basis für Wissens-Management, in: Information Management & Consulting, 14. Jg. (1999) 4, S. 57–62.

*Menon, A./Varadarajan, P.R.* (1992): A Model of Marketing Knowledge Use within Firms, in: Journal of Marketing, 56. Jg. (1992) 10, S. 53–71.

*Mertens, P. et al.* (2001): Grundzüge der Wirtschaftsinformatik, 7. Aufl., Berlin.

*Mintzberg, H.* (1983): Power in and Around Organizations, Englewood Cliffs.

*Mintzberg, H.* (1990a): Zwischen Fakt und Fiktion – der schwierige Beruf Manager, in: Harvard Business Manager, 12. Jg. (1990) 4, S. 86–98.

*Mintzberg, H.* (1990b): Strategy Formation: Schools of Thought, in: Frederickson, J.W. (Ed.): Perspectives on Strategic Management, New York, S. 105–235.

*Minx, E./Roehl, H.* (1998): Von Inseln und Brücken – Wissensentwicklung durch Szenarien bei der Daimler-Benz AG, in: Zeitschrift für Führung und Organisation, 67. Jg. (1998) 3, S. 167–170.

*Mueller, R.* (1988): Betriebliche Netzwerke – kontra Hierarchie und Bürokratie, Freiburg.

*Müller-Stewens, G./Pautzke, G.* (1994): Führungskräfteentwicklung und organisatorisches Lernen, in: Sattelberger, T. (Hrsg.): Die lernende Organisation, 2. Aufl., Wiesbaden, S. 183–205.

*Nagel, R.* (1993): Lead User Innovationen. Entwicklungskooperationen am Beispiel der Industrie elektronischer Leiterplatten, Wiesbaden.

*Naisbitt, J.* (1990): Megatrends, Bayreuth.

*Narayanan, V.K./Fahey, L.* (1990): Evolution of Revealed Causal Maps During Decline: A Case Study of Admiral, in: Huff, A. (Ed.): Mapping Strategic Thought, Chichester, S. 109–134.

*Nedeß, C./Friedewald, A./Strosina, C.* (1996): Geschäftsprozessoptimierung durch systematische Nutzung von Kundeninformationen, in: Bullinger, H.-J. (Hrsg.): Lernende Organisationen, Stuttgart, S. 233–255.

*Nedeß, C./Jacob, U.* (2000): Das Knowledge Warehouse vor der Gefahr der Komplexitätsfalle, in: Krallmann, H. (Hrsg.): Wettbewerbsvorteile durch Wissensmanagement, Stuttgart, S. 91–116.

*Nerdinger, F.W./Rosenstiel, L. von* (1995): Die Umgestaltung der Führungsstrukturen im Rahmen der Implementierung des Internen Marketing, in: Bruhn, M. (Hrsg.): Internes Marketing, Wiesbaden, S. 113–128.

*Neuberger, O.* (1994): Betriebswirtschaftslehre: Management-Wissenschaft? Management der Wissenschaften vom Management? (Wirtschafts-)Wissenschaft fürs Management!, in: Wunderer, R. (Hrsg.): BWL als Management- und Führungslehre, 3. Aufl., Stuttgart, S. 53–66.

*Neumann, R.* (2000): Die Organisation als Ordnung des Wissens, Wiesbaden.

*Nonaka, I.* (1988): Toward Middle-Up-Down Management: Accelerating Information Creation, in: Sloan Management Review, 29. Jg. (1988) 3, S. 9–18.

*Nonaka, I./Takeuchi, H.* (1997): Die Organisation des Wissens. Wie japanische Unternehmen eine brachliegende Ressource nutzbar machen, Frankfurt a.M./New York (Campus Verlag).

*North, K.* (1999): Wissensorientierte Unternehmensführung, 2. Aufl., Wiesbaden.

*North, K./Probst, G./Romhardt, K.* (1998): Wissen messen – Ansätze, Erfahrungen und kritische Fragen, in: Zeitschrift Führung und Organisation, 67. Jg. (1998) 3, S. 158–166.

*Nusch, F.* (1997): Wissensmanagement bei der Hoechst AG, in: Hill, H. (Hrsg.): Wissensmanagement, Köln, S. 42–48.

*Nystrom, P.C./Starbuck, W.H.* (1984): To Avoid Organizational Crisis, Unlearn, in: Organizational Dynamics, 12. Jg. (1984) Spring, S. 53–65.

*o. V.* (2001a): Das Auto wird zur mobilen Kommunikationszentrale, in: Frankfurter Allgemeine Zeitung vom 3.12.2001, Nr. 281, S. 26.

*o. V.* (2001b): Wissensmanagement wenig verbreitet, in: Frankfurter Allgemeine Zeitung vom 12.11.2001, Nr. 263, S. 30.

*o. V.* (2001c): Denkfabriken erbauen die Zukunft: Think Tanks im Jahr 2001/2002, in: Opensource, o.Jg. (2001) 12, S. 12.

*o. V.* (2002): Wissensmanagement wird viel diskutiert und wenig praktiziert, in: Frankfurter Allgemeine Zeitung vom 11.02.2002, Nr. 35, S. 26.

*O'Reilly, Ch.* (1983): The Use of Information in Organizational Decision Making: A Model and Some Propositions, in: Research in Organizational Behavior, 5. Jg. (1983), S. 103–139.

*Oberschulte, H.* (1996): Organisatorische Intelligenz – ein Vorschlag zur Konzeptdifferenzierung, in: Schreyögg, G./Conrad, P. (Hrsg.): Managementforschung 6: Wissensmanagement, Berlin, S. 41–81.

*Oelsnitz, D. von der* (1994a): Prophylaktisches Krisenmanagement durch antizipative Unternehmensflexibilisierung, Bergisch Gladbach.

*Oelsnitz, D. von der* (1994b): Organizational Slack, in: Das Wirtschaftsstudium, 23. Jg. (1994) 2, S. 115.

*Oelsnitz, D. von der* (1995a): Individuelle Selbststeuerung – der Königsweg »moderner« Unternehmensführung?, in: Die Betriebswirtschaft, 55. Jg. (1995) 6, S. 707–720.

*Oelsnitz, D. von der* (1995b): Das Heterarchieprinzip, in: Das Wirtschaftsstudium, 24. Jg. (1995) 6, S. 500–502.

*Oelsnitz, D. von der* (1999a): Marktorientierter Unternehmenswandel, Wiesbaden.

*Oelsnitz, D. von der* (1999b): Stand und Entwicklungsperspektiven der betriebswirtschaftlichen Entscheidungsforschung, in: Zeitschrift für Planung, 10. Jg. (1999) 2, S. 157–176.

*Oelsnitz, D. von der* (1999c): Mikropolitik in Organisationen, in: Das Wirtschaftsstudium, 28. Jg. (1999) 5, S. 710–716.

*Oelsnitz, D. von der* (2000a): Marktorientierte Organisationsgestaltung, Stuttgart.

*Oelsnitz, D. von der* (2000b): Industrial Organization und Strategische Gruppen, in: Das Wirtschaftsstudium, 29. Jg. (2000) 10, S. 1310–1320.

*Oelsnitz, D. von der* (2000c): Marketingimplementierung durch »Counter Cultures«, in: Marketing ZFP, 22. Jg. (2000) 2, S. 109–118.

*Oelsnitz, D. von der* (2000d): Strategische Interaktionen zwischen Eintrittszeitpunkt und Eintrittsbarrieren, in: Ders. (Hrsg.): Markteintritts-Management, Stuttgart, S. 137–160.

*Oelsnitz, D. von der* (2002): Wenn Marketingmanager zu wenig Gehör finden, in: Harvard Business Manager, 24. Jg. (2002) 2, S. 54–62.

*Oelsnitz, D. von der* (2003): Kooperationen zur Entwicklung und Verknüpfung von Kompetenzen, in: Zentes, J./Swoboda, B./Morschett, D. (Hrsg.): Allianzen und Netzwerke in der realen und der virtuellen Ökonomie, Wiesbaden; im Druck.

*Oenicke, J.* (1996): Online-Marketing: kommerzielle Kommunikation im interaktiven Zeitalter, Stuttgart.

*Ossadnik, W.* (2000): Markt- versus ressourcenorientiertes Management – alternative oder einander ergänzende Konzeptionen einer strategischen Unternehmensführung? in: Die Unternehmung, 54. Jg. (2000) 4, S. 273–287.

*Osterloh, M.* (1993): Interpretative Organisations- und Mitbestimmungsforschung, Stuttgart.

*Osterloh, M./Frost, J.* (2000): Prozessmanagement als Kernkompetenz, 3. Aufl., Wiesbaden.

*Pautzke, G.* (1989): Die Evolution der organisatorischen Wissensbasis, München.

*Pawlowsky, P.* (1992): Betriebliche Qualifikationsstrategien und organisationales Lernen, in: Staehle, W.H./Conrad, P. (Hrsg.): Managementforschung 2, Berlin, S. 177–237.

*Pawlowsky, P.* (1998): Integratives Wissensmanagement, in: Ders. (Hrsg.): Wissensmanagement. Erfahrungen und Perspektiven, Wiesbaden, S. 9–45.

*Pedler, M.* (Hrsg.) (1991): Action Learning in Practice, 2. Aufl., Gower.

*Penrose, E.* (1959): The Theory of the Growth of the Firm, Oxford.

*Peteraf, H.A.* (1993): The Cornerstones of Competitive Advantage: A Resource-based View, in: Strategic Management Journal, 14. Jg. (1993), S. 179–191.

*Peters, T.J.* (1978): Symbols, Patterns, and Settings: An Optimistic Case for Getting Things Done, in: Organizational Development, 2. Jg. (1978), S. 2–23.

*Peters, T.J./Waterman, R.H.* (1990): Auf der Suche nach Spitzenleistungen, München.

*Petrash, G.* (1996): Dow's Journey to a Knowledge Value Management Culture, in: European Management Journal, 14. Jg. (1996) 4, S. 365–373.

*Picot, A./Fiedler, M.* (2000): Der ökonomische Wert des Wissens, in: Boos, M./Goldschmidt, N. (Hrsg.): Wissenswert!? Ökonomische Perspektiven der Wissensgesellschaft, Baden-Baden, S. 15–38.

*Picot, A./Franck, E.* (1988): Die Planung der Unternehmensressource Information, in: Das Wirtschaftsstudium, 17. Jg. (1988) 5, S. 544–549.

*Picot, A./Reichwald, R./Wigand, R.* (2001): Die grenzenlose Unternehmung, 4. Aufl., Wiesbaden.

*Picot, A./Scheuble, S.* (2000): Die Rolle des Wissensmanagements in erfolgreichen Unternehmen, in: Mandl, H./Reinmann-Rothmeier, G. (Hrsg.): Wissensmanagement, München/Wien, S. 19–37.

*Pinchot, G.* (1988): Intrapreneuring - Mitarbeiter als Unternehmer, Wiesbaden.

*Polanyi, M.* (1967): The Tacit Dimension, Garden City.

*Polanyi, M.* (1985): Personal Knowledge: Toward a Post-Critical Philosophy, Chicago.

*Popper, K.R.* (1994): Logik der Forschung, 10. Aufl., Tübingen.

*Porter, M.* (1981): The Contribution of Industrial Organization to Strategic Management, in: Academy of Management Review, 6. Jg. (1981) 4, S. 609–620.

*Porter, M.* (1991): Towards a Dynamic Theory of Strategy, in: Strategic Management Journal, 12. Jg. (1991), Winter Special Issue, S. 95–117.

*Porter, M.* (1995): Wettbewerbsstrategie, 8. Aufl., Frankfurt/M.

*Porter, M./Millar, V.* (1985): How Information gives you a Competitive Advantage, in: Harvard Business Review, 63. Jg. (1985) 4, S. 149–160.

*Prahalad, C./Bettis, R.A.* (1986): The Dominant Logic: A New Linkage Between Diversity and Performance, in: Strategic Management Journal, 7. Jg. (1986) 6, S. 485–501.

*Prahalad, C./Hamel, G.* (1990): The Core Competence of the Corporation, in: Harvard Business Review, 68. Jg. (1990) 3, S. 79–91.

*Prange, C.* (1996): Interorganisationales Lernen: Lernen in, von und zwischen Organisationen, in: Schreyögg, G./Conrad, P. (Hrsg.): Managementforschung 6: Wissensmanagement, Berlin, S. 163–189.

*Probst, G./Büchel, B.* (1998): Organisationales Lernen, 2. Aufl., Wiesbaden.

*Probst, G./Raub, S./Romhardt, K.* (1999): Wissen managen, 3. Auflage, Wiesbaden.

*Pschyrembel* (1990): Klinisches Wörterbuch, 256. Aufl., Berlin/New York.

*Pucik, V.* (1988): Strategic Alliances, Organizational Learning, and Competitive Advantage: The HRM Agenda, in: Human Ressource Management, 27. Jg. (1988) 1, S. 77–93.

*Pulic, A.* (1996): Der Informationskoeffizient als Wertschöpfungsmaß wissensintensiver Unternehmen, in: Schneider, U. (Hrsg.): Wissensmanagement, Frankfurt/M., S. 147–179.

*Putnam, L.* (1983): The Interpretive Perspective: An Alternative to Functionalism, in: Putnam, L./Pacanowsky, M. (Eds.): Communication and Organizations: An Interpretive Approach, Newbury Park, S. 31–54.

*Quélin, B.* (1997): Appropriability and the Creation of New Capabilities Through Strategic Alliances, in: Sanchez, R./Heene, A. (Eds.): Strategic Learning and Knowledge Management, Chichester, S. 139–160.

*Quinn, J.B.* (1992): Intelligent Enterprise: A Knowledge and Service Based Paradigm for Industry, New York.

*Quinn, J.B.* (1999): Strategic Outsourcing: Leveraging Knowledge Capabilities, in: Sloan Management Review, 40. Jg. (1999) 4, S. 9–21.

*Quinn, J.B./Anderson, P./Finkelstein, S.* (1996a): Leveraging Intellect, in: The Academy of Management Executive, 10. Jg. (1996) 3, S. 7–27.

*Quinn, J.B./Anderson, P./Finkelstein, S.* (1996b): Das Potential in den Köpfen gewinnbringender nutzen, in: Harvard Business Manager, 18. Jg. (1996) 3, S. 95–104.

*Rapp, R.* (2000) Customer Relationship Management, Frankfurt/New York.

*Rasche, C./Wolfrum, B.* (1994): Ressourcenorientierte Unternehmensführung, in: Die Betriebswirtschaft, 54. Jg. (1994) 4, S. 501–517.

*Raub, S.* (1998): Vom Zauber des »ultimativen Wettbewerbsvorteils«. Ein kritischer Blick auf den Kernkompetenzen-Ansatz, in: Zeitschrift Führung und Organisation, 67. Jg. (1998) 5, S. 290–293.

*Reber, G.* (1992): Organisatorisches Lernen, in: Frese, E. (Hrsg.): Handwörterbuch der Organisation, 3. Aufl., Stuttgart, Sp. 1240–1255.

*Rehäuser, J./Krcmar, H.* (1996): Wissensmanagement im Unternehmen, in: Schreyögg, G./Conrad, P. (Hrsg.): Managementforschung 6: Wissensmanagement, Wiesbaden, S. 1–40.

*Reich, R.* (1993): Die neue Weltwirtschaft. Das Ende der nationalen Ökonomie, Frankfurt a.M./Berlin.

*Reichwald, R. et al.* (2000): Telekooperation. Verteilte Arbeits- und Organisationsformen, 2. Aufl., Berlin/New York.

*Reinhardt, R.* (1998): Das Management von Wissenskapital, in: Pawlowsky, P. (Hrsg.): Wissensmanagement, Wiesbaden, S. 145–176.

*Ridderstråle, J./Nordström, K.A.* (2000): Funky Business. Wie kluge Köpfe das Kapital zum Tanzen bringen, München.

*Riegger, M.* (1983): Lernstatt erlebt. Praktische Erfahrungen mit Gruppeninitiativen am Arbeitsplatz, Essen.

*Rigo, R./Schönherr, M.* (1999): Recherche: Wissensmanagement-Tools und Dienstleistungen, in: Industrie Management, 15. Jg. (1999) 6, S. 95–112.

*Rippberger, T.* (1998): Ökonomik des Vertrauens, Tübingen.

*Romhardt, K.* (1998): Die Organisation aus der Wissensperspektive, Wiesbaden.

*Rüdiger, M./Vanini, S.* (1998): Das Tacit knowledge-Phänomen und seine Implikationen für das Innovationsmanagement, in: Die Betriebswirtschaft, 58 (1998) 4, S. 467-480.

*Rühli, E.* (1995): Ressourcenmanagement. Strategischer Erfolg dank Kernkompetenzen, in: Die Unternehmung, 49. Jg. (1995) 2, S. 91–105.

*Sackmann, S.* (1992): Culture and Subcultures: An Analysis of Organizational Knowledge, in: Administrative Science Quarterly, 37. Jg. (1992), S. 140–161.

*Sanchez, R.* (1997): Managing Articulated Knowledge in Competence-based Competition, in: Sanchez, R./Heene, A. (Eds.): Strategic Learning and Knowledge Management, Chichester, S. 163–187.

*Sanchez, R./Heene, A.* (1997): A Competence Perspective on Strategic Learning and Knowledge Management, in: Sanchez, R./Heene, A. (Eds.): Strategic Learning and Knowledge Management, Chichester, S. 3–15.

*Sattelberger, T.* (1994): Die lernende Organisation im Spannungsfeld von Strategie, Struktur und Kultur, in: Sattelberger, T. (Hrsg.): Die lernende Organisation, 2. Aufl., Wiesbaden, S. 11–55.

*Sattelberger, T.* (1999): Kompetenzen und Karrieren im Übergang zum 21. Jahrhundert: Konsequenzen für die Entwicklung der Humanressourcen, in: Ders. (Hrsg.): Wissenskapitalisten oder Söldner?, Wiesbaden, S. 269–301.

*Sattelberger, T./Heuser, M.* (1999): Corporate University: Nukleus für individuelle und organisationale Wissensprozesse, in: Sattelberger, T. (Hrsg.): Wissenskapitalisten oder Söldner?, Wiesbaden, S. 221–246.

*Sattler, H./Schrader, S.* (1995): Innovationsmarketing, in: Tietz, B. et al. (Hrsg.): Handwörterbuch des Marketing, 2. Aufl., Stuttgart, Sp. 996–1008.

*Schanz, G.* (1994): Organisationsgestaltung, 2. Aufl., München.

*Schanz, G.* (2001): Erfolgsfaktor »implizites Wissen«, in: v.d. Oelsnitz, D./Kammel, A. (Hrsg.): Kompetenzen moderner Unternehmensführung, Bern, S. 103–120.

*Schein, E.H.* (1993): How Can Organizations Learn Faster: The Challenge of Entering the Green Room, in: Sloan Management Review, 34. Jg. (1993) Winter, S. 85–92.

*Schein, E.H.* (1997): Wenn das Lernen im Unternehmen wirklich gelingen soll, in: Harvard Business Manager, 19. Jg. (1997) 3, S. 61–72.

*Scheuble, S.* (1998): Wissen und Wissenssurrogate, Wiesbaden.

*Scheurer, S./Zahn, M.* (1998): Organisationales Lernen, in: Zeitschrift für Führung und Organisation, 67. Jg. (1998) 3, S. 174–180.

*Schneider, D.* (1988): Zur Entstehung innovativer Unternehmen. Eine ökonomisch-theoretische Perspektive, München.

*Schneider, U.* (2001): Die 7 Todsünden im Wissensmanagement. Kardinaltugenden für die Wissensökonomie, Frankfurt/M.

*Scholl, W.* (1992): Informationspathologien, in: Frese, E. (Hrsg.): Handwörterbuch der Organisation, 3. Aufl., Stuttgart, Sp. 900–912.

*Schomann, M.* (2001): Wissensorientiertes Performance Measurement, Wiesbaden.

*Schreyögg, G.* (1998): Organisatorisches Lernen und neues Wissen: Einige Kommentare und einige Fragen zum Wissensmanagement aus wissenschaftstheoretischer Sicht, in: Gerum, E. (Hrsg.): Innovation in der Betriebswirtschaftslehre, Wiesbaden, S. 185–202.

*Schreyögg, G.* (1999): Organisation, 3. Aufl., Wiesbaden.

*Schreyögg, G./Eberl, P.* (1998): Organisationales Lernen: Viele Fragen, noch zu wenig neue Antworten, in: Die Betriebswirtschaft, 58. Jg. (1998) 4, S. 516–536.

*Schreyögg, G./Hübl, G.* (1992): Manager in Aktion: Ergebnisse einer Beobachtungsstudie in mittelständischen Unternehmen, in: Zeitschrift für Führung und Organisation, 61. Jg. (1992) 2, S. 82–89.

*Schreyögg, G./Noss, C.* (1995): Organisatorischer Wandel: Von der Organisationsentwicklung zur lernenden Organisation, in: Die Betriebswirtschaft, 55. Jg. (1995) 2, S. 169–185.

*Schulz von Thun, F.* (1993): Miteinander Reden. Teil 1: Störungen und Klärungen, Hamburg.

*Schüppel, J.* (1996): Wissensmanagement, Wiesbaden.

*Schwaab, C./Scholz, T.* (2000): Was wird gelernt beim Organisationalen Lernen?, in: Zeitschrift für Führung und Organisation, 69. Jg. (2000) 6, S. 354–361.

*Schwenk, C.R.* (1984): Cognitive Simplification Processes in Strategic Decision Making, in: Strategic Management Journal, 5. Jg. (1984), S. 111–128.

*Schwenk, C.R.* (1988): The Essence of Strategic Decision Making, Lexington.

*Senge, P.M.* (1999): Die fünfte Disziplin, 7. Aufl., (Orig. 1994), Stuttgart.

*Seufert, A./Back, A./Krogh, G.* von (2000): Wissensnetzwerke, in: Götz, K. (Hrsg.): Wissensmanagement zwischen Wissen und Nichtwissen, 3. Aufl., München/Mering, S. 133–156.

*Shannon, C.E./Weaver, W.* (1998): The Mathematical Theory of Communication, 9. Aufl., Urbana.

*Sherif, M./Hovland, C.J.* (1961): Social Judgment: Assimilation and Contrast Effects in Communication and Attitude Change, New Haven.

*Shrivastava, P.* (1983): A Typology of Organizational Learning Systems, in: Journal of Management Studies, 20. Jg. (1983) 1, S. 7–28.

*Simon, H.* (1989): Lernen, Unternehmenskultur und Strategie, in: Coenenberg, A. (Hrsg.): Betriebliche Aus- und Weiterbildung von Führungskräften, Zeitschrift für betriebswirtschaftliche Forschung, Sonderheft Nr. 24, S. 23–41.

*Simon, H.* (1994): Lernoberfläche des Unternehmens, in: Simon, H./Schwuchow, K. (Hrsg.): Management-Lernen und Strategie, Stuttgart, S. 149–158.

*Simon, H./Tacke, G.* (1994): Management-Lernen von Kunden, in: Simon, H./Schwuchow, K. (Hrsg.): Management-Lernen und Strategie, Stuttgart, S. 159–171.

*Simon, H.A.* (1981): Entscheidungsverhalten in Organisationen – Eine Untersuchung von Entscheidungsprozessen in Management und Verwaltung, 3. Aufl., Landsberg a.L.

*Simon, H.A.* (1991): Bounded Rationality and Organizational Learning, in: Organization Science, 2. Jg. (1991) 1, S. 125–134.

*Simonin, B.L./Helleloid, D.* (1993): Do Organizations Learn? An Empirical Test of Organizational Learning in International Strategic Alliances, in: Academy of Management Proceedings, 40. Jg. (1993) 2, S. 222–226.

*Sinclair, A.* (1992): The Tyranny of Team Ideology, in: Organization Studies, 13. Jg. (1992), S. 611–626.

*Sinkula, J.* (1994): Market Information Processing and Organizational Learning, in: Journal of Marketing, 58. Jg. (1994) 7, S. 35–45.

*Sjurts, I.* (2000): Kollektive Unternehmensstrategie, Wiesbaden.

*Skinner, B.F.* (1938): The Behavior of Organisms, New York.

*Slater, S.F./Narver, J.C.* (1994): Market Oriented Isn't Enough: Build a Learning Organization, Cambridge.

*Slater, S.F./Narver, J.C.* (1995): Market Orientation and the Learning Organization, in: Journal of Marketing, 59. Jg. (1995) 7, S. 63–74.

*Solla Price, D. de* (1961): Science Since Babylon, New Haven.

*Sorg, S.* (1982): Informationspathologien und Erkenntnisfortschritt in Organisationen, München.

*Soukop, C.* (2001): Wissensmanagement. Wissen zwischen Steuerung und Selbstorganisation, Wiesbaden.

*Spender, J.* (1994): Knowing, Managing and Learning. A Dynamic Managerial Epistemology, in: Management Learning, 25. Jg. (1994) 3, S. 387–412.

*Staehle, W.H.* (1991): Redundanz, Slack und lose Koppelung in Organisationen, in: Staehle, W.H./Sydow, J. (Hrsg.): Managementforschung 1, Berlin, S. 313–345.

*Staehle, W.H.* (1999): Management, 8. Aufl., München.

*Staffelbach, B./Bruggmann, M.* (2001): Zielgruppenorientierte Personalpolitik – diskutiert am Beispiel älterer Mitarbeitender, in: Oelsnitz, D. von der/Kammel, A. (Hrsg.): Kompetenzen moderner Unternehmensführung, Bern, S. 69–86.

*Stahlknecht, P./Hasenkamp, U.* (1999): Einführung in die Wirtschaftsinformatik, 9. Aufl., Berlin.

*Stalk, G./Evans, P./Shulman, L.* (1992): Competing on Capabilities: The New Rules of Corporate Strategy, in: Harvard Business Review, 70. Jg. (1992) 2, S. 57–69.

*Starbuck, W.H.* (1992): Learning by Knowledge-Intensive Firms, in: Journal of Management Studies, 9. Jg. (1992) 6, S. 713–740.

*Stata, R.* (1989): Organizational Learning – the Key to Management Innovation, in: Sloan Management Review, 30. Jg. (1989) 1, S. 63–74.

*Stauss, B./Seidel, W.* (2002): Beschwerdemanagement, 3. Aufl., München.

*Stehr, N.* (1994): Arbeit, Eigentum und Wissen. Zur Theorie von Wissensgesellschaften, Frankfurt a.M.

*Steinmann, H./Schreyögg, G.* (2000): Management, 5. Aufl., Wiesbaden.

*Stewart, T.* (1998): Der vierte Produktionsfaktor. Wachstum und Wettbewerbsvorteile durch Wissensmanagement, München.

*Sveiby, K.E.* (1997): The New Organizational Wealth, San Francisco.

*Sveiby, K.E.* (1998): Wissenskapital – das unentdeckte Vermögen. Immaterielle Unternehmenswerte aufspüren, messen und steigern, Landsberg.

*Sydow, J.* (1999): Management von Netzwerkorganisationen – Zum Stand der Forschung, in: Ders. (Hrsg.): Management von Netzwerkorganisationen, Wiesbaden, S. 279–314.

*Sydow, J./van Well, B.* (1996): Wissensintensiv durch Netzwerkorganisation – Strukturationstheoretische Analyse eines wissensintensiven Netzwerkes, in: Schreyögg, G./Conrad, P. (Hrsg.): Managementforschung 6, Berlin/New York, S. 191–234.

*Szulanski, G.* (1996): Exploring Internal Stickiness: Impediments to the Transfer of Best Practice within the Firm, in: Strategic Management Journal, 17. Jg. (1996), Winter Special Issue, S. 27–43.

*Taylor, F.W.* (1917): Die Grundzüge der wissenschaftlichen Betriebsführung (engl.: The Principles of Scientific Management, 1911), Berlin.

*Taylor, R.N.* (1975): Psychological Determinants of Bounded Rationality: Implications for Decision-Making, in: Decision Sciences, 6. Jg. (1975), S. 409–429.

*Teece, D. J.* (1998): Capturing Value from Knowledge Assets: The New Economy, Markets for Know-how, and Intangible Assets, in: California Management Review, 40. Jg. (1998) 3, S. 55–79.

*Tenkasi, R.V./Boland, R.* (1996): Exploring Knowledge Diversity in Knowledge Intensive Firms: A New Role for Information Systems, in: Journal of Organizational Change, 9. Jg. (1996) 1, S. 79–91.

*Teufel, F.* (1997): Patentschutz für Software im amerikanisch-europäischen Vergleich, in: Fiedler, H./Ulrich, H. (Hrsg.): Information als Wirtschaftsgut, Köln, S. 183–212.

*Thiele, M.* (1997): Kernkompetenzorientierte Unternehmensstrukturen, Wiesbaden.

*Tissen, R./Andriessen, D./Deprez, F.L.* (2000): Die Wissensdividende, München.

*Tobin, D.R.* (1993): Re-Educating the Corporation: Foundations for the Learning Organization, Essex.

*Toffler, A.* (1991): Machtbeben (Powershift). Wissen, Wohlstand und Macht im 21. Jahrhundert, 2. Aufl., Düsseldorf.

*Toffler, A.* (1995): Das Ende der Romantik. Zukunftsforscher Alvin Toffler über das Überleben in der Informationsgesellschaft, in: Spiegel Special (1995), Nr. 3, S. 59–63.

*Trillitzsch, U.* (2000): Verkürzte Sichtweisen gefährden den Erfolg von Wissensmanagement, in: Wissensmanagement, 2. Jg. (2000) 5, S. 4–8.

*Troßmann, E.* (1998): Wissensbasis quantitativer Management-Instrumente, in: Bürgel, H. D. (Hrsg.): Wissensmanagement, Berlin, S. 129–151.

*Tsang, E.* (1997): Organizational Learning and the Learning Organization: A Dichotomy Between Descriptive and Prescriptive Research, in: Human Relations, 50 (1997) 1, S. 73–89.

*Tucher von Simmelsdorf, F.W.* (2000): Benchmarking von Wissensmanagement, Wiesbaden.

*Türk, K.* (1987): Einführung in die Soziologie der Wirtschaft, Stuttgart.

*Tversky, A./Kahneman, D.* (1974): Judgement Under Uncertainty: Heuristics and Biases, in: Science, 185. Jg. (1974), S. 1124–1131.

*Ulrich, D.* (1998): Intellectual Capital = Competence x Commitment, in: Sloan Management Review, 39. Jg. (1998) 2, S. 15–26.

*Van de Ven, A.H./Polley, D.* (1992): Learning while Innovating, in: Organization Science, 3. Jg. (1992) 1, S. 92–116.

*Vester, F.* (1993): Denken, Lernen, Vergessen, 20. Aufl., München.

*Völz, H.* (1991): Grundlagen der Information, Berlin.

*Vorbeck, J./Heisig, P. (2001):* Knowledge Management and Customer Orientation: Hewlett Packard Austria, in: Mertins, K./Heisig, P./Vorbeck, J. (Hrsg.): Knowledge Management: Best Practices in Europe, Berlin, S. 165–173.

*Wagner, M.* et al. (2001): Lotus Domino/Notes R 5. Netz-Applikationen entwickeln und managen, München.

*Wahren, H.-K.* (1994): Gruppen- und Teamarbeit in Unternehmen, Berlin.

*Wahren, H.-K.* (1996): Das lernende Unternehmen, Berlin/New York.

*Wahren, H.-K.* (2000): »Wissensmanagement« und »Lernende Organisation«: Zwei Seiten einer Medaille, in: Boos, M./Goldschmidt, N. (Hrsg.): WissensWert!? Ökonomische Perspektiven der Wissensgesellschaft, Baden-Baden, S. 279–286.

*Walger, G./Schencking, F.* (2001): Wissensmanagement, das Wissen schafft, in: Schreyögg, G. (Hrsg.): Wissen in Unternehmen, Berlin, S. 21–40.

*Wallin, J.* (1997): Customers as the Originators of Change in Competence Building: A Case Study, in: Heene, A./Sanchez, R. (Eds.): Competence-based Strategic Management, Chichester, S. 111–126.

*Walsh, J.P.* (1995): Managerial and Organizational Cognition: Notes from a Trip Down the Memory Lane, in: Organization Science, 6. Jg. (1995), S. 280–321.

*Watson, G. H.* (1993): Benchmarking – Vom Besten lernen, Landsberg a. L.

*Watzlawick, P.* (1997): Wie wirklich ist die Wirklichkeit?, 23. Aufl., München.

*Watzlawick, P.* (Hrsg.) (1995): Die erfundene Wirklichkeit. Beiträge zum Konstruktivismus, 9. Aufl., München.

*Watzlawick, P./Beavin, J./Jackson, D.* (1990): Menschliche Kommunikation. Formen, Störungen, Paradoxien, 8. Aufl., Bern.

*Webber, A.M.* (1993): What's so New About the New Economy?, in: Harvard Business Review, 71. Jg. (1993) 1, S. 24–42.

*Weggemann, M.* (1999): Wissensmanagement, Bonn.

*Wehner, T./Dick, M.* (2001): Die Umbewertung des Wissens in der betrieblichen Lebenswelt: Positionen der Arbeitspsychologie und betroffener Akteure, in: Schreyögg, G. (Hrsg.): Wissen im Unternehmen, Berlin, S. 89–117.

*Weiber, R./Weber, M.-R.* (2000): Customer Lifetime Value als Entscheidungsgröße im Customer Relationship Management, in: Weiber, R. (Hrsg.): Handbuch Electronic Business, Wiesbaden, S. 473–503.

*Weibler, J.* (1997): Vertrauen und Führung, in: Klimecki, R./Remer, A. (Hrsg.): Personal als Strategie, Neuwied u. a., S. 185–214.

*Weibler, J.* (2001): Personalführung, München.

*Weick, K.E.* (1998): Der Prozess des Organisierens, 2. Aufl., Frankfurt.

*Weick, K.E./Bougon, M.G.* (1986): Organizations as Cognitive Maps: Charting Ways to Success and Failure, in: Sims, H.P./Gioia, D.A. et al. (Eds): The Thinking Organization, San Francisco, S. 102–135.

*Weinert, A.* (1998): Lehrbuch der Organisationspsychologie, 4. Aufl., Weinheim.

*Weizsäcker, E.U. von* (1972): Erstmaligkeit und Bestätigung als Komponenten der Pragmatischen Information, in: Ders. (Hrsg.): Offene Systeme I. Beiträge zur Zeitstruktur, Entropie und Evolution, Stuttgart.

*Welge, M.K/Al-Laham, A.* (1999): Strategisches Management, 2. Aufl., Wiesbaden.

*Wenger, E.C./Snyder, W.M.* (2000): Communities of Practice: The Organizational Frontier, in: Harvard Business Review, 78. Jg. (2000) 1, S. 139–145.

*Wernerfelt, B.* (1984): A Resourced-based View of the Firm, in: Strategic Management Journal, 5. Jg. (1984) 2, S. 171–180.

*Whitehill, M.* (1997): Knowledge-based Strategy to Deliver Sustained Competitive Advantage, in: Long Range Planning, 30. Jg. (1997) 4, S. 621–627.

*Wiebe, A.* (1997): Information als Schutzgegenstand im System des geistigen Eigentums, in: Fiedler, H./Ulrich, H. (Hrsg.): Information als Wirtschaftsgut, Köln, S. 93–152.

*Wiegand, M.* (1996): Prozesse Organisationalen Lernens, Wiesbaden.

*Wildemann, H.* (1996): Die Produktklinik – eine Keimzelle für Lernprozesse, in: Harvard Business Manager, 18. Jg. (1996) 1, S. 39–48.

*Wildemann, H.* (2000): Wissensmanagement dargestellt am Beispiel von Entwicklungsnetzwerken, in: Krallmann, H. (Hrsg.): Wettbewerbsvorteile durch Wissensmanagement, Stuttgart, S. 53–69.

*Willke, H.* (2001): Systemisches Wissensmanagement, 2. Aufl., Stuttgart.

*Wirtz, B.* (2000): Wissensmanagement und kooperativer Transfer immaterieller Ressourcen in virtuellen Organisationsnetzwerken, in: Zeitschrift für Betriebswirtschaft, Ergänzungsheft Nr. 2, S. 97–114.

*Wirtz, B.* (2001): Die Grenzen der Freiheit, in: Wirtschaftswoche vom 24.5. 2001, Nr. 22, S. 48.

*Wiswede, G.* (1992): Gruppen und Gruppenstrukturen, in: Frese, E. (Hrsg.): Handwörterbuch der Organisation, 3. Aufl. Stuttgart, Sp. 735–754.

*Wolff, H.* (2000): Auf dem Weg zur Wissensgesellschaft. Ergebnisse und Folgerungen aus den Delphi-Studien, in: Boos, M./Goldschmidt, N. (Hrsg.): WissensWert!? Ökonomische Perspektiven der Wissensgesellschaft, Baden-Baden, S. 253–263.

*Zacconi, R.* (1998): Durch Intranets Wettbewerbsvorteile für Knowledge Management – Technologie allein sichert jedoch keinen Vorsprung, in: Information & Consulting, 13. Jg. (1998) 4, S. 50–52.

*Zack, M.H.* (1999): Managing Codified Knowledge, in: Sloan Management Review, 40. Jg. (1999) 4, S. 45–58.

*Zahn, E./Foschiani, S./Tilebein, M.* (2000): Nachhaltige Wettbewerbsvorteile durch Wissensmanagement, in: Krallmann, H. (Hrsg.): Wettbewerbsvorteile durch Wissensmanagement, Stuttgart, S. 239–270.

*Zimbardo, P.G./Gerrig, R.J.* (1999): Psychologie, 7. Aufl., Berlin u. a.

*Zucker, B./Schmitz, C.* (2000): Wissen gewinnt, 2. Aufl., Düsseldorf/Berlin.

*Zwick, T.* (2000): Trends bei Beschäftigung und Qualifikation in Deutschland, in: Boos, M./Goldschmidt, N. (Hrsg.): WissensWert!? Ökonomische Perspektiven der Wissensgesellschaft, Baden-Baden, S. 265–275.

# Stichwortverzeichnis

Absorptionsprobleme 155
Action Learning 198
Agglomerations-Effekt 186
Aktionsrationalität 52
Aktivität, mikropolitische 53
Allianz, strategische 128, 131
Ambiguität, kausale 155, 167
Ambiguitätstoleranz 140
Anreiz 158
Anreizsystem 119, 213
Anreizsysteme 140
Arbeit(s)-
– Gestaltung 197
– Ort 188
– Zeit 188
Asset 24, 133, 165
Asset Erosion 29
Assimilations-Kontrast-Theorie 49, 155
Aufbauorganisation 84
Autonomie 182

Backup 157
Balanced Scorecard 172
Benchmarking 73, 102, 124
Bereichsdenken 154
Beschwerdemanagement 122, 151
Best-Practices 104
Betriebsblindheit 154
Beziehungsebene 56
Beziehungskapital 133
Börsenwert 33
Bottom-Up-Ansätze 113
Bounded Rationality 51
Brainstorming 118
Buchwert 33, 169

Calculated Intangible Value (CIV) 170
Capabilities 24
Case Manager 199
Case-based Reasoning 136
Causal ambiguity 28
Causal schemes 59
Cognitive maps 59
Communities of Practice 200
Corporate Universitie 194
Customer Lifetime Value 123
Customer Relationship Management 122

Data-Mining 119
– Systeme 105
Data Warehouses 44
Daten 38, 136
– Autobahn 37
– Bank 106, 135, 210
– Banksystem 134
– Bibliothek 105
Deduktiv-summarische Ansätze 169
Defensive routines 91
Deutero-learning 74
Dialog 54
Digitalgüter 162
Diskussionsgruppen 135
Diversity Recruiting 126
Dokikai«-System 138
Double-loop-learning 73

Eigenentwicklung 127
Einstellungskriterien 187
Emotionen 196
Empfänger 53, 56
Empowerment 199
Enthierarchisierung 182
Entlernen 69, 70, 163
Entscheidung(s) 50, 147
– Findung 51
– Forschung, betriebswirtschaftliche 50
– Komplexität 52
– Rationalität 52
Erfahrung(s)-
– Lernen 28, 187
– Wissen 115
Erneuerungslernen 73
Erstmaligkeits-Bestätigungs-Modell 47
Experten
– Runde 138
– Systeme 135
– Verzeichnisse 104

Expertise 28, 181
Exploitation 76, 111
Exploration 76, 111
Externalisierung 116

Faktenwissen 41
Faktor
– dispositiver 33
– Markt 21
Feedback 81
– Lernen 72
Firmen
– Akquisitionen 126
Fluktuation(s) 159, 187
– Management 159
Föderalismusmodell 143
Forschung & Entwicklung 118
Fremdentwicklung 127
Führungsstil 196

Gegenstromverfahren 113
Gemeinschaft, virtuelle 200
Groupthink 145
Groupware-Technologie 134
Gruppe 80, 199

Heterarchie 202
Hierarchie 204, 215
Homepage 105
Humankapital 167
Humanvermögen 190
Hypertext-Organisation 204

Imitationslernen 64, 80
Immaterialgüterrecht 161
Individualziel 52
induktiv-analytische Ansätze 171
Industrieökonomik 20f.
Information(s) 34, 38, 39, 50, 136
– Anarchie 141
– Empfänger 155
– Highway 37
– Makler 195
– Management 44
– Monopol 146
– Pathologie 50, 144
– Philosophie 210
– Redundanzen 141
– Sektor 18
– System 210, 211
– Theorie 47, 53
– Worker 47
Informations- und Kommunikationstechnologien 105, 119

Inhaltsebene 56
Innovation 187, 220
Innovationsmanagement 185
Intangible Assets 23
Intangible Assets Monitor 171
intelligente Agenten 105
Interaktionismus, symbolischer 58
Interessenprofil 135
Internalisierung 116
Internet 44, 105
IuK-Technologien 134

Job Rotation 187

Kapital, intellektuelles 166, 169
Karrieremuster 191
Kennzahlensystem 172
Kernkompetenz 25, 109
Key Account 121
Key Account-Manager 98
Knowledge
– Management Maturity Modell 176
– Warehouse 150
– Worker 17, 20
Koalition 147
Kodifizierungsstrategie 140
Kombination 116
Kommunikation(s) 58, 135, 202
– Ebene 56
– Foren 138
– Problem 55
– Störung 56
– Theorie(n) 53ff.
Kompetenz 21, 24, 102, 132
– Falle 77
– Planung 112
Konditionierung
– klassische 64
– operante 64
Konflikt 53, 147
Konkurrenten 123
Können 46
Kontextfaktoren 84
Kooperation(s) 114
– Kompetenz 133
– Kultur 209
Kreativitätstechniken 118
Kunden 121, 122
– Befragungen 73
– Beschwerde 150
– Kapital 167
– Zufriedenheit 175
Künstliche Intelligenz 135

Landkarten, kognitive 59
Lead User 120
Lernebene 79
Lernen 61, 63, 66, 101, 112, 128, 198, 201, 221
– am Modell 80
– adaptives 72
– durch Instruktion 80
– generatives 73
– Fähigkeit 131
– Förderung 184
– Geschwindigkeit 112, 201
– kollektives 79
– Schwächen 89
– Theorie 64
– Ziele 71
Leuchtturmprinzip 104
Lizenz 161
Logik, dominante 59

Macht 121, 146
Management
– Development 192
– Forschung, interpretative 57
– Informationssystem 154
Markt/Kompetenz-Matrix 110
Marktsegmentierung 122
Marktwert-Buchwert-Differenz 169
Massenkommunikation 53
Mentorenprogramm 137, 140
Middle-Managements 195
Middle-Manager 98
Mitarbeiter
– Matrix 189
– Bindung 160
Modelle, mentale 59, 60
morphologische Kasten 118
Motivationsdefizite 155

Netzwerk 129, 139, 203
– neuronales 136
Nutzungsbarriere 155

One-to-one-Marketing 123
Organigramm 112
Outsourcing 164

Parallelstrukturen 137
Partnerschaft, strategische 127
Patentrecht 161
Pathologie 144
Performance Measurement 174
Personal
– Auswahl 158, 186
– Computer 210
– Entwicklung 191 ff.
– Führung 158, 195
– Management 186
Pfadabhängigkeit 28
PISA-Studie 222
Planung 212
Planungsprozess 85
Politisierung 209
Portale 105
Portfolio-Laufbahn 192
Primärorganisation 119
Product Reverse Engineering 125
Produktionsfaktor 16
Produktionsfaktor Kapital 221
Produktklinik 125
Projektteam 206
Pull-Prinzip 152
Push-Prinzip 151
Pygmalioneffekt 197

Quality Function Deployment 122

Radikaler Konstruktivismus 56
Rapid Response Network 105
Rationalität, beschränkte 51
Rechtsschutz, gewerblicher 161
Redundanz 66
Regeln 106
Reifestufenmodell 176
Relevanzfeedback 135
Resource-Based View 20
Resource-Conduct-Performance-Annahme 21
Ressourcenorientierte Ansatz 20
Rollendefinition 208
Routinearbeiter 195
Routine 24

Schnittstellenproblem 202
Sekundärorganisation 137
Selbstorganisation 205
Selbstreflexion 61
Sender 53 ff.
Sender-Empfänger-Modelle 53
Single-loop-learning 72
Skandia Navigator 173
Skills 24
Slack 66
Sozialisation 115
Spin-offs 164
Sprache 58
Sticky Information 155
Strategischer Aktivposten 24

Structure-Conduct-Performance-Hypothese 21
Strukturationstheorie 84
Strukturkapital 167
Subkulturen 92
Substituierbarkeit 29
Symbole 58
Symbolic analysts 18
Systemfalle 149
Szenariotechnik 118, 212

Tacit Knowledge 28, 42
Telearbeit 189
Terminverwaltungssysteme 135
Think Tanks 119
Tobin's q 169f.
Transferierbarkeit 29

Überspezialisierung 198
Unternehmensidentität 113
Unternehmens-
- Kultur 23, 85, 206
- Partnerschaften 109
- Spiele 193
- Strategie 84, 112
- Umwelt 86
- Ziel 52
Urheberrecht 161

Verbesserungslernen 72
Vergessen 69
Vergessenskurve 69
Verhaltensforschung 63
Vermögenswerte, immaterielle 166
Vertrauen 50, 133, 196
Voluntarismus 185
Vorschlagswesen 119

Weltbilder 59
Wertkette 73
Wettbewerbervergleich 102
Wettbewerbsstrategie 140
Wettbewerbsvorteile 33
Wirklichkeitsinterpretation 60
Wissen 39, 40, 87, 181
- deklaratives 41
- explizites 42, 98, 106
- implizites 42, 98, 106, 115, 133, 155
- kollektives 87
- prozedurales 41
Wissens-
- Akquise 120
- Arbeit 183, 219
- Arbeiter 19, 97, 186, 188, 200, 211
- Basis 106, 174
- Bausteine 100
- Bewahrung 156
- Broker 97
- Controlling 100, 164, 177
- Entwicklung 118
- Gesellschaft 17, 108, 218
- Gewinnung 114, 120, 184
- Identifikation 147
- Ingenieur 98, 183
- Karten 104
- Kultur 109
- Leitbild 109, 207, 215
- Logistik 134
- Lücken 102, 114, 154
- Management 23, 45, 57, 70, 101, 176, 185, 200
- Märkte 151, 213
- Monopolisten 146
- Nachfrager 152
- Netzwerk 129, 176, 204
- Nutzung 148
- Ökonomie 16, 185, 198, 203
- Praktiker 98
- Speicher 60
- Spirale 115, 117
- Sprache 178
- Strategie 110
- Surrogate 125
- Tool 149
- Topographien 104
- Träger 102, 157ff.
- Trägerportfolio 158
- Transparenz 152
- Treppe 44
- Übertragung 133
- Verwalter 98, 183
- Ziel 102, 109, 112, 128, 165

Zeichen 38
Zielkonflikt 113